高等职业教育财经管理系列规划教材
工商管理职业技能核心课程

管理沟通技能训练教程

何海怀 编 著

电子工业出版社
Publishing House of Electronics Industry
北京·BEIJING

内 容 简 介

本教材以职业行动能力为导向,以培养基层管理者沟通技能为主线,以必需够用为度,合理序化课程内容,建构了4个情景,主要内容有:管理者的自我沟通、管理者的人际沟通、组织内部沟通和组织外部沟通。创造了多元化的教学渠道,强化学生的沟通与交流能力的训练,提高学生的沟通与交流的意识,关注内部生成、"社会性"学习、"情景化"学习,掌握自我沟通、人际沟通和组织沟通的基本技能。

本教材适用范围广泛,不仅可作为工商管理类专业职业能力课程教材,还可作为工科类所有专业选修课的教材,也可以作为其他相关学科的职业培训教材和自学参考书。

未经许可,不得以任何方式复制或抄袭本书之部分或全部内容。
版权所有,侵权必究。

图书在版编目(CIP)数据

管理沟通技能训练教程/何海怀编著. —北京:电子工业出版社,2013.2
高等职业教育财经管理系列规划教材. 工商管理职业技能核心课程
ISBN 978-7-121-18881-7

Ⅰ.①管… Ⅱ.①何… Ⅲ.①管理学—高等职业教育—教材 Ⅳ.①C93

中国版本图书馆 CIP 数据核字(2012)第 265830 号

策划编辑:张云怡
责任编辑:郝黎明　　文字编辑:裴　杰
印　　刷:北京虎彩文化传播有限公司
装　　订:北京虎彩文化传播有限公司
出版发行:电子工业出版社
　　　　　北京市海淀区万寿路 173 信箱　邮编　100036
开　　本:787×1 092　1/16　印张:16　字数:435.2 千字
版　　次:2013 年 2 月第 1 版
印　　次:2023 年 7 月第 9 次印刷
定　　价:33.00 元

凡所购买电子工业出版社图书有缺损问题,请向购买书店调换。若书店售缺,请与本社发行部联系,联系及邮购电话:(010)88254888,88258888。
质量投诉请发邮件至 zlts@phei.com.cn,盗版侵权举报请发邮件至 dbqq@phei.com.cn。
本书咨询联系方式:(010)88254573。

前　　言

本教材根据高职教育人才培养目标，开发学习领域，实施任务导向，进行教学情景设计；依据职业行动能力的需要，以建构主义为基础，选取体现高职教学特色的课程内容并进行整合和序化，形成具有典型性的技能训练项目；以必需够用为度，培养学生的自我沟通能力、人际沟通能力、组织沟通能力，对学生职业行动能力培养和职业素养养成起主要支撑或明显促进作用。打破传统的教材编写模式，充分汲取高职高专经济管理类专业教学改革的成果，按照以职业能力训练为主线，相关知识为支撑的编写思路，努力使本教材具有以下特点：

一、遵循学生职业行动能力培养的基本规律，强调"案例引领、任务驱动、实训强化"，融"教、学、思、做"四位于一体。

二、精心设计大量的参与性内容，如：任务导入、知识储备、课堂互动、态度和主张、思考、自主训练、马上行动、团队案例分析、团队实践活动等，将学生由教学活动的客体转变为教学活动的主体，使学生能进行积极、自主地学习和能力训练。

二、以建构主义为基础，开发以学生为本的"情景式"立体教学资源共享平台，更好地兼顾教师教与学生学，合理安排理论教学与实践训练，建立多渠道、获取式大教学系统的教学方法体系，促进了学生综合素质的提高。

四、适用范围较为广泛，不仅可作为经济管理类专业职业能力课的教材，还可作为工科类所有专业选修课的教材，也可以作为其他相关学科的职业培训教材和自学参考书。

五、相关资源丰富，包括课程标准、教材、教学指南、电子教案、多媒体课件、网络课程、自主训练、案例分析等在内的立体化教材资源，满足学生自主学习的需要。

本教材由何海怀编著，唐高平、黄云碧主审，陈珉、陈海琳收集资料、编写案例、校对初稿，包琼雪、王妍雪参与本教材总体框架设计和课程标准编写的探讨，并提出了宝贵的意见和建议。在教材的编写过程中，浙江大学管理学院叶欣老师给予了很多启发和指点，还得到了兄弟院校朋友们的大力支持，在此我们深表谢意！在撰稿时，直接或间接借鉴了国内外出版物的一些素材，引用了部分成果和文献，难以一一列举，在此一并致谢。同时，敬请广大读者对教材提出宝贵的意见和建议，以便修订时加以完善。

2013年1月

目　　录

管理沟通概述⋯⋯⋯⋯⋯⋯⋯⋯⋯⋯⋯⋯⋯ 1
　任务导入⋯⋯⋯⋯⋯⋯⋯⋯⋯⋯⋯⋯⋯⋯ 3
　知识储备⋯⋯⋯⋯⋯⋯⋯⋯⋯⋯⋯⋯⋯⋯ 6
　　一、管理沟通的含义⋯⋯⋯⋯⋯⋯⋯⋯ 3
　　二、管理沟通的机制⋯⋯⋯⋯⋯⋯⋯⋯ 6
　　三、管理沟通的类型⋯⋯⋯⋯⋯⋯⋯⋯ 10
　　四、管理沟通的法则和要求⋯⋯⋯⋯⋯ 12
　思考题⋯⋯⋯⋯⋯⋯⋯⋯⋯⋯⋯⋯⋯⋯ 15
　自主训练⋯⋯⋯⋯⋯⋯⋯⋯⋯⋯⋯⋯⋯ 15
　团队实践活动⋯⋯⋯⋯⋯⋯⋯⋯⋯⋯⋯ 16
　要点回顾⋯⋯⋯⋯⋯⋯⋯⋯⋯⋯⋯⋯⋯ 17

情景1　管理者的自我沟通⋯⋯⋯⋯⋯⋯ 18
　自我沟通概述⋯⋯⋯⋯⋯⋯⋯⋯⋯⋯⋯ 19
　任务导入⋯⋯⋯⋯⋯⋯⋯⋯⋯⋯⋯⋯⋯ 19
　任务1　认识自我⋯⋯⋯⋯⋯⋯⋯⋯⋯ 22
　知识储备⋯⋯⋯⋯⋯⋯⋯⋯⋯⋯⋯⋯⋯ 22
　　一、客观审视自我⋯⋯⋯⋯⋯⋯⋯⋯ 22
　　二、静心思考自我⋯⋯⋯⋯⋯⋯⋯⋯ 22
　　三、客观评价自我⋯⋯⋯⋯⋯⋯⋯⋯ 23
　　四、理性呈现自我⋯⋯⋯⋯⋯⋯⋯⋯ 24
　思考题⋯⋯⋯⋯⋯⋯⋯⋯⋯⋯⋯⋯⋯⋯ 26
　自主训练⋯⋯⋯⋯⋯⋯⋯⋯⋯⋯⋯⋯⋯ 26
　团队案例分析⋯⋯⋯⋯⋯⋯⋯⋯⋯⋯⋯ 29
　团队实践活动⋯⋯⋯⋯⋯⋯⋯⋯⋯⋯⋯ 29
　任务2　情绪管理⋯⋯⋯⋯⋯⋯⋯⋯⋯ 31
　知识储备⋯⋯⋯⋯⋯⋯⋯⋯⋯⋯⋯⋯⋯ 31
　　一、解读你的情绪⋯⋯⋯⋯⋯⋯⋯⋯ 31
　　二、情绪能力⋯⋯⋯⋯⋯⋯⋯⋯⋯⋯ 32
　　三、营造好情绪⋯⋯⋯⋯⋯⋯⋯⋯⋯ 33
　思考题⋯⋯⋯⋯⋯⋯⋯⋯⋯⋯⋯⋯⋯⋯ 35

　自主训练⋯⋯⋯⋯⋯⋯⋯⋯⋯⋯⋯⋯⋯ 35
　团队案例分析⋯⋯⋯⋯⋯⋯⋯⋯⋯⋯⋯ 37
　团队实践活动⋯⋯⋯⋯⋯⋯⋯⋯⋯⋯⋯ 37
　任务3　自我修炼⋯⋯⋯⋯⋯⋯⋯⋯⋯ 38
　知识储备⋯⋯⋯⋯⋯⋯⋯⋯⋯⋯⋯⋯⋯ 38
　　一、自我暗示⋯⋯⋯⋯⋯⋯⋯⋯⋯⋯ 38
　　二、自我激励⋯⋯⋯⋯⋯⋯⋯⋯⋯⋯ 41
　　三、挫折应对⋯⋯⋯⋯⋯⋯⋯⋯⋯⋯ 42
　　四、时间管理⋯⋯⋯⋯⋯⋯⋯⋯⋯⋯ 45
　思考题⋯⋯⋯⋯⋯⋯⋯⋯⋯⋯⋯⋯⋯⋯ 48
　自主训练⋯⋯⋯⋯⋯⋯⋯⋯⋯⋯⋯⋯⋯ 49
　团队案例分析⋯⋯⋯⋯⋯⋯⋯⋯⋯⋯⋯ 51
　团队实践活动⋯⋯⋯⋯⋯⋯⋯⋯⋯⋯⋯ 53
　要点回顾⋯⋯⋯⋯⋯⋯⋯⋯⋯⋯⋯⋯⋯ 54

情景2　管理者的人际沟通⋯⋯⋯⋯⋯⋯ 55
　人际沟通概述⋯⋯⋯⋯⋯⋯⋯⋯⋯⋯⋯ 56
　　一、人际沟通的概念和特点⋯⋯⋯⋯ 56
　　二、人际沟通的作用⋯⋯⋯⋯⋯⋯⋯ 56
　　三、人际沟通应遵循的原则⋯⋯⋯⋯ 58
　　四、管理者面临的人际沟通障碍⋯⋯ 59
　任务导入⋯⋯⋯⋯⋯⋯⋯⋯⋯⋯⋯⋯⋯ 59
　任务1　了解他人⋯⋯⋯⋯⋯⋯⋯⋯⋯ 62
　知识储备⋯⋯⋯⋯⋯⋯⋯⋯⋯⋯⋯⋯⋯ 62
　　一、气质与性格⋯⋯⋯⋯⋯⋯⋯⋯⋯ 62
　　二、认知偏见⋯⋯⋯⋯⋯⋯⋯⋯⋯⋯ 64
　　三、将心比心，善解人意⋯⋯⋯⋯⋯ 66
　思考题⋯⋯⋯⋯⋯⋯⋯⋯⋯⋯⋯⋯⋯⋯ 68
　自主训练⋯⋯⋯⋯⋯⋯⋯⋯⋯⋯⋯⋯⋯ 68
　团队案例分析⋯⋯⋯⋯⋯⋯⋯⋯⋯⋯⋯ 70
　团队实践活动⋯⋯⋯⋯⋯⋯⋯⋯⋯⋯⋯ 71

任务2　倾听与分享	73
知识储备	73
一、倾听的认识与培养	73
二、倾听的障碍及克服	75
三、倾听中的提问与反馈	78
思考题	81
自主训练	81
团队案例分析	83
团队实践活动	84
任务3　口头沟通	85
知识储备	85
一、口头沟通概述	85
二、口头沟通的方法与技巧	87
三、电话交谈与招聘面谈	91
思考题	93
自主训练	93
团队案例分析	97
团队实践活动	100
任务4　书面沟通	101
知识储备	101
一、书面沟通概述	101
二、写作的基本过程	102
三、企业常用文书的写作方法与技巧	103
四、求职信和个人履历的写作方法与技巧	106
思考题	109
自主训练	109
团队案例分析	110
团队实践活动	113
任务5　非语言沟通	114
知识储备	114
一、非语言沟通概述	114
二、身体语言沟通	115
三、副语言（辅助语言）沟通	119
四、环境语言沟通	120
思考题	121
自主训练	121
团队案例分析	123
团队实践活动	124
要点回顾	125

情景3　组织内部沟通	126
组织内部沟通概述	127
一、组织内部沟通的目的	127
二、组织内部沟通风格	127
三、组织内部沟通形式	128
四、组织内部沟通的影响因素	129
五、改善组织沟通方法	130
任务导入	132
任务1　团队沟通	135
知识储备	135
一、团队的概念及构成要素	135
二、团队的作用	136
三、团队建设的阶段	138
四、团队沟通的含义及影响因素	139
五、团队决策的类型和方法	140
六、实现有效团队沟通的策略	142
七、借鉴著名企业提高团队沟通技巧的方法	143
思考题	145
自主训练	145
团队案例分析	148
团队实践活动	148
任务2　垂直沟通	149
知识储备	149
一、垂直沟通概述	149
二、下行沟通	150
三、上行沟通	155
思考题	158
自主训练	158
团队案例分析	161
团队实践活动	162
任务3　横向沟通	163
知识储备	163
一、横向沟通的概念与作用	163
二、横向沟通的类型与形式	163
三、斜向沟通	163
四、横向沟通的优缺点	164
五、横向沟通的障碍与改进	164
六、妥善处理横向人际关系	166
思考题	168

自主训练 …………………………… 168
团队案例分析 ……………………… 173
团队实践活动 ……………………… 174
任务4 会议沟通 ………………… 175
知识储备 …………………………… 175
 一、会议的含义和类型 …………… 175
 二、会议的功能 …………………… 175
 三、会议准备工作 ………………… 177
 四、合理控制会议议程 …………… 179
 五、做好会后工作 ………………… 182
思考题 ……………………………… 183
自主训练 …………………………… 183
团队案例分析 ……………………… 185
团队实践活动 ……………………… 186
任务5 建设性沟通 ……………… 187
知识储备 …………………………… 187
 一、建设性沟通的含义和特征 …… 187
 二、建设性沟通的本质 …………… 188
 三、建设性沟通的原则 …………… 188
 四、建设性倾听 …………………… 190
思考题 ……………………………… 192
自主训练 …………………………… 192
团队案例分析 ……………………… 194
团队实践活动 ……………………… 196
要点回顾 …………………………… 198

情景4 组织外部沟通 ……………… 199

组织外部沟通概述 ………………… 200
 一、目的和方式 …………………… 200
 二、沟通对象 ……………………… 200
任务导入 …………………………… 202
任务1 与客户沟通 ……………… 203
知识储备 …………………………… 203
 一、了解你的客户 ………………… 203
 二、与客户沟通的内容 …………… 206

思考题 ……………………………… 211
自主训练 …………………………… 211
团队案例分析 ……………………… 213
团队实践活动 ……………………… 215
任务2 与政府沟通 ……………… 218
知识储备 …………………………… 218
 一、企业与政府沟通时存在的
  问题 …………………………… 218
 二、政府的角色 …………………… 219
 三、与政府建立良好沟通关系的
  方法 …………………………… 219
思考题 ……………………………… 222
自主训练 …………………………… 222
团队案例分析 ……………………… 224
团队实践活动 ……………………… 226
任务3 危机沟通 ………………… 227
知识储备 …………………………… 227
 一、对象和作用 …………………… 227
 二、原则和步骤 …………………… 228
 三、企业危机管理 ………………… 231
思考题 ……………………………… 233
自主训练 …………………………… 233
团队案例分析 ……………………… 235
团队实践活动 ……………………… 237
任务4 大众沟通 ………………… 238
知识储备 …………………………… 238
 一、概念和功能 …………………… 238
 二、有效途径 ……………………… 239
思考题 ……………………………… 243
自主训练 …………………………… 243
团队案例分析 ……………………… 244
团队实践活动 ……………………… 245
要点回顾 …………………………… 247

参考文献 …………………………… 248

管理沟通概述

职业行动能力

（1）能正确运用管理沟通的基本方法。
（2）能分析工作和生活中的沟通类型。
（3）采用正确的对策克服沟通障碍。
（4）能组建学习团队并设计团队运作规则。

学习型任务

（1）掌握管理沟通的基本内涵。
（2）掌握管理沟通的过程及构成要素。
（3）掌握沟通的主要类型。
（4）管理沟通的作用与功能。

管理沟通定律

（1）沟通的位差效应。
（2）坎特法则。

管理无处不沟通
沟通的品质决定你生命的品质

小故事

首先掌握事物的规律

列子学习射箭，已经能够射中目标了。他高兴地去向关尹子请教，关尹子问他："你知道你为什么能够射中目标吗？"列子老老实实地回答说不知道。关尹子说："这样看来，你还没有学好啊！"于是列子回去又认认真真地练习了3年，再次来向关尹子请教。关尹子问："你现在知道你为什么能够射中目标了吗？"列子回答说："知道了。"于是关尹子点点头说："行了，你已经学成功了。"

启示：管理人员做事情之前必须掌握事物的规律，只有掌握事物的发展规律才能够事半功倍。

他们的态度和主张

沟通是管理的基础，管理的过程就是沟通的过程。

——Peter Drucker（管理学家 美国）

任务导入

测一测你的沟通能力

说明：在日常的工作管理中有两个50%，50%的时间用于与他人沟通；50%的障碍是沟通不畅引起的。那么，你的沟通能力如何呢？

1. 你刚走进办公室，你的一位同事悄悄地对你说："老板找你。"你会怎样应对？（   ）

    A. 认为他在搞恶作剧
    B. 主动找老板询问是什么问题
    C. 马上向他打听

2. 你所在部门只有一个提升机会，上司没有把这个机会给那个好像条件比你好的人，而是给了你。上任第一天，你如何对待那位曾经的竞争者？（   ）

    A. 打听他的QQ号或者他经常进的聊天室，以不知情的方式和他聊天
    B. 不会找那个人，就当什么也没发生
    C. 请同事们吃饭，并向他同时表示你的诚恳

3. 如果你是部门主管，发现你的下属经常早退，工作业绩有明显的下降，你会怎么办？（   ）

    A. 定制度，早退罚款
    B. 每天在下班前，开个小例会，直到大家觉悟为止
    C. 找那些爱早退的人长谈，找出原因

4. 当你看见自己的亲友或邻居为一些琐事而争吵时，你会怎么处理？（   ）

    A. 问清原因后加以劝解
    B. 在一旁观看，并防止意外发生
    C. 不闻不问，让他们吵

5. 你的异性好友的追求对象邀请你一起吃饭。第二天，你的好友反复追问你谈话内容，你会怎么办？（   ）

    A. 轻描淡写，淡化主题
    B. 只字不提
    C. 给好友提一些合适的建议

评分标准：

分值　　题号 选项	1	2	3	4	5
A	1	2	1	1	2
B	3	1	3	2	1
C	2	3	2	3	3

你的总分是：_____。结果分析：_____

_____

_____

_____

（请参见第14页）。

知识储备

管理活动是在组织中进行的，组织又是在一定的社会环境中生存和发展的，不论是与组织外部的社会联系还是组织内部各项管理职能的实施都离不开有效的沟通。沟通是管理的基础，管理无处不沟通。

一、管理沟通的含义

我们从出生到成长，无时无刻不在和别人进行着沟通。那么沟通是什么？每个人对沟通的理解是不一样的。对沟通的不同理解就造成了沟通困难和障碍，最终导致沟通的失败。我们在实际工作过程中，不能有效沟通确实是最大的一个障碍，是造成工作效率低下的一个非常重要的原因。

1. 沟通的概念

沟通是为了一个设定的目标，把信息、思想和情感在个人或群体间传递，并且达成共同协议的过程。沟通既是一种文化，也是一门艺术。充分理解沟通的意义，准确把握沟通原则，适时运用沟通技巧对于工作和生活都十分重要。

2. 沟通的内涵

内涵1：沟通一定要有一个明确的目标。只有大家有了明确的目标才叫沟通。如果大家说话但没有目标，那么不是沟通，而是闲聊天。沟

管理无处不沟通
沟通的品质决定你生命的品质

通就要有一个明确的目标，这是沟通最重要的前提。所以，我们理解了这个内容之后，在和别人沟通时，见面的第一句话应该说："这次我找你的目的是……"。沟通时说的第一句话要说出你要达到的目的，这是非常重要的，也是你的沟通技巧在行为上的一个表现。

内涵2：沟通一定要达成共同的协议。沟通结束以后一定要形成一个双方或者多方都共同承认的协议，只有形成了这个协议才叫做完成了一次沟通。如果没有达成协议，那么不能称之为沟通。在实际的工作过程中，我们常见到大家一起沟通了，但是最后没有形成一个明确的协议，大家就各自去工作了。由于对沟通的内容理解不同，又没有达成协议，最终造成了工作效率的低下，双方又增添了很多矛盾。

在沟通结束时一定要有人来做总结，这是沟通技巧的一个非常重要的体现，也是一个非常良好的沟通行为。

内涵3：沟通信息、思想和情感。人与人的沟通，不仅包含信息传递，而且更重要的是情感、思想、态度、观念等交流；而思想和情感是不太容易沟通的。在我们工作的过程中，很多障碍使思想和情感无法得到一个很好的沟通，容易出现心理偏差，人们的言语、知觉、推理、交往等方面的能力和相容、情绪、开放等个性特征都会影响沟通的效果。

事实上我们在沟通过程中，传递更多的是彼此之间的思想，而信息的内容并不是主要的内容。

> **小贴士**
>
> **常见的沟通误区**
>
> （1）时常根据自己以往的有限经验理解新信息，并据此判断现实或预测即将发生的情况，而忽略客观事实本身，"想当然"行事；
>
> （2）习惯性地选择自己认为"好"的方式与对方交流，缺乏必要的"换位思考"意识。

他们的态度和主张

未来的竞争是管理的竞争，竞争的焦点在于每个社会组织内部成员之间及其与外部组织的有效沟通上。

——约翰·奈斯比特（未来学家 美国）

3. 管理沟通的概念

简单的定义是：所有为了达到管理目的而进行的沟通就是管理沟通。精确的定义是：管理沟通是指管理者与被管理者之间、管理者与管理者之间、被管理者与被管理者之间，即组织成员内部互相之间；或者组织成员与外部公众或社会组织之间发生的，旨在完成组织目标而进行的多种多样的形式、内容与层次的，对组织而言有意义信息的发送、接收与反馈的交流全过程，及各组织对该过程的设计、规划、管理、实施与反省。

4. 管理沟通的内涵

内涵1：所谓管理沟通，就是指在管理领域里面发生的、是为了达到管理的目的或目标而进行的、用沟通交流的方式来完成管理的种种职能的一切活动。管理的许多职能要真正实施，要发挥作用，不能没有沟通。所有为了执行管理功能、职能而进行的沟通活动，当然就是管理沟通。即管理沟通的职能和具体任务，应该与管理的职能和具体任务相同或相似。

内涵2：管理沟通的对象、主体并不限于管理者与被管理者之间。事实上，管理沟通主要发生在管理者与被管理者之间，但同样也发生在管理者与管理者、被管理者与被管理者之间。即管理沟通作为组织或企业的信息交流行为，是管理的实质和核心内容，它广泛存在于企业或组织的所有成员当中。管理沟通自然应该包括真正有交流与信息传递的个人自我沟通与人—机沟通。

内涵3：管理沟通除了存在于组织或企业内部之外，更存在于企业或组织的外部。企业与相关企业、企业与相关供应商、企业与市场、企业与客户、企业与社区大众等之间也存在着大量必要的、为实现企业管理目标的沟通行为过程，如公共关系管理、客户关系管理、供应链管理，这是对于信息时代背景下的现代企业来讲，都十分关键和重要的管理沟通活动。

内涵4：管理沟通有多种多样的具体方法和形式。企业的管理工作和职能，大部分依赖于这些沟通方法和形式的成功运用。最常见的就有语言沟通、副语言沟通、非语言沟通、道具沟通等，而单是语言沟通就有几乎无数种具体形式。

内涵5：管理沟通并非只传送一种内容，而是传送多种多样的内容。凡是管理中需要的内容，如市场信息、企业决策、产品设计等，甚至健身房关门了、小王生病了等，无一不是管理沟通所要传达的内容。所以对管理沟通的分类，也可以按照沟通的具体内容来分。管理沟通还包括了对于管理沟通本身的管理行为过程，如管理沟通制度设计、管理沟通战略的制定与实施等内容。

管理沟通定律

沟通的位差效应：平等交流是企业有效沟通的保证

来自领导层的信息只有20%～25%被下级知道并正确理解，而从下到上反馈的信息则不超过10%，平行交流的效率则可达到90%以上。

提出者：美国加利福尼亚州立大学

小贴士

有效管理沟通需关注的具体问题

- 你是谁
- 你为什么而沟通
- 你沟通的对象是谁
- 你如何组织沟通的内容
- 你将采用何种方式沟通
- 你在何种情境下进行沟通

我的态度和主张

二、管理沟通的机制

1. 沟通的过程和要素

沟通过程是指沟通主体对沟通客体进行有目的、有计划、有组织的思想、观念、信息交流，使沟通成为双向互动的过程。基本的信息沟通过程包括了确定沟通的内容和对象、确定采用的方法、获得到对方的允许、传达信息内容、检查对方的理解、确认沟通信息完成。沟通过程模型图如图1所示。

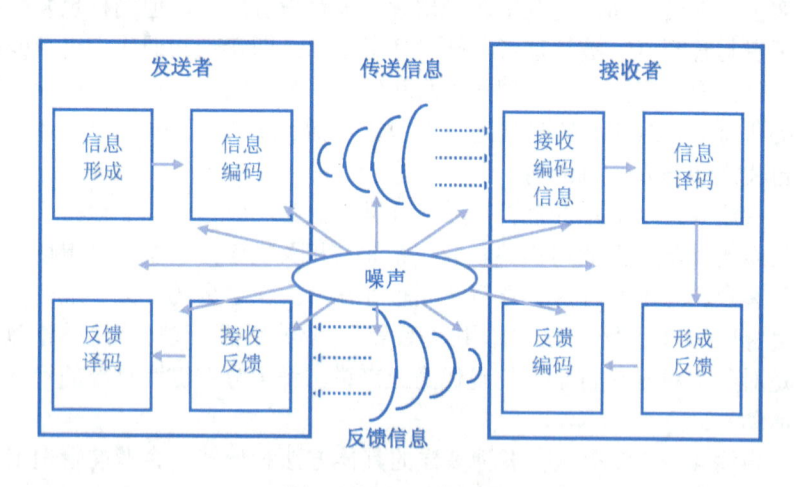

== 小故事 ==

不做平庸的管理者

三个工人在砌一堵墙。有人过来问："你们在干什么？"第一个人很不开心地说："没看见吗？砌墙。"第二个人抬头笑了笑："我们在盖一幢高楼。"第三个人笑容很灿烂："我们正在建设一个新城市。"10年后，第一个人在另一个工地上砌墙；第二个人坐在办公室中画图纸，他成了工程师；而第三个人则成为前两个人的老板。

启示：管理人员虽然平凡，但不能平庸，要有成就大事业的雄心壮志。

图 1　沟通过程模型图

沟通包括九大要素，分别是发信者（信息源source）、受信者（听众receiver）、编码和解码（encoding&decoding）、目标（goal）、信息（message）、通道或媒介（channel）、反馈（feedback）、噪声（noise）、背景或环境（setting）等。

在管理过程中，一方将相关信息准确、迅速、有效地传递给另一方，并使之正确理解且乐于接受，这正是管理沟通的内在目标。

他们的态度和主张

企业管理过去是沟通，现在是沟通，未来还是沟通。

——松下幸之助（松下电器创始人 日本）

小贴士

职业人士的沟通模型

- 言表心声，发自内心的沟通和表达
- 积极聆听，获得信息并保持良好的人际关系
- 有效地对话，求同存异，达成共识价值
- 向上沟通，领会高层并保持同步
- 有效地主持会议
- 有效地参加会议

2. 噪声

通常可以把沟通噪声定义为妨碍资讯沟通的任何因素，它是影响沟通的一切消极、负面因素。它存在于沟通过程的各个环节，并有可能造成资讯损耗或失真。典型的噪声主要包括发送噪声、传输噪声、接收噪声、系统噪声、环境噪声、背景噪声及数量噪声七大噪声。

（1）发送噪声是指发生在沟通过程当中的信息发送环节的噪声。因为信息发送又主要是信息编码的过程，因此，发送噪声也可以叫做编码噪声，如编码错误，或编码能力不佳、逻辑混乱、词不达意，或编码太艰深晦涩等。一旦出现这类错误或不足，沟通的信息发送就会产生噪声，使沟通无法较好地达到目标。另外，跟信息接收者一样，信息发送者在信息编码的过程中，也会受到个人兴趣、情绪、思想、愿望等的影响和制约。当信息发送者在编码过程中，加入了错误或过量的个人因素，或根据个人喜好对信息进行了过滤，即对应该全部编码的信息进行了知觉性选择，就会影响到所编码信息的完整性、准确性和及时性，从而产生另一种大的编码噪声。

（2）传输噪声是指发生在沟通过程的信息传递过程当中的噪声。人们所要传送的信息经过编码，就要选择适当的沟通通道或渠道来将编好码的信息传输给目标沟通主体。而在传递渠道中，又有可能出现噪声。如用电话沟通时，电话线路不好，对方无法听清你说得很清楚的话；又如用电子邮件进行沟通时，电子邮件设置出现问题，对方无法按时收到你的电子邮件；又如你用书面正式文件进行沟通，但经过多次复印后，该文件部分字迹已不清晰，致使对方无法准确理解；又如一封重要会议纪要在送到总经理办公室的过程中丢失，即信息全部遗失；又如请人传话时，传话者对信息进行了修改或表述不清等问题，都是在沟通的信息传递通道或渠道中存在的妨碍沟通的因素，都应该属于传输噪声即沟通渠道噪声。

（3）接收噪声是指沟通过程中信息接收者在接收信息的过程中发生的噪声。因为接收信息的过程主要是对接收到的信息进行解码的过程，因此，也可以把接收噪声理解为解码噪声。事实上，接受者往往容易产生以下几种影响准确沟通的错误。一是受自己个人心理结构、心理需求、意向系统、文化教育水平、理解能力、心理期望、社会角色地位、人生阅历等因素的影响，而会自觉不自觉地对本来完整传递过来的并成功解码的信息进行过滤，倾向于只接收那些自己愿意或期望接收到的部分信息，而对其余部分信息缺乏兴趣或敏感性。二是接收者个人解码能力或者说接收不足的问题。人们经常用"对牛弹琴"来形容一个沟通对象无法理解自己所要传达的东西。在沟通的信息编码、传递及信息代码系统

管理无处不沟通
沟通的品质决定你生命的品质

— 小故事 —

管理的过程同样重要

苏格拉底和拉克苏相约,到很远很远的地方去游览一座大山。然而许多年以后,他俩相遇了,却发现,那座山实在是太遥远了,就是走一辈子,也不可能到达那个令人神往的地方。拉克苏颓丧地说:"我竭尽全力奔跑过来,结果什么都不能看到,真太让人伤心了!"苏格拉底掸了掸长袍上的灰尘说:"这一路有许许多多美妙的风景,难道你都没有注意到?"拉克苏一脸尴尬神色:"我只顾朝着遥远的目标奔跑,哪有心思欣赏沿途的风景啊?"

启示:注重管理的过程,对于管理人员来说,管理的过程和目标同样重要。

他们的态度和主张

与其说我们已经深深卷入信息时代,还不如说我们正处于沟通革命的时代。

——达尔文·托夫勒(未来学家 美国)

均完好的前提下,依然会有些接收者由于个人智力、经验、思想等方面的局限而无法对人们所准确传递的信息达成理解。

(4)系统噪声是指沟通的信息代码系统差异或缺陷所引发的沟通噪声。沟通的双方在进行沟通时,必须借助于一种双方都能理解和熟悉的信息符号代码系统,发送者进行编码和接收者进行解码所用的信息符号代码系统必须一致,双方的沟通才能实现。系统噪声一种是系统平行噪声,即双方所用的沟通信息符号系统完全不同,双方对对方所传达的信息均无法解码,自然也就无法互相沟通理解。如哑巴和不懂哑语的陌生人沟通,就会不知所云;又如,一个英语盲要看英语文件,当然只能是望文兴叹。系统噪声的另一种是系统差异噪声,即双方所用符号代码系统有同有异,不完全相同,就会造成一方对另一方的信息一知半解,不能恰当领会。人们个体的差异往往会导致人们内在的信息符号代码系统不能完全一致,因此也就在客观上留有产生系统差异噪声的可能性。

(5)环境噪声是指在沟通过程中影响沟通效果的一切客观外在环境干扰因素。如当人们用语言进行沟通时,周围马达轰鸣,或人声嘈杂;又如当人们用道具如旗语进行沟通时,天气大雾或夜色太黑而导致接收者无法看清;又如人们在夜总会或酒吧开具有重大意义和严肃认真的内容的公司董事会等,都会对沟通的预期效果产生不利影响,使沟通的过程产生噪声。

(6)背景噪声主要是指在沟通过程中由于沟通背景因素而产生的沟通噪声。而沟通背景又主要是指沟通过程的心理背景、社会背景和文化背景。显然,沟通双方的情绪状态、沟通态度有偏差时,就会导致信息传递受损或不顺,也就是产生沟通噪声。社会背景指沟通双方的社会角色关系,不同的社会角色,对应于不同的沟通期望和沟通模式。人们之间为了达成良好的沟通,在沟通时必须选择切合自己与对方的沟通方法与模式,一旦选择失误或出现偏差,沟通的社会背景噪声就会产生。文化背景是人们生活在一定的社会文化传统与现实中所形成的价值观、思维模式和心理结构等的总称。在美国,文化强调和重视个人价值,而在东方的中国、日本等国家,文化强调和推崇的是集体价值,东西方文化背景不同,也会给他们之间的沟通造成或大或小的干扰和难度,跨国企业和多元文化企业中的文化背景沟通噪声因而大量产生。当不同文化背景的沟通主体在一起共事时,沟通不良还会产生人际冲突和文化冲突,这已经引起许多沟通专家的高度重视。

(7)数量噪声是指在沟通过程当中所传递的信息量过大或者严重不足,因此而引起的使对方无法及时全部接收;或分清信息主次、或因信息量太大而无法及时达成充分理解；或因信息量太小而使沟通成为小题大做、浪费时间和物资，沟通的信息缺乏必要的有意义的内容。在企业管理实践中，数量噪声是客观存在的。我国所说的文山会海就是典型的数量噪声。在企业中，有的领导有点芝麻大的小事就喜欢开个大会；有的员工有点鸡毛蒜皮的事就喜欢找领导汇报两三个小时，借此推脱自己本应担当的工作和责任等，都是信息数量噪声。信息数量噪声产生的原因在于沟通者对沟通的必要性、意义、信息量和沟通频率缺乏认识和把握。

小贴士

管理中存在的沟通障碍

——编码不当　　——感知失真
——地位影响　　——环境混乱
——媒介欠妥　　——时机欠佳
——文化差异　　——反馈缺失

3. 管理沟通的作用

有效的沟通是提高企业组织运行效益的一个重要环节。实现管理沟通规范化，也就是通过把一种高效、科学的沟通技巧和方法作为一种管理人员的具体管理行为规范确立下来，让每个管理人员都遵照执行。管理沟通的作用与功能具体如下：

（1）了解和把握组织内外的情况与信息，提高决策质量。沟通能使决策更加正确、科学、合理，在管理过程中，经常有或大或小的各种决策需要定夺或确定方向。沟通有助于改进决策，领导者可以从企业内部的沟通中获取大量的信息情报来提升判断力，然后进行决策。下属人员也可以主动与上级管理人员沟通，提出自己的建议，供领导者做出决策时参考。企业内部的沟通使决策更加正确、科学、合理。

（2）增加相互了解，改善人际关系，增强组织的凝聚力。沟通促使企业员工协调有效地工作，在日常工作中，工作目标、工作进程、工作方式方法、工作要求等因素只有通过沟通达成共识，才能使工作很好地完成。没有适当的沟通，上下级之间、各部门之间的了解就不会充分，甚至可能出现错误的理解，使工作任务不能正确圆满地完成。

（3）影响和激励组织成员的行为，处理和化解矛盾冲突，提高对组织目标的认同感。沟通有利于领导者激励员工，在实际生活和工作中，每个员工都有要求得到他人尊重和自我价值实现的需要，都会要求对自己的工作能力有一个恰当的评价。如果领导的表扬、认可或者满意能够

我的态度和主张

通过各种渠道及时传递给员工,就会对员工造成激励,激发他们的工作热情和潜力,从而充分发挥其积极性、创造性与智慧,更加勤奋地工作。

(4)通过与外界的沟通交流,塑造良好外部形象。对现代企业来讲,与外界交流可以说是一个必然趋势,光闷头做好企业自身内部工作还远远不够,还需要不断加大外部沟通力度,使企业在社会上不断取得声誉。企业应密切联系社会,加大与政府部门、其他企业及媒体单位的沟通交流,从而塑造良好的外部形象,建立有利于企业发展的外部环境。

> **小贴士**
>
> **管理者需具备的沟通能力主要包括**
> ● 了解自己和他人的能力
> ● 赞美和激励他人的能力
> ● 说服和影响他人的能力
> ● 与他人友好共事的能力

三、管理沟通的类型

1. 按沟通渠道不同可分为正式沟通与非正式沟通

(1)正式沟通一般指在组织系统内,依据组织明文规定的原则进行的信息传递与交流,如组织与组织之间的公函来往、组织内部的文件传达、召开会议、上下级之间的定期情报交换等。另外,团体所组织的参观访问、技术交流、市场调查等也在此类。

正式沟通的优点是沟通效果好,比较严肃,约束力强,易于保密,可以使信息沟通保持权威性。重要的信息和文件的传达、组织的决策等,一般都采取这种方式。其缺点是由于依靠组织系统层层的传递,所以较刻板,沟通速度慢。

(2)非正式沟通渠道指的是除正式沟通渠道以外的信息交流和传递,它不受组织监督,自由选择沟通渠道,如团体成员私下交换看法、朋友聚会、传播谣言和小道消息等都属于非正式沟通。非正式沟通是正式沟通的有机补充。

非正式沟通的优点是沟通形式不拘,直接明了,速度很快,容易及时了解到正式沟通难以提供的"内幕新闻"。非正式沟通能够发挥作用的基础,是团体中良好的人际关系。其缺点表现在,非正式沟通难以控制,传递的信息不确切,易于失真、曲解,而且,它可能导致小集团、小圈子,影响人心稳定和团体的凝聚力。对于非正式沟通,管理者应该予以充分注意,以杜绝起消极作用的"小道消息",利用非正式沟通为

他们的态度和主张

有一定的肚量去接受不能改变的一切;有一定的勇气去改变能够改变的一切;有一定的智慧去分辨不能改变与能够改变之间的差别。

——李开复(创新工场董事长兼CEO 中国)

组织目标服务。

2. 按信息流动方向可分为上行沟通、平行沟通和下行沟通

（1）上行沟通指下级人员以报告或建议等方式，对上级反映情况，让上级了解和掌握下级人员当前的想法和意见，从而使上级管理人员能迅速采取措施来解决或改善当前所面临的问题。另外，员工直接坦白地向上级说出心中的想法，可以使他们在紧张的情绪和所受压力上获得一种解脱。

（2）下行沟通是依组织系统，由上级传至下级，通常是由主管阶层传到执行阶层的员工。这种沟通使员工能够了解、赞同并支持管理阶层所处的地位，这有助于管理阶层的决策和控制，并减少曲解和误传消息。

（3）平行沟通指平行阶层之间的沟通，如高层管理人员之间的沟通、中层管理人员之间的沟通和基层管理人员之间的沟通，这种沟通大多发生于不同命令系统间而地位相当的人员之中，这种沟通弥补了其他沟通的不足，减少了单位之间的事权冲突，使各单位之间、各员工之间在工作上能密切配合，并增进了友谊。

3. 按沟通是否存在着反馈可以分为单向沟通和双向沟通

（1）单向沟通是指发送者和接收者两者之间的地位不变（单向传递），一方只发送信息，另一方只接收信息方式。这种方式信息传递速度快，但准确性较差，有时还容易使接收者产生抗拒心理。

（2）双向沟通中，发送者和接收者两者之间的位置不断交换，且发送者是以协商和讨论的姿态面对接收者，信息发出以后还需及时听取反馈意见，必要时双方可进行多次重复商谈，直到双方共同明确和满意为止，如交谈、协商等。其优点是沟通信息准确性较高，接收者有反馈意见的机会，产生平等感和参与感，增加自信心和责任心，有助于建立双方的感情。

≈ 管理沟通定律 ≈

坎特法则：管理从尊重开始

尊重员工是人性化管理的必然要求，是回报率最高的感情投资。尊重员工是领导者应该具备的职业素养，而且尊重员工本身就是获得员工尊重的一种重要途径。

提出者：哈佛商学院教授（罗莎贝斯·莫斯·坎特）

我的态度和主张

小贴士	成功人士的培养行动方案
	● 开放的思想和喜爱旅行
	● 增强沟通能力
	● 积极的心态
	● 向智力与体力投资
	● 感激与尊重
	● 生活情趣

管理无处不沟通
沟通的品质决定你生命的品质

4. 按沟通方式分为语言沟通和非语言沟通

（1）语言沟通是指以词语符号为载体实现的沟通，主要包括口头沟通、书面沟通等。

口头沟通是指借助语言进行的信息传递与交流。口头沟通的形式很多，如会谈、电话、会议、广播、对话等。口头沟通最大的优点是为双向信息交流提供了可能，可以直接、及时、快捷地得到反馈信息并通过手势、语气等增加沟通效果。主要缺点是容易受到主观因素及人际关系因素的影响，出现误解或失真的现象。

书面沟通是指借助文字进行的信息传递与交流。书面沟通的形式也很多，如通知、文件、通信、布告、报刊、备忘录、书面总结、汇报等。借助于文字的书面沟通是组织中常用的基本方式，其优点是比较正式，便于保存、查询、分析，信息失真可能性小，组织中的重要信息或需要认真分析的信息必须用此方式传递，如生产计划、规章制度、财务报表等；其缺点是沟通速度较慢，组织内部的大部分信息是通过电话、会议、报告或面对面的谈话等口头沟通的形式传递的。

（2）非语言沟通是相对于语言沟通而言的，是指通过身体动作、体态、语气语调、空间距离等方式交流信息、进行沟通的过程。在沟通中，信息的内容部分往往通过语言来表达，而非语言则作为提供解释内容的框架，来表达信息的相关部分。因此非语言沟通常被错误地认为是辅助性或支持性角色。非语言沟通的形式有目光接触、面部表情、手势、体态和肢体语言、身体接触、空间距离等。最有效的沟通是语言沟通和非语言沟通的结合。

四、管理沟通的法则和要求

1. 德鲁克的四项基本法则

沟通失败的根本原因在于，缺乏对沟通实质和目的的了解。所以非常有必要了解彼得·德鲁克提出的有效沟通的四个基本法则。

法则一：沟通是一种理解

沟通只在有接收者时才会发生。与他人说话时必须依据对方的经验，有效的沟通取决于接收者如何去理解。德鲁克说："人无法只靠一句话来沟通，总是得靠整个人来沟通。"所以，无论使用什么样的渠道，沟通的第一个问题必须是："这一信息是否在接收者的接收范围之内？他能否收得到？他如何理解？"只有被接收并被理解了的信息才能被沟通。

法则二：沟通是一种期望

他们的态度和主张

你不必成为了不起的人，但你得看得见了不起的人；你不必挣许多钱，但你得是一个慷慨的男人；你可以犯错摔跤，哪怕深夜独自脸红，但你必须学会承担、学会说对不起。我虽没给你绝顶聪明的大脑、沉稳专注的天性，但我给了你快乐宽容的品格，充满自己的人生。你不必报答我，因为有你我才幸福。

——宋丹丹给儿子21岁生日的祝福（演员 中国）

人们喜欢听他们想听的话，他们排斥不熟悉和具有威胁性的语言。有效沟通只有通过理解你的观众的兴趣和期望，才能使他们接受或者用新的角度来看待这个问题。对管理者来说，在进行沟通之前，了解接收者的期待是什么显得尤为重要。只有这样，我们才可以知道是否能利用他的期望来进行沟通。

法则三：沟通创造要求

沟通的目的总是要求接收者成为某种人，做某些事，相信某些话。换句话说，发信者通常请求接收者给予注意、理解、支持信息和其他东西，最重要的是，沟通需要时间，这是许多人最有价值的商品。因此，在沟通前，你必须问自己：我为什么要在这上面花这么多时间？是什么使他人把他们宝贵的时间送给我，在结束时他们相信物有所值吗？

法则四：信息不是沟通

信息与人无涉，不是人际间的关系。它越不涉及诸如情感、价值、期望与认知等人的成分，它就越有效力且越值得信赖。信息可以按逻辑关系排列，技术上也可以储存和复制。信息过多或不相关都会使沟通达不到预期效果，而沟通是在人与人之间进行的。信息是中性的，而沟通的背后都隐藏着目的。沟通由于沟通者和接收者的认知和意图不同显得多姿多彩。尽管信息对于沟通来说必不可少，但信息过多也会阻碍沟通。

2．有效沟通的基本要求

对沟通的发起者来说，要确保每个谈话、备忘录、电话、方案或报告包含尽可能多的信息，并尽量使对方接受，其沟通过程也通常要遵循 6C 的基本要求。

（1）清晰（Clear）。信息接收者可以不用猜测而领会信息发送者的意图。

（2）简明（Concise）。表达同样多的信息要尽可能占用较少的信息载体容量。

（3）准确（Correct）。准确是衡量信息质量和决定沟通结果的重要指标。信息表达要准确无误，从标点、拼写、语法、措辞到句子结构均无错误。

（4）完整（Complete）。完整是对信息质量和沟通结果有重要影响的一个因素。整条信息可以回答信息接收者的问题，为信息接收者提供所传递信息中必需的相关内容。

（5）有建设性（Constructive）。有建设性是对沟通目的性的强调。沟通中不仅要考虑所表达的信息要清晰、简明、准确、完整，还要考虑信息接收方的态度和接收程度，力求通过沟通使对方的态度有所改变。

（6）礼貌（Courteous）。礼貌、得体的语言、姿态和表情能够在沟

管理无处不沟通
沟通的品质决定你生命的品质

通中给予对方良好的第一印象甚至可产生移情作用，有利于沟通目标的实现。

在信息时代的今天，管理者比以往任何时候都需要在组织内部和外部更好地进行信息交流与管理沟通。如何确保沟通渠道畅通？怎样使各种管理决策在传递过程中不"走样"？这些都是各层面管理者所面临的共同问题。所幸的是，现在已经有越来越多的人，包括企业界的各级管理者及管理领域的专家学者，都开始关注这些问题。

小故事

很多失败都源于没有自信

一位父亲和他的儿子出征打仗。父亲已做了将军，儿子还只是个士兵。又一阵号角吹响，战鼓雷鸣了，父亲庄严地托起一个箭囊，其中插着一支箭。父亲郑重对儿子说："这是宝箭，佩戴身边，力量无穷，但千万不可抽出来。"儿子听了十分兴奋，便一口答应。果然，佩戴宝箭的儿子英勇非凡，所向披靡。但当战斗快胜利的时候，儿子再也禁不住得胜的豪气，忘记了父亲的叮嘱，强烈的欲望驱赶着他呼一声就拔出宝箭，却发现是一只断箭。儿子的意志轰然坍塌了，最后死在了乱军之中。

启示： 很多失败都是源于对自己没有信心，如果管理人员对自己都没有信心，又怎么能够让别人对自己有信心，又怎么能不失败呢？

"测一测你的沟通能力"结果分析

13～15分：你有良好的与人沟通的能力，当有困难的时候，你总是有办法，因为你懂得如何表达自己的思想和情感，从而进一步获得别人的理解和支持，保持了同事之间、上下级之间的良好关系。在现实社会中你同样可以做得很好。

9～12分：你已经在处理问题的时候暴露出了一些不当之处。当你遇到沟通障碍的时候，也很想解决问题，但是方法就没有那么得当了。你经常采用直接的、赤裸的方法，虽然真诚有余，但效果一定不佳，处事还应灵活一些，虚幻和现实是有差距的。

5～8分：你需要赶紧提升自己的沟通能力。你的沟通技巧比较差，常常让人产生误会，而自己还浑然不知，给别人留下不好的印象，甚至无意中还对别人造成伤害。有时你无法准确地表达或者根本不屑表达自己的想法和观点，这可不太好。

他们的态度和主张

管理就是沟通、沟通再沟通。

——杰克·韦尔奇（原通用电气董事长CEO 美国）

【思考题】

1. 你用手机短信通知学生会部门干事今天下午 4：00 开会，请你说出在这一沟通过程中，沟通的各个要素是什么？

2. 你通过 QQ 与在国外的客户视频聊天，请你说出在这一沟通过程中，沟通的各个要素是什么？

3. 你最常用的沟通类型是什么？你认为在生活中和工作中常用的沟通类型有什么不同？

4. 非正式组织与非法组织有什么不同？请举出各种非正式组织的实际例子。

5. 请列举一下你曾经加入过的非正式组织，这些非正式组织给你带来了哪些有利的影响或不利的影响？

【自主训练】

1. 准备自我介绍。

2. 问自己三个问题，并做出回答。

3. 马上行动：就你自己，和月亮相对（you and moon , face to face）。

学会一个人在月光下静静漫步，并做好行动记录和感受（推荐：雅虎网站专题"另一种活法" http://news.cn.yahoo.com/lifestyle/gudugaogui/）。

4. 世界上最开心的事。

管理无处不沟通
沟通的品质决定你生命的品质

【团队实践活动】

组建我的学习团队

这是实践训练的准备阶段,在组建学习团队的过程中,每个人会有各不相同的心理反应。大家可以体会个人在群体中的地位和作用,以及如何关心、参与、协调群体活动。为了让大家有更多结交新朋友的机会,要求尽量避免原来相互熟悉的人集中在一组。

要求根据各班人数,建议每班分为5～6组,每组人数为6～7人;成员构成上注意专业结构、性别结构、年级结构。请在下次课前形成学习团队,并讨论确定本团队名称、口号、负责人、成员分工、团队运作规则等,并填写团队成员卡,准备好在课堂交流中展示。

团队成员卡

团队名称	
团队负责人	
团队口号	
团队运作规则	

团队成员分工						
专业班级/学号						
姓名						
性别						
雅号(象征物)						
特长						
兴趣爱好						
个人形象						
性格特征						
幽默						
交际广						
善解人意						
常有新点子						
能赚钱						
最崇拜的人						
最喜欢的明星						
最不喜欢的事						
其他						

管理沟通概述

【要点回顾】

- 沟通是管理的基础。
- 有效沟通是成功管理的必要前提。
- 所传信息能够准确且愉快地被充分理解并认同是管理沟通的终极目标。
- 沟通障碍在所难免,而障碍的消除需主客双方的共同努力。主体方面要力求换位思考,如明确沟通目的、确定沟通内容、委派适当人员、选择有利时空等,使用对方语言(方式);客体方面要努力设法理解,如全神贯注、积极倾听、不断检验、及时反馈等。管理沟通绩效提高的最重要保障是客体导向思维方式的确立。
- 沟通噪声是妨碍资讯沟通的任何因素,它是影响沟通的一切消极、负面因素。它存在于沟通过程的各个环节,并有可能造成资讯损耗或失真。
- 管理沟通的类型有:正式沟通与非正式沟通;上行沟通、平行沟通和下行沟通;单向沟通和双向沟通;语言沟通和非语言沟通等。
- 彼得·德鲁克提出的有效沟通的四个基本法则。
- 有效沟通通常要遵循 6C 的基本要求。

17

情景 1

管理者的自我沟通

职业行动能力

（1）能构成自我概念并进行改进。
（2）能解读情绪，适时适度地表达情绪，提升情绪管理能力。
（3）能进行自我暗示和自我激励。
（4）能学会学习，积极应对挫折。

学习型任务

（1）掌握自我沟通的阶段和自我认知三要素。
（2）理解系统情绪理论，掌握解读情绪的方法。
（3）理解自我暗示的作用和自我激励体系的构建原则。
（4）了解产生挫折的原因、应对的方法。

管理沟通定律

（1）跳蚤效应。
（2）特里法则。
（3）吉德林法则。
（4）卡贝定律。
（5）罗森塔尔效应。
（6）雷鲍夫法则。

情景 ❶ 管理者的自我沟通

自我沟通概述

一、自我沟通的概念与作用

1. 什么是自我沟通

自我沟通（Intrapersonal Communication）也称内向沟通，即信息发送者和信息接收者为同一个行为主体，自行发出信息，自行传递，自我接收和理解。

2. 自我沟通的作用

自我沟通是一切沟通的基石。现代社会快速的生活节奏让很多人每天都奔忙于和客户沟通、和上司下属沟通，闲暇时间则忙着陪伴家人，可能鲜有和自我沟通的意识。"知人者智，自知者明。胜人者有力，自胜者强"，尘世间万事万物相辅相成，只有和自我沟通顺畅，才会真正做到人生的豁达，也才能真正和他人和谐相处。

（1）"要说服他人，首先要说服自己"——从内心真正认同当下所为的积极意义与价值，方能心甘情愿地自觉为之。

（2）自我沟通技能的进一步开发与提升是成功管理者的基本素质。

（3）以内在沟通解决外在问题：目标在外部——自我沟通是内在和外在得到统一的联结点。

在工作和生活中重视自我沟通的价值，更好地学会和自我相处，我们会拓宽生命的宽度，让自己的生命更有品质！

二、成功自我沟通的法则

当面临问题或处于困境时，当事人能够有正向的自我反馈和积极的行为表现，进而正视问题、摆脱困境。只有正确、客观、理性地认知自我、评价自我、呈现自我才能实现成功的自我沟通，具体的法则如下：

（1）遇到任何问题、状况与事情时，不要怨天尤人，怪别人甚至怪老天无眼，而是要冷静下来先想想自己，做自我检测与沟通。

（2）自我沟通的首要条件，即在于认知，知自己之不足、障碍、限制和问题到底在哪里。

（3）认知后，接着必须动心，用心去感觉、去体悟，使自己的心开放，增加自我沟通的内心动力。

≈ **管理沟通定律** ≈

跳蚤效应：管理者不要自我设限

想改变自己处境的人最多，但很少有人将其化为一个个清晰明确的目标，并为之奋斗不息。或者曾有个目标，但是像杯中的跳蚤一样，因为外力的作用，而发生的改变。

来源于：一个有趣的生物实验

我的态度和主张

管理无处不沟通
沟通的品质决定你生命的品质

(4) 心动不如马上行动，当自己内心的动力增强后，即刻就要付诸实践，让行动充分发挥出自我沟通的效果。

(5) 自我沟通并非一蹴即成，必须持续不断一次又一次地为之，不可心急或求速效，而必须慢慢地，一步一步来，方能真正达到自我沟通的切实效果。

> **小贴士**
>
> 每当你遇到问题或困难，你不妨常问自己以下5个问题
> (1) 这件事的发生对我有什么好处和机会
> (2) 现在的状况还有哪些地方不完善
> (3) 我现在应该做哪些事情来达成我想要的结果
> (4) 如果要达成结果，有哪些错误我不应该再犯
> (5) 我要如何达成目标并且享受过程

任务导入

自我沟通技能测试

请你对下列陈述根据度量标准进行评分，并将分值写于左边括号内。你的回答应该如实地反映你现在的态度和行为，而不是有意根据你所希望的结果去评价自我沟通技能现状，以更好地帮助你发现自己在自我沟通理念和技能方面处于何种水平。

【评价标准】
① 非常不同意/非常不符合、② 不同意/不符合、③ 比较不同意/比较不符合、④ 比较同意/比较符合、⑤ 同意/符合、⑥ 非常同意/非常符合。

【测试题】
( )(1) 我经常和他人交流以获取关于自己优缺点的信息，以促使自我提高。
( )(2) 当别人给我提反面意见时，我不会感到生气或沮丧。
( )(3) 我非常乐意向他人开放自我，与他人共享我的感受。
( )(4) 我很清楚自己在收集信息和做决定时的个人风格。
( )(5) 在与他人建立人际关系时，我很清楚自己的人际需要。
( )(6) 在处理不明确或不确定的问题时，我有较好的直觉。
( )(7) 我有一套指导和约束自己行为的个人准则和原则。
( )(8) 无论遇到好事还是坏事，我总能很好地对这些事负责。
( )(9) 在没有弄清楚原因之前，我极少会感到生气、沮丧或是

小故事

明白自己是谁

一只驮着圣骨的驴子，一路上看见人们都朝着他顶礼膜拜，不由洋洋自得，把这些礼拜和赞美诗都看作是献给自己的。有个行人指出说："尊敬的驴先生，您太虚荣了，您难道不觉得所有的礼拜和赞美诗都是给圣骨的吗？"驴一听，十分生气，于是摇晃着身子，要把圣骨从自己身上摇下来。这个时候，惊慌的人们将圣骨安置到另一只听话的驴子身上，而给了这只驴子一顿皮鞭。

启示：管理人员要明白自己是谁，冷静地对待各种赞美，也许环绕在自己周围的所有光环都是因为自己本身的权力造成的。

他们的态度和主张

人无法靠一句话来沟通，总是得靠整个人来沟通。

——彼得·德鲁克（管理学家 美国）

焦虑。

（　　）（10）我清楚自己与他人交往时最可能出现的冲突和摩擦的原因。

（　　）（11）我至少有一个以上能够与我分享信息、分享情感的亲密朋友。

（　　）（12）只有当我自己认为做某件事是有价值的，我才会要求别人这样去做。

（　　）（13）我在较全面地分析做某件事可能给自己和他人带来的结果后再做决定。

（　　）（14）我坚持一周有一个只属于自己的时间和空间去思考问题。

（　　）（15）我定期或不定期地与知心朋友随意就一些问题交流看法。

（　　）（16）在每次沟通时，我总是听主要的看法和事实。

（　　）（17）我总是把注意力集中在主题上并领悟讲话者所表达的思想。

（　　）（18）在听的同时，我努力深入地思考讲话者所说内容的逻辑和理性。

（　　）（19）即使我认为所听到的内容有错误，仍能克制自己继续听下去。

（　　）（20）当我在评论、回答或不同意他人观点之前，总是尽量做到用心思考。

【自我评价】

将你的得分与三个标准进行比较：

（1）比较你的得分与最大可能得分（120）。

（2）比较你的得分与小组内其他同学的得分。

（3）比较你的得分与由 500 名管理学院和商学院学生组成的标准群体的得分。在与标准群体比较时，如果你的得分是：

100 或更高：你位于最高的四分之一群体中，具有优秀的沟通技能；

92～99：你位于次高的四分之一群体中，具有良好的自我沟通技能；

85～91：你的自我沟通技能较好，但有较多地方需要提高；

84 或更少：你需要严格地训练自己以提升沟通技能。

选择得分最低的 6 项，作为本章学习提高的重点

我的态度和主张

管理无处不沟通
沟通的品质决定你生命的品质

小故事
心态决定状态

雨后，一只蜘蛛艰难地向墙上爬去，由于墙壁潮湿，它爬到一定的高度，就会掉下来，它一次次地向上爬，但又一次次地掉下来……第一个人看到了，他说："这只蜘蛛真愚蠢，它从旁边干燥的地方绕一下就能爬上去，我以后可不能像它那样愚蠢。"于是他变得聪明起来。第二个人看到了，他立刻被蜘蛛屡败屡战的精神感动，于是他变得坚强起来。第三个人看到了，深深地叹了一口气，自言自语："我的一生不正如这只蜘蛛吗，忙忙碌碌而无所得。"于是他日渐消沉。

启示：很多时候，心态决定状态。稳定而良好的心态自然决定了再好不过的状态。

他们的态度和主张

我不得不重新审视自己的优点。某人不爱我，并不等于我不值得爱。我向自己承诺，不再做弱者。

——哈利·贝瑞（演员 美国）

任务 1　认识自我

知识储备

认识自我指的是对自己的主观和客观世界及自己和周围事物关系的认识。认知是指我们如何看待周围的世界，而自我概念是指我们怎样看待和评价我们自己，即包括两个方面，一是自我认知，二是自我评价。自我概念是人际关系、社会互动和工作气氛的基础，健康的自我概念是一个人必须具备的。

一、客观审视自我

自我认知包括物质自我、社会自我、精神自我三大要素。物质自我是主体对自己的身体、仪表、家庭等方面的认知；社会自我是主体对自己在社会活动中的地位、名誉、财产及与他人相互关系的认知；精神自我是主体对自己的智慧能力、道德水准等内在素质的认知。

希腊德尔阿波罗神殿正面上的碑铭是短短的几个字——"认识你自己"。卢梭称这一碑铭："比伦理学家们的一切巨著更为重要，更为深奥。"认识自我包括认识自己的情感、气质、能力、水平、品德修养和处世方式，意味着一个人真正做到功过分明，实事求是，既不在别人的溢美之词中忘乎所以，也不因他人一时的否定而自暴自弃。

小贴士　审视自我的艺术
- 我还拥有什么
- 我因为什么而自豪
- 应该去拥抱谁
- 换个角度会是怎样
- 我的理想是什么
- 有必要去补救吗
- 我应对什么心存感激
- 怎样才能找回活力
- 生活还要混乱下去吗
- 为什么不能宣泄

二、静心思考自我

工业文明的进程在给了我们丰富的物质财富、便利的交通通信的同时，却也让我们失去了纯净的空气、干净的水、天然的食物等，现代人失去了黑夜，失去了宁静。除了环境的安静，更重要的是心的安静，听不见心声，反而迷失了自己。人往往随着境遇而改变心境，能超越境遇不为境所迁，这时才是心体之真机。动与静是一对相辅相成的概念。能守静笃才能致迅疾，只有善静的人才是真正能动而不是妄动的人。

情景 1 管理者的自我沟通

即便工作压力、生活压力等各种重负如影随形，总会有片刻时光可以供一个人细心品味。有很多种简单方法可以完成这样的自我沟通旅程，不妨找个假日，独自一个人在乡下麦田里散步；或者清晨早起，独自去感受一下黎明破晓的恢弘和壮美；抑或是在街边花园的长椅上闲坐片刻，吹吹风；还可以伫立在无边空旷中，感受大自然的那份清灵和宽阔。我们会有时间和机会去重新思考自我定位、价值系统和精神状态。如果你用片刻时间去重新温习这些"自我话题"，就一定会带来很多积极的作用。

静心思考一下：即使在很忙的时候，我有没有专门划出一个时间和空间去思考问题？在一年中我有没有安排专门的时间到清净的地方去放松自己？我有没有与那些有智慧、有较深洞察力的朋友定期或不定期交流一些看法？我是不是常感到没有自我而苦恼？

人与人之间的不同，在很大程度上是因为我们每个人问自己的问题不同，自我沟通的方式不同。成功者善于提正确的问题，失败者往往问自己一些错误的问题。

管理沟通定律

特里法则：坦率地承认自己的错误

在某种意义上，承认错误是一种具有"英雄色彩"的行为。因为错误承认得越及时，就越容易得到改正和补救。而且，由自己主动认错也比别人提出批评后再认错更能得到别人的谅解。

提出者：美国田纳西银行前总经理 L·特里

小贴士：静心思考自我的艺术

- 与自然接触，内心平静，敞开胸怀，接纳一切
- 内在动机和外在动机结合；物质自我、社会自我和精神自我结合以认识自我
- 善于创造静宜的、属于自己的空间，营造与自然、人类和自我共鸣的环境
- 加强时间管理，在时间上延伸自我价值，充分把握时间

三、客观评价自我

1. 什么是自我评价

自我评价是个体对自己的能力、态度、价值观及其与外部世界关系的肯定和否定的判断。"假如你感到自己崇高，你眼前看到的一定是渺小；假如你感到自己渺小，你眼前一定看见了崇高。"这说明，人们对于自己和对他人的认识上存在着某种此消彼长的关系。

客观地评价自己是很困难的，在人们的社会生活中，自尊或自卑的自我评价意识有较大作用，自我评价还可根据他人对自己的态度来评价，自我评价也可与自我期望相比较。

如果一个人只看到自己的不足，只看到自己什么都不如别人，就会丧失信心和勇气，会厌恶和否定自己。但如果一个人只看到自己比别人强，就会自以为是、自我欣赏，从而很难处理好人际关系。

我的态度和主张

2. 约哈里窗口

约哈里之窗（Johari Window）由美国心理学家乔瑟夫·勒夫（Joseph Luft）和哈里·英格拉姆（Harry Ingram）在20世纪50年代提出，故就以他俩的名字合并为这个概念的名称。约哈里之窗也被称为"自我意识的发现—反馈模型"或"信息交流过程管理工具"。现在，约哈里之窗已经成了一个被广泛使用的管理模型，用来分析及训练个人发展的自我意识，增强信息沟通、人际关系、团队发展、组织动力及组织间的关系。根据这个理论，人的内心世界被分为四个区域，即开放区、盲目区、隐秘区、未知区。

约哈里窗口（Johari Window）

他人 \ 本人	知 晓	未 知
知晓	开放区	盲目区
未知	隐秘区	未知区

约哈利之窗不是静止的而是动态的，我们可以通过内、外部的努力改变约哈利之窗四个区域的分布。一般情况下，自我开放的区域与人际关系的和谐度成正比。为了交往的顺利进行和发展，总要尽量扩大"开放区域"，缩小"秘密区域"，做到多向对方袒露心扉，让别人了解自己。

根据"约哈里之窗"的原理，你也许会发现自己有许多优点别人并不知道，也可能出现别人认为你的优点，你自己反而不觉得，这样你可进一步了解自己。同样，你的缺点也可能有类似的情形。利用"约哈里之窗"了解和评价自己，要比从自我观察的材料中分析、评价自己更客观、准确、可靠。

四、理性呈现自我

1. 什么是自我呈现

自我呈现即自我意识的外观，是社会个体在社会互动中以自我愿意的方式再现自己的过程。自我呈现是一种有意识地塑造自我的行为，即刻意去做对方期待的行为、说对方期待的话。

常见的自我呈现方式有如实呈现、放大呈现、收敛呈现、投好呈现等。

小故事

别盯着缺点不放

有一个哲人给朋友看了一张画：白纸中画了一个黑色圆点。然后哲人问他的朋友看见了什么，所有的朋友异口同声地回答说："一个黑点。"哲人笑笑说："只说对了极少一部分，其实画中最大的部分是空白，而不是黑点。"这个黑点恰似人的缺点，盯住自己的缺点不放，你就会成为一个十分自卑的人，不敢放手去做自己想做的事情；盯住别人的缺点不放，你就会失去世界上所有的朋友，不敢开怀去和朋友来往。

启示：发现别人的缺点实在是一件容易的事情，但别人的缺点往往只是个小黑点，容易夸大它，最后进而否定了他。

静中静非真静，动处静得来，才是性天之真静；乐处乐非真乐，苦中乐得来，才是心体之真机。

——《菜根谭》

2. 自我概念三要素

自我概念的形成主要由外部评价、社会比较和自我感觉三个要素构成。

（1）从别人对自己的态度来了解自己。个体对自己的认识在很大程度上取决于周围的人对自己如何评价。在与他人交往的社会生活中，我们借自己的外显行为将自己介绍给别人，反过来别人对我们的看法又影响着我们对自己的认识。当然，他人的评价并非都很准确。倘若我们能注意倾听多数人的意见或反应，善于从周围人的一系列评价中，概括出一些较稳定的评价作为自我评价基础，这将大大有助于自我了解。

（2）通过和别人比较认识自己。当怀疑自己的能力，反躬自问自己"我在某方面的能力到底如何"时，就会很自然地想到和别人进行比较，以判定自己在社会生活中的位置和形象。自己跑步的速度是通过与别人赛跑中比较出来的；个子的高矮也是通过"比个儿"而确定的；个人认识评价自己的品质、能力等都是如此。我们总是通过和自己地位、条件相类似的人对比来估价自己及自己和周围环境的关系。

（3）通过自我比较认识自己。自我比较包括两方面：①将目前的"自我"与过去的或将来的"自我"作比较；②将自己的期望与实际获得的成就相比较。这两方面都是客观、正确的自我认识不可缺少的。每一个年轻朋友，都是将自己心目中形成的理想的"我"的形象与现在的"我"进行比较，这往往就是我们生活的动力。

（4）通过内省来观察自己认识自己。我们不仅依据他人的态度来观察自己，认识自己，更主要的还应通过内省来认识自己。个体关于自己的情感、定势和信念的信息，主要来源于知觉自己的内心状态、观察自己的外显行为、观察与这些行为相关的环境。要处理好这些信息，就需要"内省"。当然，正确的内省必须遵循现行社会中通行的社会文化价值观念，普遍的社会文化准则和行为规范，否则，是不可能给自己做出公正客观的评价的。常用的一个方式就是记日记。日记不仅是自我暴露、自我交流的手段，还是自我分析、自我认识、自我监督的手段。

小贴士

管理者理性的自我呈现

● 自觉加强自我管理（做人）
● 倡导努力以公众对现代管理角色的形象期望和本职岗位的职责要求呈现自我（做事）

管理无处不沟通
沟通的品质决定你生命的品质

【思考题】

1. 什么叫自我沟通？自我沟通就是自己问自己、自言自语、自己跟自己说话，自己的言语、动作都是在跟自己沟通对不对？

2. "不识庐山真面目，只缘身在此山中。"认识自我的时候，怎样才能跳出自我的藩篱，跳出"庐山"，用真实、客观、诚恳的态度理性地分析和审视自我？

3. 在自我认识的过程中，对别人赞美的偏爱称之为自我肯定的需要，是否需要警惕别人的夸奖和赞许？

4. 杰克·韦尔奇曾经说过："没有什么细节因细小而不值得你去挥汗，也没有什么大事大到尽了力还不能办到。"请问你是如何理解的？

【自主训练】

1. 测测你的性格。

说明：下面50道题，若与自己的情况"符合"记2分，"模棱两可"记1分，"不符合"记0分。

（1）什么时候表都对得很准。
（2）没事不打电话。
（3）收到信件、包裹后立即回信。
（4）认真考虑，然后才行动、说话。
（5）经常能发现报纸的校对错误。
（6）不干完手头的事，不接新的工作。
（7）晚上制订好第二天的计划才入睡。
（8）对他人的事情从不插嘴。
（9）几乎没有弄坏和遗失过东西。
（10）重要的信件和文章都有底稿。
（11）用筒状牙膏时，从来都是由下往上工整地卷着用。
（12）我讲话很少，就是跟自己的亲属也是这样。
（13）在社交场合里我尽量不让别人注意。
（14）我常常回想自己的过去。
（15）工作或学习时，我不愿有人在旁观看。
（16）我宁愿自己拼命去解决问题，而不愿求助于别人。
（17）我不喜欢别人借我的东西。
（18）在大庭广众面前，我总觉得很窘迫不安。
（19）我善于用书面方式表达自己的思想感情，而不善于口头表达。

（20）心里有什么高兴或生气的事总是不露声色。
（21）买东西时总是犹豫不决。
（22）自己有什么想法不愿意轻易告诉别人。
（23）判断和处理问题时总好追根到底。
（24）不是非常熟悉的人绝不轻信。
（25）对于麻烦事尽可能避免，不愿承担责任。
（26）喜欢猜疑。
（27）经常分析自己的思想和动机。
（28）做事情有条不紊，不会慌慌张张的。
（29）我每天总要遇到一些事，让人郁郁不快而生闷气。
（30）愿意细心地做同样的工作。
（31）做事有条理，一切按计划行事。
（32）打电话之前考虑好说话的顺序。
（33）借的东西一定按期归还。
（34）在任何场合都不得意忘形。
（35）决定了的事尽可能遵守。
（36）不论干什么，确保万无一失。
（37）尊重每个朋友的个性，决不勉强。
（38）不管多么急也不加塞。
（39）做事时有人过来说话也不受干扰。
（40）失败时彻底寻找失败的原因。
（41）对人生来说，脾气比才能更重要。
（42）即使情绪不太好，别人委托的工作还照常完成。
（43）遇有集体活动不愿参加，宁愿待在家里。
（44）喜欢安静而非热闹的娱乐。
（45）不愿与观点不同的人相处。
（46）我喜欢做一个人就能完成的工作，不喜欢大家一起闹哄哄地干一件事。
（47）吃什么穿什么，一切都要想周到。
（48）不受一时的气氛所左右。
（49）与人初次打交道总感到有点困难。
（50）很少对社会上的问题公开发表议论。

性格判定：总分在40分以下视为外向型；41~69分是平衡型；70分以上是内向型。性格并没有好坏之分，不同的性格体现不同的个性特征。关键是要发挥自己性格的优势。

管理无处不沟通
└─沟通的品质决定你生命的品质

2. 我生命中最重要的五样东西。
_____
_____
_____
_____
_____

3. 马上行动：请安静下来，想想什么是你真正想要的（Please calm down, and think about what is you really want）。

    问自己：我现在居于人生的什么位置？
            未来想要达到什么目标？
            还有什么是我很想得到的？
            我现在所想的，是我真正想要的吗？

然后，把这些写下来。
- 我现在最想做的是什么？_____
- 我最想花时间和谁在一起？_____
- 哪些事情可以完全不必去做？_____
- 想让什么新东西加入你的生活吗？_____
- 这个礼拜有什么计划？_____
- 下个月你要做什么？_____
- 一年之后你想要达到什么目标？_____
- 五年、十年之后呢？_____

行动感受：
_____
_____
_____
_____
_____
_____
_____

4. 放松入静。

训练目的：通过实践体会理解放松，入静状态下的心、身变化，掌握放松入静的方法。

训练步骤：

（1）选一个好的环境，以合适自然的姿势站或坐，体会立如松，坐如钟。

（2）放松眼部神经，眼睑自然下垂。

（3）意念检查自己是否放松，从下到上，从脚趾开始到脸部肌肉到头项，从外到里，内脏放松。

（4）感受呼吸，先深呼吸一次，渐至均匀平缓。

（5）意守一处，去除杂念。

（6）至无我状态。

（7）睁开眼睛，静静恢复常态。

【团队案例分析】

实习生的烦恼

丹丹是大一的学生，在学校，她参加社团，组织活动，拿奖学金。今年暑假她很认真地参加了暑期社会实践活动，开始了她的第一次实习，在一家企业做一份与自己的专业并非直接相关的工作。

但是她感觉很受挫。实习初衷是希望可以了解企业的工作流程，行业的经济情况，更重要的是感受一下工作到底是怎么一回事。

但丹丹发现她面临的最大的挑战不是来自工作本身，而是与周围人的相处。最明显的就体现在中午吃饭上，开始几天她都是一个人吃午饭，后来她就主动去找别人，对每个人都是微笑。与一个比她大两三岁的姐姐吃了和同事间的第一顿饭，我以为还算愉快，而丹丹总是会想起来和她一起吃饭，那个姐姐却不会想起来中午约丹丹一起……

丹丹感觉虽然她已经抛弃了自己的被动，去积极与人结交相处，还是逐渐感到自己在人际交往上的力不从心：比她大很多的人她基本上没有办法搭话，跟她年纪差不多的人似乎她也很难真正融入。每个人之间似乎都有一丝距离，这是在学校里所没有体会到的。

丹丹的迷惑在于：在职场真的就只有工作联系了吗？同事之间，即使是没有什么竞争的实习，也不可能成为朋友吗？实习生因为早晚会离开，所以周围的人就会觉得理不理无所谓索性不理睬吗？

丹丹有点纠结和埋怨着：为什么你不叫上我一起吃饭？

请做出分析，帮助丹丹找到解决的办法。

【团队实践活动】

我是一个什么样的人

各团队成员先各自独立完成"真实的我"和"理想的我"的思考和填写，再相互讨论，

管理无处不沟通
沟通的品质决定你生命的品质

征询团队其他成员的评价，填写"别人眼中的我"，帮助形成健康完整的自我概念。

	真实的我	理想的我	别人眼中的我
身高/体重			
相貌			
性别			
性格			
出身阶层			
文化程度			
人际关系			
专业/职业			
配偶			
家庭			
收入			
爱好			
住宅面积			
理想抱负			

任务2　情绪管理

知识储备

一、解读你的情绪

1. 情为何物

情绪是人各种感觉、思想和行为的一种综合的心理和生理状态，是对外界刺激所产生的心理反应及附带的生理反应。我们平时比较常见的情绪，事实上都是个人的主观体验和感受，常常与心情、气质、性格、性情及环境的影响有关。

情即通常所说的感情、心情、性情。心理学把短暂而强烈的感情叫做情绪（erllotlon）；把稳定、持久的感情叫做情感（feeling）。情绪、情感也常通用，两者通称感情（affection）。情绪状态有几种特殊的形式：心境是持久而淡漠的状态，激情是强烈、短暂、暴发式的状态，应激是在生命或精神处于受威胁情景时采取的状态。

2. 情绪的种类

在心理学的角度，情绪是身体对行为成功的可能性乃至必然性的反应，同时在生理反应上的评价和体验。通常情绪包括喜、怒、忧、思、悲、恐、惊七种。这些情绪的表现也可以加以归纳，如喜会表现为手舞足蹈，怒可能是咬牙切齿，忧则茶饭不思，悲会痛心疾首……行为在身体动作上表现得越强，就说明其情绪越强。

对情绪比较主流的观点是美国心理学家克雷奇（Krech）等人的观点，他把情绪分为以下四类：

（1）将快乐、愤怒、恐惧、悲哀视为最基本或原始的情绪。

（2）与感觉刺激有关的情绪，包括疼痛、厌恶、轻快。这类情绪可以是愉快的，也可以是不愉快的。

（3）与自我评价有关的情绪，包括成功与失败、骄傲与羞耻、内疚与悔恨等，这些情绪决定于一个人对自身行为与客观行为标准关系的知觉。

（4）与他人有关的情绪，发生在人与人之间的情绪种类似乎无限繁多，按照积极的与消极的维度，可以把它们分为"爱"与"恨"两大类。

≈ 管理沟通定律 ≈

吉德林法则，把难题清清楚楚地写出来，便已经解决了一半

谁都会遇到难题，人如此，企业也是如此。在瞬间万变的环境下，怎样才能最有效地解决难题，并没有一个固定的规律。但是，成功并不是没有程序可循的。遇到难题，不管你要怎样解决它，成功的前提是看清难题的关键在哪里。找到了问题的关键，也就找到了解决问题的方法，剩下的就是如何来具体实行。

提出者：美国通用汽车公司管理顾问查尔斯·吉德林

我的态度和主张

管理无处不沟通
沟通的品质决定你生命的品质

小故事

少向他人诉苦

在入河口，由两条小溪相会交谈。一条小溪说："我的途径是最难走了。磨坊的水轮坏了，沿途有的农民也死了。我带着人们的污秽，挣扎着流淌下来，而那些人啥也不干，只是懒洋洋地晒太阳。"另一条小溪回答说："我从山上芬芳花卉和腼腆杨柳之间流淌下来，男男女女用银杯喝水，我的周围都是欢笑声，还有甜蜜的歌声。哎！你真是个不幸的家伙。但是，你的困难始终是得不到补偿的，还不如忘记它吧！"最终这两条小溪都流入了大河并汇入大海。

启示：对于管理人员来说，有些时候苦难和委屈是无法得到补偿的，与其向别人诉说，倒不如忘记它。

他们的态度和主张

人应该了解自己的情绪变化，知道什么事情可以让你情绪起伏，什么样的底线过了就会失控，然后不断地提醒自己，学会同自己相处。

——李小冉（演员 中国）

二、情绪能力

霍华德·加德纳博士1983年著《心理架构》一书，提出了多元能力理论，驳斥了"智商思维模式"。他指出，决定人生成功的心理能力，至少包括七个主要类别，即语言能力、数理逻辑能力、空间认知能力、音乐能力、身体运动能力、人际关系能力、自省能力。多元智能理论启发并促进了情绪能力理论的兴起和传播。

最早提出系统情绪理论的是耶鲁大学教授彼得·塞拉维。他把情绪能力分为：认知自身的情绪、妥善管理情绪、自我激励、认知他人情绪、人际关系管理。

【超级链接】

> **软糖实验**
>
> 流传甚广的关于情绪能力的实验叫"软糖实验"。实验人员把一组四岁儿童分别领入一个空荡荡的大房间，只在一张桌子上放着一个显眼的东西：一块软糖。这些孩子进来前，实验人员告诉过他们，如果在允许你走出大厅之前吃掉这颗软糖也没关系，但如果你能坚持到走出大厅之前不吃这颗糖，那就会有奖励，能再得到一块软糖。结果当然是两种孩子都有。专家们把坚持下来得到第二块软糖的孩子归为一组，没有坚持下来只吃一块糖的孩子归为另一组。对这两组孩子进行了十四年的追踪研究。结果发现，那些向往未来而能克制眼前诱惑的孩子，在学业、品质、行为、操守方面，与另一组相比有显著优越的表现。这说明，决定人生成功的因素并非只是传统智力理论所认定的那些东西。

情绪能力实际上包括传统智商理论所忽视的两大内容：

（1）个人内在的自省能力，即指有能力去了解自己的天赋才能，可以明确地觉察自己的情绪变化起伏，能适度、合宜地面对、表达、缓解自我的情绪，以及面对挫折困扰时高度的容忍力等。

（2）社交性的人际关系能力，即指有敏锐的观察力去识别他人的行为动机，解读他人的情绪反应，懂得如何与他人同心协力、共同合作，以达到团队的最终目标，能运用多种方法来圆满解决自我与他人之间的问题。

情景❶
管理者的自我沟通

1995年，丹尼尔·戈尔曼的一本（Emotional Intelli—gence，中译名：情绪智力、情绪能力等）掀起了一股全球性的情商热。书中虽未明确断言，但强烈地暗示：一个人成功与否，20%取决于智商，而80%取决于情绪智力。对应于习惯所称的"智商"（Intelligence Quotient，IQ），自台湾至大陆，有人将情绪智力称为"情商"（Emotional Quotient，EQ）。虽然此理论本身还欠确切，问题很多，但是情商理论的可贵之处只是在理性、智力主宰一切的西学框架下，恢复情绪的地位。

> **小贴士**
>
> **成功人生需要"十商"**
> - 德商（Moral Intelligence Quotient，MQ）
> - 智商（Intelligence Quotient，IQ）
> - 情商（Emotional Quotient，EQ）
> - 胆商（Daring Intelligence Quotient，DQ）
> - 财商（Financial Intelligence Quotient，FQ）
> - 心商（Mental Intelligence Quotient，MQ）
> - 志商（Will Intelligence Quotient，WQ）
> - 灵商（Spiritual Intelligence Quotient，SQ）
> - 健商（Health Quotient，HQ）

三、营造好情绪

心理专家告诉我们，严格来说，任何情绪，包括正面的和负面的，都是有其功能的，关键是我们如何去对待和认知它。

1．适度表达情绪

情绪跟自己的健康两者相互交织，互为因果。从结果是否有益于身体健康，将情绪分为两类：好情绪，有益健康；坏情绪，损害健康。情绪积极乐观的人，免疫力强，疾病也会绕道而行，总能给人生机勃勃的感觉。而情绪压抑、喜怒无常的人，身体素质也会日趋下降，疾病缠身，整日无精打采。

从一个人的情绪所带来的社会活动后果，也可以区分好情绪与坏情绪。性情好、脾气好的人，行为收放有度、温文尔雅、谈吐儒博豪爽、豁达大度、谈笑风生、生活有序、遇事不慌、与人为善、乐于奉献；性情不好、脾气不好的人，生活放荡、行为不羁、酗酒赌博成性、谈吐粗野、动作鲁莽、作息无度、晨昏颠倒、遇事急躁、处理草率、人际关系紧张。

各种情绪本身其实无所谓好也无所谓坏，喜怒哀乐都是人与生俱来、不可缺少的生存本能。喜、乐是人所共求，让人兴奋；悲、怒能发散、

管理沟通定律

卡贝定律：放弃有时比争取更有意义

放弃有时比争取更有意义，放弃是创新的钥匙。如果努力争取的东西与目标无关，或者目前拥有的东西已成为负累，或者劣势大于优势，那么还不如放弃。当你放弃了本不该在你身上的东西，你可能会突然发现，你已经拥有了你曾争取过而又未得到的东西。

提出者：美国电话电报公司前总裁卡贝

我的态度和主张

33

管理无处不沟通
沟通的品质决定你生命的品质

=== 小故事 ===

学会改变自己

很久以前，人类都赤着双脚走路。有一位十分仁慈的国王到某个偏远的乡间旅行，因为路面崎岖不平，很多碎石头刺得他的脚又痛又麻。他回到王宫后立即下了一道命令，要将国内的所有道路都铺上一层牛皮。这样就可以造福他的人民，让大家走路时不再受刺痛之苦。但是，当时即使杀尽国内所有的牛，也筹措不到足够的皮革，于是有个聪明的仆人大胆向国王提出建言：与其用很多牛皮来铺地，倒不如用两块小牛皮来包住自己的脚。国王听了十分欣赏这个建议便立即采纳，据说这就是"皮鞋"的来历。

启示：管理人员改变世界很困难的时候，不如改变自己；只要自己得到了改变，世界改变起来就不会那么困难。

消除心中积郁，恢复心身平衡；悲痛也能化为力量；怒则激发潜能，摧枯拉朽。关键在于情绪表达的适时适度，防止长久陷入某种情绪损伤身心而不能自拔，应学会如何将情绪恢复常态。

营造情绪，要学会自我调节、美丽心灵，培养善良、宽容的品质，保持泰然处之的心理状态。大喜时要收敛与抑制，激怒时要疏导与平静，忧愁时要释放与自解，悲伤时需转移与娱乐，恐惧惊慌时需镇静与沉着，时时刻刻使自己保持快乐、自信、积极的状态。

2. 身体法调整好情绪

许多时候，我们认为自己心情不好，所以表情沮丧、说话无力、走路时耷拉着脑袋，也就是说：心理影响身体。可是，反过来也是成立的，也就是说：身体影响心理。当我们表现出快乐的，充满信心与活力的表情、动作时，我们的心情也就会随之改变。

（1）微笑。微笑是带来身体与心灵健康的良药。拉开你的嘴角，开始笑对生活吧。微笑与快乐是不需要理由的，快乐是一种习惯，它不是一个结果。开始练习微笑吧，没有比这更简单的了。

（2）抬头挺胸，来一个深呼吸。如果你垂头叹气，那是你的行为在告诉自己，我失败了。从现在开始，抬起你的头，昂首挺胸，眼光坚定，你就是在用行动宣告：我是成功者。这个简单的动作会让你更有信心。

（3）做事速度快20%。加快你的速度，任何消极情绪都将退位让贤。人们的悲哀之一就是有太多时间去思考自己是否快乐。现在，行动，快速行动，如雷电的行动带来如太阳般的力量与信心。

（4）说话大声20%。你有权发言，你的声音是独特的，现在，让世界发现你的声音。深呼吸，开始说自己说：我喜欢我自己。带着这样的一股信心去与人沟通，提升你的音量。

（5）正视对方的眼睛，说话简洁有力。有的人说话时眼光东摇西荡，说明对眼前的人没有兴趣或者缺乏信心。正视他说话，简单、有力地说出你的意思。第一次也许不尽如人意，多尝试几次，你就会感觉到信心如潮水般涌来。

他们的态度和主张

快乐和痛苦的区别，是一个简单的决定。你真实的自己就是最美的最高形态。

——张朝阳（搜狐CEO 中国）

小贴士 好情绪使人变美

◆ 幽默超脱，青春常驻
◆ 排遣宣泄，吸纳美好
◆ 学会宽容，海阔天空
◆ 弱化转移，宁静豁达

情景 ❶ 管理者的自我沟通

【思考题】

1. 如何将坏情绪调整为好情绪？你有哪些成功的经验？
2. 举一个"改变想法、改变心情"的例子。
3. 以下是年轻人经常会有一些对自我的不良想法，请思考应该如何换一种想法？

不良想法一：我个子矮，别人肯定瞧不起我。
不良想法二：我长得不漂亮，肯定没人喜欢我。
不良想法三：我没有一点长处，真是没用。
不良想法四：我家境不如别人，根本找不到自信。
不良想法五：我从未当过班干部，说明我没有这方面的能力。
不良想法六：我不敢在众人面前说话，我是个胆小的人。
不良想法七：我最怕当着众人讲话，所以我不适合做领导。

【自主训练】

1. "遭遇、反应、处理"卡。

请详细阅读下列问题，想象你可能会有的情绪反应，尽可能多地列举问题的处理方法。

（1）当你在走廊与人边走边聊天的时候，有个人突然冲过来把你撞倒了。
你的反应、感受：＿＿＿＿＿＿＿＿＿＿＿＿＿＿＿＿＿＿＿＿＿＿＿＿＿
处理方法：＿＿＿＿＿＿＿＿＿＿＿＿＿＿＿＿＿＿＿＿＿＿＿＿＿＿＿＿
＿＿＿＿＿＿＿＿＿＿＿＿＿＿＿＿＿＿＿＿＿＿＿＿＿＿＿＿＿＿＿＿＿

（2）当你排队买东西时，有人不守秩序插进你前面。
你的反应、感受：＿＿＿＿＿＿＿＿＿＿＿＿＿＿＿＿＿＿＿＿＿＿＿＿＿
处理方法：＿＿＿＿＿＿＿＿＿＿＿＿＿＿＿＿＿＿＿＿＿＿＿＿＿＿＿＿
＿＿＿＿＿＿＿＿＿＿＿＿＿＿＿＿＿＿＿＿＿＿＿＿＿＿＿＿＿＿＿＿＿

（3）考场上，你发现旁边的人偷抄你的答案。
你的反应、感受：＿＿＿＿＿＿＿＿＿＿＿＿＿＿＿＿＿＿＿＿＿＿＿＿＿
处理方法：＿＿＿＿＿＿＿＿＿＿＿＿＿＿＿＿＿＿＿＿＿＿＿＿＿＿＿＿
＿＿＿＿＿＿＿＿＿＿＿＿＿＿＿＿＿＿＿＿＿＿＿＿＿＿＿＿＿＿＿＿＿

（4）有人给你取了不雅的绰号，不时嘲弄你。
你的反应、感受：＿＿＿＿＿＿＿＿＿＿＿＿＿＿＿＿＿＿＿＿＿＿＿＿＿
处理方法：＿＿＿＿＿＿＿＿＿＿＿＿＿＿＿＿＿＿＿＿＿＿＿＿＿＿＿＿
＿＿＿＿＿＿＿＿＿＿＿＿＿＿＿＿＿＿＿＿＿＿＿＿＿＿＿＿＿＿＿＿＿

（5）外出时，你碰见一位熟人，不知为什么，他却没和你打招呼。
你的反应、感受：＿＿＿＿＿＿＿＿＿＿＿＿＿＿＿＿＿＿＿＿＿＿＿＿＿

管理无处不沟通
沟通的品质决定你生命的品质

处理方法：_____
_____

（6）你把一本好书借给人看，他却弄丢了。
你的反应、感受：_____
处理方法：_____
_____

2. 世界上最悲伤（快乐、愤怒、纠结、郁闷、窘迫……）的事
_____
_____

3. 马上行动：从今天开始，忘掉某个长久以来一直困扰你的人或者事（From today, forget a person or something that troubles you for a long time）。

不要让一个人、一件事让你一直闷闷不乐。或许你会说忘记不是一件很容易的事情。那就去做点什么，调整好自己的步伐，不要让伤心的事一直困扰你。

你可以写封信、打个电话，或者丢掉一些东西；你也可以通过送个小礼物、做个决定，告诉某人你真正的感觉，去做任何能解决这些困扰的事……

不要刻意去回避一些人和事，那只会让你内心更加阴暗、狭隘，你会为一些小事感到局促，少了一些坦然。

推荐：在白天去电影院，看一场使你流泪的电影。不良的情绪就像霉素一样，它会在我们的身体里累积，到了一定的时候就需要释放一下。这时候，去看一场能让你流泪的电影吧。尽管悲观和失望不能成为生活的主宰，但是，如果想要保持良好的心境去面对生活的起伏，去看一场让你流泪的电影，也是一种不错的调节方式。

行动记录和感受：
_____
_____
_____
_____

4. 提问解决焦虑。
Q1：什么是你所担心、焦虑的？
_____
_____

Q2：有没有可行的方法？
（1）没有。停止烦恼并转移你的注意力，你可以做些什么？
_____
_____

（2）有。有哪些？
_____
_____

Q3：可行的方法中有没有你立即可以去实行的？
（1）有。立即去做，你可以做的是：
_____
_____

（2）没有。继续寻找或等待条件出现，并告诉自己：焦虑毫无意义，冷静才能把握转机。

【团队案例分析】

小李的问题

销售人员小李，年龄25岁，一表人才、多情多义，在公司业绩还算不错。有一天他女朋友跟着他去逛公园，逛公园时，他女朋友说"小李，我们分手吧？"小李听到"分手"，心里非常难受，一言不发地回到了家，越想越难受，开始一个人喝闷酒，边喝边自言自语，"我怎么这么倒霉？她为什么不要我了？为什么我不如别的男人？为什么我从小就被别人抛弃？我被抛弃四次了，现在已经第五次，到底我还要被抛弃多少次？为什么找不到爱我的人？"小李边说边流泪，还给自己一巴掌，敲自己的胸，抓头发，流露出一连串痛苦伤心的动作，直至烂醉。

第二天下午老板打电话来"小李，怎么今天没来上班？"小李心灰意冷地说"上什么班"，老板说"我是你老板"，小李说"什么老板，别管我，上什么班啊"，一个小时后，客户王经理打来电话"小李吗？我是王经理啊"，小李说"什么王经理，有什么事啊？"王经理说"你不是说上午送货过来吗？怎么现在还没送过来？马上给我送过来"，小李说"送什么货，要送你自己去"。小李在接下来的一段时间内都走不出失恋的阴影，终于，他失去了这个客户，丢了这份工作。

请分析：小李在较长时间还振作不起来，他的问题出在哪里？要怎么做才对？

【团队实践活动】

沟通从心开始

活动要求：

（1）团队成员各自回忆并写下尽量多的有"心"的词句，看看你对人心了解多少。例如，二字词语：安心；四字成语：心安理得；多字谚语、俗语：心静自然凉等。

（2）各团队汇总有"心"的词句，并进行分类，团队成员交流各自的心得体会。

（3）选一组三个以上有"心"的词句，要求是褒义的，准备下次的即兴演讲。

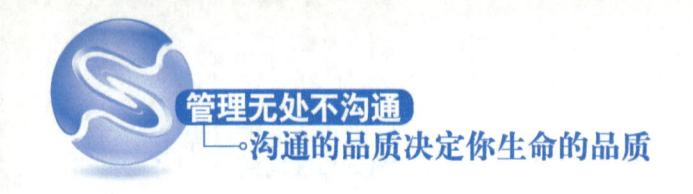

管理无处不沟通
沟通的品质决定你生命的品质

任务3　自我修炼

小故事

为想象腾出个空间

有一条鱼对另一条鱼说："在我们这片海域上面，还有另一片海洋，那里也有生物在游，就跟我们生活在这里一样。"另一条鱼回答道："这根本就不可能。你要知道，无论什么生物只要离开我们的海域，在外面呆上片刻，就会立即死去。海洋之外根本就没有任何生物。"对于没有想象的鱼来说，它是不会相信海洋以外会有生物的，即使相信，也至多把鸟想象成会飞的鱼，因为它们的视野就是那么窄。

启示：管理人员要扩大自己的视野，为想象腾出空间，不要局限在自己的主观判断上。

他们的态度和主张

精神世界的自由要比行为上的无拘无束更配称得上是一种美德。

——袁泉（演员 中国）

知识储备

一、自我暗示

人是各种暗示造就的。心理学著名的罗森干塔尔效应揭示了这么一个规律，这就是期待、暗示对人的成长关系重大，对教育的对象来说，希望他成为什么样的人，就可能真地成为那样的人。希腊神话中描写塞浦路斯国王皮格马利翁善雕刻，他酷爱自己雕的一尊少女像，竟使这尊雕像成为活人。罗森塔尔借助这个神话称上述效应为皮格马利翁效应。

【超级链接】

罗森塔尔效应

美国哈佛大学心理学教授罗森塔尔做了一个非常有趣的试验，他将小老鼠分成两群，把其中的A群交给一个实验员并对他说，这一群老鼠是属于特别聪明的一类；把B群交给另外一个实验员，告诉他说，这是一群智力一般的老鼠。两个实验员分别对这两群老鼠进行了训练。过了一段时间，罗森塔尔对这两群老鼠进行了走迷宫测试。结果，A群老鼠比B群的老鼠更先走出了迷宫。针对这个结果，罗森塔尔指出，他对两群老鼠最初的分组是相同的，也就是事先根本不知道哪些老鼠更聪明，他只是随意地将它们分成两群，当实验员认为这群老鼠特别聪明时，他就用对待聪明老鼠的方法进行训练，结果，这群老鼠真的成了聪明的老鼠；反之，当实验员认为这是群不够聪明的老鼠时，他就会用对待不聪明老鼠的方法训练，结果让这群老鼠真的成了不聪明的老鼠。

罗森塔尔把这个试验运用于人。从小学1～6年级中各随机抽取3个班为实验组，进行预测未来发展的测验，然后每班随意抽取20％的学生，通报任课老师，告诉他们这些学生经测验估计在该学期中将有显著进步。8个月后的测验结果表明，被告

> 知可能有进步的实验组学生与其他学生相比，确像预先期待的那样有更明显的进步。本不知道哪些老鼠更聪明，他只是随意地将它们分成两群，当实验员认为这群老鼠特别聪明时，他就用对待聪明老鼠的方法进行训练，结果，这群老鼠真的成了聪明的老鼠；反之，当实验员认为这是群不够聪明的老鼠时，他就会用对待不聪明老鼠的方法训练，结果让这群老鼠真的成了不聪明的老鼠。
>
> 罗森塔尔把这个试验运用于人。从小学1～6年级中各随机抽取3个班为实验组，进行预测未来发展的测验，然后每班随意抽取20%的学生，通报任课老师，告诉他们这些学生经测验估计在该学期中将有显著进步。8个月后的测验结果表明，被告知可能有进步的实验组学生与其他学生相比，确像预先期待的那样有更明显的进步。

马克思说："人是对象性的存在物"，人既可以把他人、事物、自然界作为对象，也可以把自身作为对象。教师对学生的期待只是学生所受到的暗示中的一部分。除此之外，还有学生的自我期待，以及其他人、事物、环境所构成的暗示等，都与学生的成长有关。人的各种内部和外部信息都对人格的成长有暗示作用，人的精神世界是由许多不同层面、不同种类的暗示造就的。

1. 自我暗示的类别

（1）语言的暗示。语言的力量是很强大的，如果不断被重复，这力量就会更大。语言的暗示作用，不仅是他人方面施于自己的，自己也可以对自己说些什么继而产生作用。医学上有一个公认的规律，说是人群中大约有三分之一的人暗示效应特别明显，积极暗示对恢复健康肯定有帮助。每个人都有一些常用语，天长日久，对自我有潜移默化的暗示作用。我们可以从以下三方面重建常用语暗示体系，第一是对别人用的，第二是对自己用的，第三是在冲突挫折时用的。前面两种最好带有积极鼓励倾向，第三种是解嘲、幽默式的。

（2）动作与表情的暗示。动作与表情能传达的信息可能没有口头语言那么清楚明白但更真实。但我们也往往只用动作和表情而不用语言来表达自己的意思，我们甚至在对方开口讲话前，就从对方的动作和表情中判断出来者是善还是恶。

周围人们对我们的动作和表情，会给我们强大的无声的暗示。像自言自语一样，我们的动作、表情同样能给自己丰富有力的暗示。心理紧

张的时候，你可以让自己的身体动作先放松下来。脸色难看的时候，你可以找面镜子照一照，告诉镜子里的你，让他笑一笑，一次不行两次，两次不行三次。脸部表情的暗示作用，会让你的身心随之轻松自在起来。

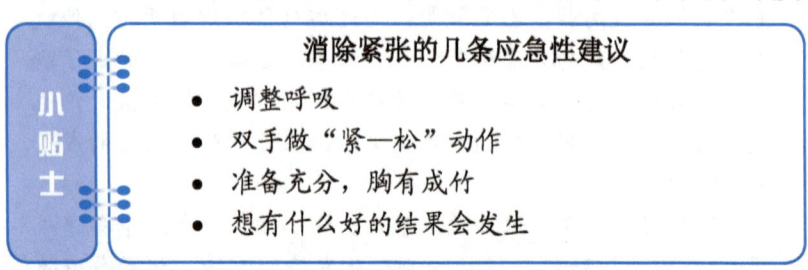

> **小贴士**
>
> **消除紧张的几条应急性建议**
> - 调整呼吸
> - 双手做"紧—松"动作
> - 准备充分，胸有成竹
> - 想有什么好的结果会发生

（3）服饰形象的暗示。一次重要的见面，他如果刻意打扮过，你会觉得他很在意你们这次见面，有一种被看重的满足，如果他像平时一样随便，你会觉得受轻视。服饰形象的重要性千万不能忽视。当然，什么事恰如其分最难。你不能把不修边幅作为美德，做学生的你也不能太注重修饰打扮，因为学生也有其"职业特点"。

服饰的意义是双重的，既是社会的需求，是穿给别人看的，也是自身素养的显现，是自己的符号。得体的服饰形象不仅对社会对他人是好事，对自己的心理、人格、志趣也有规范、强化、养成作用。

（4）大环境的暗示。我们整个的生活环境都对我们有各种各样的心理暗示，当我们见了大海，受到大海的暗示，心胸变得开阔；我们见到高山，受高山的暗示，感到庄严、雄伟、稳定、宁静；同样我们见到乱石杂草臭水沟，也会受到暗示，杂乱肮脏；见到荷塘闻到清香，受到的暗示是清洁、纯净。

环境的暗示是不可抗拒的。不仅在自然环境中是这样，在社会环境中也是这样。荒凉寂静的黄土高原生活与现代都市生活，所受到的暗示会使你具有完全不同的心境。中国人为什么和其他国家的人有些不同，那是由于中国地理、气候、文化、历史综合环境对一代又一代人的影响、暗示，是累积的结果。

2. 自我暗示的机制

（1）重复。当一句话反复出现，一个表情动作多次重复，一个环境暗示长期作用，这一暗示才可能进入你的潜意识，从而成为你人格特质的一部分。现实生活中偶尔出现的事情很多，几乎都不能让你记住，只有那些重复出现的，才能留下印象。一个陌生人第一次相遇，根本不算什么，第二次又相遇，你会有点好奇，第三次再相遇，你可能就会相信两人有缘分。重复的信息才可信，这是心理规律，自我暗示也要遵循这条规律。

（2）内模拟。一个人想要什么，他就在内心先模拟出那个东西的样

他们的态度和主张

一个人越恨自己的缺陷，那缺陷对自己的伤害就越深。光爱自己的优点不算真爱，要包容自己的缺陷，才叫真正爱自己。

——汪涵（娱乐节目主持人 中国）

子；一个人看见了什么，就会不自觉地把自己与那个东西作比较，把自己想象成那个样子，这就是所谓的内模拟。你想得多了，看得多了，日子一长，你就会像你所想所看的那样。

现在许多人在为自己的相貌犯愁，花好多时间去美容，内行的人都说一大半要靠心理作用。你如果能经常去想一些美好的东西，去看一些好看的东西，乐观开朗、心胸豁达、远离忧愁悲伤，这些恐怕是最有效的美容方法。有句格言说得很深刻：表情是瞬间的相貌，相貌是凝固的表情。

（3）放松状态暗示效果最好。每天早晨刚刚醒来的时候，每天夜晚即将入睡的时候，你的心态特别宁静的时候，你处于生活最放松、最悠闲状态的时候，是你进行自我暗示调整的最佳时机。这些时候，你能够给自己一些积极有益的暗示信息，将会有比其他时候大得多的影响。

二、自我激励

1. 自我激励体系的构建

第一部分：人生原则。人生大原则，细分为以下几方面：总格调，即要做什么样的人；信念、对待他人、对待事业、对待名利、对待运气、对待爱情、对待挫折等。

第二部分：现实价值观。我们生活在价值观多元化的时代，不同的价值观决定你将做出什么样的行为，决定你愿意和什么样的人交往，决定你是哪一类人。我们要对这些不同的价值观做独立的分析评判，以便做出取舍选择。找出那些与自己的人生大原则及未来角色向往协同一致的价值观，组成一个统一的体系，用以激励自我，成就自己的理想。

现实生活中的价值观纷繁复杂，每个人都生活在不止一种价值观环境中，因此，自然会受到多方面的影响。人们已接受的不同价值观的冲突，是内心矛盾、痛苦的根源。价值观的选择和整合是一个长期的任务。

现代人普遍应具备以下观念：主动积极、独立思考、追求成功进步、敢想敢做、完善个性、高效率、能赚钱会花钱、勤奋工作懂得休闲、关心公共事业、遵守法律、尊重规则、天生我才必有用、爱父母、爱家乡、爱祖国、爱人类、所有的物种与人类是平等的、地球是人与万物共同的家园、大自然令人敬畏……

第三部分：未来角色理想。你的一生使命是什么？你属于哪一类的人？你能在自己短暂又漫长的一生中做些什么有益的事？对此类问题的回答就是构建自己的角色激励体系。预测未来的最好办法是现在创造未来。

2. 构建及运用自我激励体系的五项原则

（1）简洁。用于做自我暗示的句子要简洁明了，这样易于回想，易

≈ **管理沟通定律** ≈

罗森塔尔效应：满怀期望的激励

对一个人传递积极的期望，就会使他进步得更快，发展得更好。反之，向一个人传递消极的期望则会使人自暴自弃，放弃努力。当我们对某件事情非常强烈期望的时候，我们所期望的事物就会出现。

又名：皮格马利翁效应、期待效应

管理无处不沟通
沟通的品质决定你生命的品质

于重复，而且默诵起来因短促而有力，能强化效果。

（2）只用正面积极的词汇。如果你想说："不能再消沉下去了！"应该换为："要奋发进取！"如果想说："改变落后的现状！"最好换为："力争上游！"

（3）可行性。你所表达的意思一定是你可能做到的，你所确定的目标不是可以轻易被理智否定的，使用带渐进意味的词是个好办法，如"我一定能做得更好"、"我会越来越健康"、"天天向上"等。

（4）形象化。默诵或朗读自我激励的语句时，要在脑海里想象欲求的目标情景；很多目标可能转换成图画，要将它画出来；不管是语句还是图示或画面，最好把它贴在你经常看得见的地方。

（5）注入感情。你要从内心认同并相信你所确定的目标。当你朗诵（或默诵）你用做自我激励的语句时要把感情贯注进去，否则光动嘴不动心是不会有结果的。只有将意念注入情感，进入潜意识，那些意念才能起长久的强有力的行为导向作用。

小故事
打开另一扇窗

一个贵族小女孩趴在窗台上，看窗外的人正埋葬她心爱的小狗，不禁泪流满面，悲痛不已。她的外祖父见状，连忙引她到另一个窗口，让她欣赏十分漂亮的玫瑰花园。果然小女孩一下子停止了哭泣，满面的愁云为之一扫，心中顿时明朗。老人托起外孙女的下巴对孩子说道："你刚才之所以不开心，只是因为开错了窗户。记得，以后一定要开那扇能使你开心和快乐的窗户。"

启示：看问题的角度不同会有不同的心境，管理人员要记得开那扇有利于自己工作的窗户。

小贴士

完善并超越自我
- 注重人格培养：智慧力、道德力、意志力
- 努力获取新知：直接、间接
- 改变心智模式：开放心灵、摆脱"路径依赖"
- 培养积极心态：正视客观现实、调控个人情绪
- 勇于挑战自我：充分认识不足、确定改进目标、加强时间管理

三、挫折应对

1. 产生挫折的原因

一是延迟。正常情况下，早该来的还没来，早该有的还没有，由此产生挫折感。

二是阻挠。由于个体特征或外界因素导致愿望不能实现而产生挫折感。个体特征方面如容貌、身材、体质、知识、能力、性格等，与社会价值观及个人价值观相结合，往往使有些人不能参加他所希望参加的活动，或受到忽视或被消极评价，这方面的挫折感是年轻人中较多的。外界因素如各种规章制度、集体生活规则等，约束他们，使他们不能随心所欲地做自己想做的事，有时还会受到严厉批评和处罚，由此而产生的挫折感也是很普遍的。

三是动机冲突。不同动机无法同时满足，而产生挫折感，基本形式

他们的态度和主张

在人成其为人的道路上，你若不懂得某个道理，生活就会安排一次挫折，让你学习；如果这一次你没能明白，它就再安排一次挫折，直到你明白为止。

——黑格尔（哲学家 中国）

有以下四种：

（1）都好，都想要，但只能择其一，"鱼和熊掌不可兼得。"

（2）都不好，都不想要但非得要一个，只好听天由命，扔硬币也可以。

（3）好坏共存一体，你要不要？"弃之可惜，食之无味"。

（4）各有所长，各有所短，你要哪个？两个男士都想做她的男朋友，你说她怎么办？还是两个都不要，找个更理想的如何？

动机冲突常使人为难，犹豫不决，内心产生激烈的冲突，焦虑不安。

2．消极应对

（1）过度焦虑。有的人遇到挫折后，除了紧张、担心之外，就什么也不知道了。事实上事件早已结束，但他们总是把那个事件的影响想象得无限大，因而也把紧张的心态延长，程度增加，最后损害了自己的身心健康。

（2）攻击。受到挫折以后出现攻击行为也是常见的。攻击的对象可能是直接带给他挫折感的人或物，也可能是其他无关的人或物，也有可能是他自身。

（3）冷漠。常在个体不堪承受挫折压力、攻击行为无效或无法实施又看不到改变境遇的希望时发生，也可见于长期反复遭受同一挫折而无能为力的情景下。虽然表面平静，似乎对挫折有很强的承受力，实际上，他的挫折感受更强烈，只是埋藏在内心深处。它是主体情绪被压抑的结果，对身心健康有危害。

（4）固执。遭受挫折后，听不进批评劝导，看不清挫折实质，一意孤行地坚持自己的做法，重复某种行为，其结果往往会失去改变困境的机会，挫折越陷越深。

（5）反常。表现出一些与年龄、身份极不相符的行为，完全放弃平时的自控，如痛哭、哀求、胡搅蛮缠等。这种表现让人啼笑皆非，使受挫者的自我形象严重损坏。

（6）本能习惯化。一些出于自我保护本能的防御机制，如果形成习惯性反应，被经常性使用，也会阻碍挫折感向正面转化，带来消极后果。

小贴士	**个体道德力的四层次表现**
	• 自己能够主动帮助他人、给予他人，并且能够从这个过程中体验到愉悦
	• 自己不能帮助他人、给予他人，或对他人不利时，会因此而感到抱歉甚至内疚

我的态度和主张

43

管理无处不沟通
沟通的品质决定你生命的品质

小故事

不怕挫折

一位父亲很为孩子的懦弱而苦恼，因为他的儿子已经十五六岁了，可是一点男子汉气概都没有。于是父亲去拜访一位禅师，请求他训练自己的孩子。禅师答应了，但是要求给她三个月的时间，三个月后父亲才能来接孩子。三个月后，禅师安排孩子和一个空手道教练进行一场比赛，以展示这个三个月的训练成果。教练一出手，孩子便应声倒地，但他立即站起来继续迎接挑战，但马上又被打倒，他就又站起来……禅师说："正是这种打倒但仍然能够站起来的勇气才是男子汉的气概。"

启示：工作中不可避免会有挫折，管理人员要不怕挫折，被打倒了爬起来再战斗。

他们的态度和主张

天将降大任于斯人者，必先苦其心智，劳其筋骨，行拂乱其所为，所以动心忍性，增益其所不能。

——孟子（思想家、教育家 中国古代）

小贴士

- 当他人帮助自己、给予自己时，自己能够自然地产生出对他人的感激之情
- 当他人不能够帮助自己、给予自己甚至对自己有害之时，自己能够自然地对他人产生宽容之情

3. 积极应对

（1）承认已经发生的事实，事情是这样就不会是那样，不要再觉得它是"不可能的事"，也不要再懊悔。

（2）接受它、包容它。"想开点"这三个字有着极为丰富的内涵，它是个人胸襟的扩展，是人生境界的升华。

（3）转移注意力，让自己去忙一件事情，哪怕是很简单的事情，只要你认真去做，就能把折磨人的忧虑从头脑中挤出去。

（4）直面最坏的情况。能接受最坏的情况，在心理上，就会让你发挥出新的能力，可以分三步进行。

第一步：问你自己，可能发生的最坏情况是什么？

第二步：接受这个最坏情况。

第三步：镇定地想办法改善最坏的情况。

面对挫折，勇敢迎接，心里默想："大不了…"、"即使那样，我还可以……"，能让你清醒冷静，继而心生妙策。

（5）冷静分析，提出问题，解决问题。承受挫折，冷静下来后，你可以给自己提出以下四个问题：你的烦恼是什么？你能怎么办？你要做的是什么？什么时候去做？或者是这样问：究竟发生了什么问题？问题的起因何在？有哪些解决的办法？你用什么办法解决问题？

当一个人能够冷静地提出问题，并寻求解决问题的方法时，他就开始向新的高度成长。和竹子一样，人也是一节一节成长的，每过一道"坎"时，都充满颤栗和紧张感，你会深深感到那种失去保护的痛苦，必须将力量集中到一点上，闯过这一关就意味着你上了一个台阶。从这个意义上说，经历挫折是好事而不是坏事，如果生命历程中缺少这种颤栗和挣扎，就意味着你没有触及成长的关键点，最终难成大器。

学习的途径很多，但有些东西只有经历挫折才能学到，或者说，挫折会促使你学得更快、理解更深、记得更牢，挫折能让人学会独立承担责任。

小贴士

十二字箴言

面对它、接受它、处理它、放下它

四、时间管理

时间管理（Time Management）就是用技巧、技术和工具帮助人们完成工作，实现目标。时间管理并不是要把所有事情做完，而是更有效地运用时间。时间管理的目的除了要决定你该做些什么事情之外，另一个很重要的目的也是决定什么事情不应该做；时间管理不是完全的掌控，而是降低变动性。时间管理最重要的功能是透过事先的规划，作为一种提醒与指引。

时间管理是个人管理理论中的重要组成部分，即如何更有效地安排自己的工作计划、掌握重点、合理有效地利用工作时间。简而言之，时间管理的目标是掌握工作的重点，其本质是管理个人，是自我的一种管理，方法是通过良好的计划和授权来完成这些工作。

1. 时间管理方法

（1）帕雷托原则。帕雷托原则也被称为 20/80 原则，即重要的少数与琐碎的多数原理，其意思是在任何特定的群体中，重要的因子通常只占少数，而不重要的因子则占多数，因此，只要能控制具有重要性的少数因子就能控制全局。18 世纪意大利科学家帕雷托根据米兰财富分配发现的社会现象，即 20% 富人占有 80% 财富。随着研究的深入，人们发现帕雷托现象普遍存在于社会活动的各个环节，具有很大的普遍适用性与实践指导价值。

根据这一原则，我们应当对要做的事情分清轻重缓急，进行如下的排序：

A．重要且紧急——必须立刻做。
B．紧急但不重要——交由下属去做。
C．重要但不紧急——制订工作计划。
D．既不紧急也不重要——不做有闲工夫再说。

（2）麦肯锡 30 秒电梯理论。麦肯锡公司曾经得到过一次沉痛的教训：该公司曾经为一家重要的大客户做咨询。咨询结束的时候，麦肯锡的项目负责人在电梯间里遇见了对方的董事长，该董事长问麦肯锡的项目负责人："你能不能说一下现在的结果呢？"由于该项目负责人没有准备，而且即使有准备，也无法在电梯从 30 层到 1 层的 30 秒钟内把结果说清楚。最终，麦肯锡失去了这一重要客户。从此，麦肯锡要求公司员工凡事要在最短的时间内把结果表达清楚，凡事要直奔主题、直奔结果。麦肯锡认为，一般情况下人们最多记得住一二三，记不住四五六，所以凡事要归纳在三条以内。这就是如今在商界流传甚广的 "30 秒钟电梯理论"，或称 "电梯演讲"。

（3）莫法特休息法。《圣经新约》的翻译者詹姆斯·莫法特的书房里有三张桌子：第一张摆着他正在翻译的《圣经》译稿；第二张摆的是他的一篇论文原稿；第三张摆的是他正在写的一篇侦探小说。莫法特的休息方法就是从一张书桌搬到另一张书桌，继续工作。

"间作套种"是农业上常用的一种科学种田方法。实践中发现，连续几季都种相同的作物，土壤的肥力就会下降，因为同一种作物吸收的是同一类养分，长此以往，地力就会枯竭。人的脑力和体力也是这样，如果每隔一段时间就变换不同的工作内容，就会产生新的优势兴奋灶，而原来的兴奋灶则得到抑制，这样人的脑力和体力就可以得到有效的调剂和放松。

> **小贴士**
>
> **高效管理者时间管理的内容**
> - 掌握工作的关键
> - 简化工作程序
> - 合理安排工作时间
> - 合理授权

2. 具体要求

（1）设立明确的目标。时间管理的目的是让你在最短时间内实现更多你想要实现的目标。把今年的4～10个目标写出来，找出一个核心目标，并依次排列重要性，然后依照你的目标设定详细的计划，并依照计划进行。

（2）学会列清单。把自己所要做的每一件事情都写下来，列一张总清单，这样做能让你随时都明确自己手头上的任务，在列好清单的基础上进行目标切割。

将年度目标切割成季度目标，列出清单，每一季度要做哪一些事情；将季度目标切割成月目标，并在每月初重新列一遍，遇到有突发事件而更改目标的情形时及时调整过来；每一个星期天，把下周要完成的每件事列出来；每天晚上把第二天要做的事情列出来。

（3）做好"时间日志"。你花了多少时间做哪些事情，把它详细地记录下来，每天从刷牙开始，洗澡、早上穿衣花了多少时间，早上搭车的时间，平时出去拜访客户的时间，把每天花的时间一一记录下来，做了哪些事，你会发现浪费了哪些时间。只有找到浪费时间的根源，你才有办法改变。

（4）制订有效的计划。绝大多数难题都是由未经认真思考的行动引起的。在制订有效的计划中每花费1小时，在实施计划中就可能节省3～4小时，并会得到更好的结果。如果你没有认真做计划，那么实际上你正计划着失败。

他们的态度和主张

没有耐心仔细剖析人生问题的人，只想找渠道发泄。这样的人，做不好时间管理，也做不好情绪管理。

——吴淡如（台湾作家、节目主持人）

（5）遵循20/80定律。用你80%的时间来做20%最重要的事情，如果你发现自己天天都在处理一些突发困扰和迫不及待要解决的事情，那表示你的时间管理并不理想。一定要了解，对你来说，哪些事情是最重要的，是最有生产力的。成功者往往花最多的时间做最重要但不是最紧急的事情，而一般人往往将紧急但不重要的事放在第一位。因此，必须学会如何把重要的事情变得紧急。

（6）安排"不被干扰"时间。假如你每天能有一个小时完全不受任何人干扰地思考一些事情，或是做一些你认为最重要的事情，这一个小时可以抵过你一天的工作效率，甚至可能比三天的工作效率还要好。

（7）确立个人的价值观。假如价值观不明确，就很难知道什么对你是最重要的，当你的价值观不明确时，就无法做到合理地分配时间。时间管理的重点不在管理时间，而在于如何分配时间。你永远没有时间做每件事，但永远有时间做对你来说最重要的事。

（8）严格规定完成期限。帕金森在其所著的《帕金森法则》中写下这段话"你有多少时间完成工作，工作就会自动变成需要那么多时间。"如果你有一整天的时间可以做某项工作，你就会花一天的时间去做它。而如果你只有一小时的时间可以做这项工作，你就会更迅速有效地在一小时内做完它。

（9）学会充分授权。列出你目前生活中所有觉得可以授权的事情，把它们写下来，找适当的人来授权。

（10）同类的事情最好一次做完。假如你在做纸上作业，那段时间都做纸上作业；假如你是在思考，用一段时间只做思考；打电话的话，最好把电话累积到某一时间一次把它打完。当你重复做一件事情时，你会熟能生巧，效率一定会提高。

≈ 管理沟通定律 ≈

雷鲍夫法则：认识自己和尊重他人

在你着手建立合作和信任时要牢记我们语言中：

最重要的八个字是：我承认我犯过错误

最重要的七个字是：你干了一件好事

最重要的六个字是：你的看法如何

最重要的五个字是：咱们一起干

最重要的四个字是：不妨试试

最重要的三个字是：谢谢您

最重要的两个字是：咱们

最重要的一个字是：您

记住经常使用，它会让你事半功倍。

提出者：美国管理学家雷鲍夫

我的态度和主张

管理无处不沟通
沟通的品质决定你生命的品质

【思考题】

1. 现在再问问自己，将来想要从事什么职业，不一定很具体，只是定一个大类。然后，你立即开始，找到该领域的成功者，从他们身上总结出几条规则，将这些规则补充到你的自我激励体系中去。

2. 十年后，我梦想的工作会是什么？当在现实里脚踏实地太久，当对生活的甘苦美丑体会越多，当内心的执著和偏见是财富也是拖累时，我也许最该坚持"继续梦想"。不怕无知和欲望太多，只怕失去对未知、对美好的盼望和想象。

3. 面对挫折年轻人常见问题想法如下，应该如何换一种想法？

不良想法一：一旦这种事情（如退学、失恋、受处分等）发生在我身上，那我一切就完了。

不良想法二：与其冒失败的危险，还不如不干。

不良想法三：我从来没有失败过，失败一定非常可怕，我会受不了。

不良想法三：别人的看法是非常重要的，一旦失败，外界一定会议论纷纷。

不良想法四：人只能成功不能失败，失败就是弱者。

不良想法五：任何事情，只要去做，就应该做得彻底完美。

不良想法六：一个人犯了错误，有了污点，那一辈子也无法抹掉。

4. 要经常对自己说："我是一个独一无二的人！一个顶天立地的人！我是万物之灵！我一定能够干出一番大事业来！"、"我一定要奋斗，我有坚持到底的决心！"这样你就树立了你的自信心，你可以满怀着希望、诚意、信赖，大步向前进。请思考该如何构建和运用你的"自我激励体系"？

（1）我的人生原则。

　　总格调：

　　个人信念：

　　对待他人：

　　对待事业：

　　对待名利：

　　对运气：

　　对爱情：

　　对挫折：

（2）我所认同的价值观。

（3）我的角色理想。

我喜欢的职业：

我崇敬的人：

（4）我所要的品性：

（5）我要养成这样的习惯：

情景 ❶
管理者的自我沟通

【自主训练】

1．从常用语开始，调整自我暗示体系，程序如下：
（1）写下最近一个月来自己说得最多的词句。_____
_____

（2）请同学验证补充。_____
_____

（3）判断这些词句的暗示性质。_____
_____

（4）从积极有益的角度重建常用语。_____
_____
_____

2．你会怎么做？
在以下情景中，你设想一下会怎么做，你觉得有没有更好的做法？如果有把它写下来。
（1）最近心情一直不好。
你会这样做_____
其他的做法_____

（2）喜欢一个人，可总找不到机会和她/他在一起。
你会这样做_____
其他的做法_____

（3）有个同学经常和你发生冲突。
你会这样做_____
其他的做法_____

（4）你看到一篇文章让你感动。
你会这样做_____
其他的做法_____

（5）你刚刚听到一个笑话。
你会这样做_____
其他的做法_____

（6）你期待已久的愿望实现了。
你会这样做_____

49

其他的做法_____

（7）今天心情特别好。

你会这样做_____

其他的做法_____

（8）你收到一份朋友送的礼物。

你会这样做_____

其他的做法_____

（9）你受到表扬了。

你会这样做_____

其他的做法_____

（10）你刚失恋了。

你会这样做_____

其他的做法_____

3．马上行动：找到那个最淋漓尽致的自我，向自我致敬。

《让子弹飞》中姜文其实是在向自己致敬。《放·逐》2006年中杜琪锋向自己致敬，画面、表演、台词、隐喻、情节、导演都可用"嚣张"二字。《长江七号》一个生活在底层打工者的命运，在星爷的表演下，显得更加淋漓尽致。

请给三年后的自己写一封信，并做好行动记录和感受：

_____

_____

_____

_____

_____

_____

_____

4．测一测时间管理能力

请你根据自己的实际情况，如实地给自己评分。计分方式为：选择"从不"记0分，选择"有时"记1分，选择"经常"记2分，选择"总是"记3分。

（1）我在每个工作日之前，都能为计划中的工作做些准备。

（2）凡是可交派下属（别人）去做的，我都交派下去。

（3）我利用工作进度表来书面规定工作任务与目标。

（4）我尽量一次性处理完毕每份文件。

（5）我每天列出一个应办事项清单，按重要顺序来排列，依次办理这些事情。

（6）我尽量回避干扰电话、不速之客的来访，以及突然的约会。
（7）我试着按照生理节奏变动规律曲线来安排我的工作。
（8）我的日程表留有回旋余地，以便应对突发事件。
（9）当其他人想占用我的时间，而我又必须处理更重要的事情时，我会说"不"。

测试结论：

0~12分：你自己没有时间规划，总是让别人牵着鼻子走。
13~17分：你试图掌握自己的时间，却不能持之以恒。
18~22分：你的时间管理状况良好。
23~27分：你是值得学习的时间管理典范。

【团队案例分析】

潮汐的转变

不久前我又遇上了大多数人都会不时碰到的问题，干什么事都没劲，没有精神、没有兴趣，并对工作产生可怕的影响，每天早上我必须咬着牙对自己说："今天生活又开始了，你必须去度过它。"

但随着这些无聊日子的延续，我越来越麻木了，后来我决定去访问我的一位朋友。他不是心理医生，比我大，很有智慧和同情心。我很可怜地说："我不知道哪里不对，但好像我要完了，你能帮我吗？"

他仔细看了我一会，慢慢地说："我不知道"，接着他又突然问起，"小时候你在哪里最快乐？"

我说："我想在沙滩上，我们在那过了一个夏令营。"

他看着窗外说："你能遵照我的建议去度过一天吗？"

我说："行。"

他要我第二天早上到沙滩去，一个人，9点钟以前到。我能带一些午餐，但我不能阅读和写东西，不能听收音机或和任何人交谈。他说："另外，我要给你一些处方，每三个钟头用一次。"

然后他撕下四张空白纸，每张写了几个字，折叠好，编了号，再递给我说："上午9点、12点，下午3点和6点各看一张。"

"你没开玩笑吧？"

"当你打开我的纸条后，你不会认为我在开玩笑。"

第二天早上我没什么信心，驾车到了沙滩。我坐在车里，只有我一个人，我打开了第一张纸条，写着："仔细听。"

我心想："这家伙一定疯了。"他剥夺了我听音乐和新闻，以及与人会话的权力，我听什么呢？我抬起头仔细听，只有海浪声、风的呼啸、头顶上飞机飞过时的轰鸣，这些都很熟悉。

我走出汽车，我问自己："我是不是该仔细听这些声音？"

管理无处不沟通
沟通的品质决定你生命的品质

我爬上沙丘俯视沙滩。这里只有海的怒吼,它太响了,别的什么都听不到。这时,我突然想,一定还有其他声音——风吹过沙滩,沙丘上草被风吹过的声音,如果我到跟前听。

我突然一个冲动,把头埋进沙丘中,我发现,如果用心听,就有一个似乎一切都停止的时刻出现。在那一刻你真正地倾听自身之外的事情时,你就没有任何杂念,思维就会停止。

我又回到车上继续仔细听,我想起了儿时上过的课,我想了很多。

中午风吹散了云,海更亮了,我打开了第二张纸条:"努力回到过去。"为什么要回到过去,我的麻烦都在现在和以后?

我下了车沿着沙丘走着,我的朋友让我来这里,是因为这里有快乐的记忆。也许这里有我应该去回忆的,但已经快忘却的快乐。

我试着去唤醒记忆,尽可能详细地回忆,包括他们穿的衣服和举止,我要听到他们的声音和笑声。我走到20年前我和我弟弟最后一次钓鱼的地方(他在一次车祸中去世),我发现如果我闭上眼努力去想,我能栩栩如生地见到他,甚至那天他眼里的幽默和热情。

事实上,我看到了一切。我钓鱼的海滩,太阳升起的天空,风的呼啸,清楚且缓慢,我能看见他钓鱼时的样子,听见他的叫声。一件又一件在时间的流逝中清楚地想了起来,然后这一切又都回去了。

我慢慢坐下去,努力回到过去。

从这天开始过得快起来,我又想起了儿时的一些事,想起了与父亲和兄弟相处的往事。

3点钟前,没有涨潮,波浪声就像巨人在呼吸,我站在那感到放松和满足,心想这处方还很容易做。

时间到了,我又打开下一张纸条:"重新审视你的动机。"

我最初感觉是抗拒,我自言自语:"我的动机没有问题,每个人都想成功,得到承认,更加安全?"

这时,我心中一个声音在说:"也许,那些动机还不够好,这可能就是事情不顺利的原因。"我想:我希望在工作中得到自己努力付出后应得到的回报,工作已经成为赚钱的手段,贡献点什么或帮助他人的感觉已经消失了。

突然我领悟了,我感到如果动机错了就不会有什么是对的,不管你从事什么工作,它都一样。只要你感到你在为他人,帮助别人,你就会做好工作;但当你只想着帮自己,你就做不太好,这千真万确。

我在那坐了很久,听着波浪声。我在沙滩上待的时间快到了,我对医生,对他随意开出来的又精心设计的药方感到敬佩。现在我觉得这种方法应该对任何面对困难的人都很有价值。

仔细听:使大脑平静下来,停下来,把注意力转向外面的事。

努力回到过去:既然人脑一次只能把握一个主意,所以当你回忆过去的好时光,忘掉现在的烦恼。

情景 ❶
管理者的自我沟通

重新审视你的动机：这是治病最困难的核心所在，但头脑必须清楚且高兴做这个。

最终我打开了最后一张处方，上面写着："在沙滩上写下你的烦恼"。

我扔掉了纸拿起了一块海螺，跪下来，在沙滩上写了很多，然后我走了，不回头看一眼，我已经把烦恼写在沙滩上了，这时潮汐来了。

要求：结合本案例着重思考并与全体组员一同讨论以下四个问题：

（1）审视自我动机在"我"的转变中的作用何在？
（2）如果"我"不去海边，而待在家里，这些处方是否仍有效？
（3）除了案例中的处方外，你（们）认为还有哪些其他更为理想的处方？
（4）请就此案例，谈谈对你（们）的启示。

【团队实践活动】

在挫折中成长

活动目的：通过相互交流，增进对挫折的认识，丰富挫折应对经验，更好地掌握挫折应对技巧，分享由挫折而得到的人生感悟。

活动程序：

（1）填写"挫折即是学习"卡。
（2）分小组进行交流。
（3）轮流发言。先谈自己遭遇挫折的心理过程，再说说该挫折经历获得的经验。
（4）针对以下问题展开自由讨论：

同样的情景下为什么不同的人挫折感不一样？
承受挫折，他人能起什么作用？
如何理解"阅历是财富"？

挫折即是学习

请写下你经历过的令你伤心、失望、沮丧的事件，并思考你从这些事件中学到了些什么？

生活中的事件	学到的事理

管理无处不沟通
——沟通的品质决定你生命的品质

【要点回顾】

● 自我沟通是一切沟通的基石,进一步开发与提升自我沟通技能是成功管理者之工作必需。

● "要说服他人,首先要说服自己"——从内心真正认同当下所为的积极意义与价值,方能心甘情愿地自觉为之,战胜自己就可能战胜一切。

● 认知是指我们如何看待周围的世界,而自我概念是指我们怎样看待和评价我们自己,即包括两个方面,一是自我认知,二是自我评价。自我认知包括物质自我、社会自我、精神自我三大要素。自尊或自卑的自我评价意识有较大作用,自我评价还可根据他人对自己的态度来评价,也可与自我期望相比较。

● 人与人之间的不同,在很大程度上是因为我们每个人问自己的问题不同,自我沟通的方式不同。成功者善于提正确的问题,失败者往往问自己一些错误的问题。

● 根据约哈里之窗理论,人的内心世界被分为四个区域,即开放区、盲目区、隐秘区、未知区。

● 常见的自我呈现方式有如实呈现、放大呈现、收敛呈现、投好呈现等。

● 自我概念三要素。自我概念的形成主要由外部评价、社会比较和自我感觉三个要素构成。

● 最早提出系统情绪理论的是耶鲁大学教授彼得·塞拉维。他把情绪能力分为:认知自身的情绪、妥善管理情绪、自我激励、认知他人情绪、人际关系管理。

● 人的各种内部和外部信息都对人格的成长有暗示作用,人的精神世界是由许多不同层面不同种类的暗示造就的。

● 自我暗示的机制:重复、内模拟、放松状态暗示效果最好。

● 构建及运用自我激励体系的五项原则:简洁、只用正面积极的词汇、可行性、形象化、注入感情。

● 产生挫折的原因和积极应对挫折的方法。

● 时间管理最重要的功能是透过事先的规划,作为一种提醒与指引。时间管理的目标是掌握工作的重点,其本质是管理个人,是自我的一种管理,方法是通过良好的计划和授权来完成这些工作。

● 时间管理方法主要有:帕雷托原则、麦肯锡30秒电梯理论、莫法特休息法。

情景 2

管理者的人际沟通

职业行动能力

（1）能分析沟通客体，规避认知偏见。
（2）能克服倾听障碍，进行有效倾听。
（3）能运用口语沟通的基本方法。
（4）能表达积极的期望，能真诚赞美和巧妙拒绝。
（5）能正确撰写个人履历和求职信。
（6）能正确运用肢体语言表情达意。

学习型任务

（1）了解人际沟通的特点、作用和原则。
（2）理解认知偏见的类型。
（3）掌握引起倾听障碍的原因。
（4）理解口头沟通的基本原则。
（5）掌握交谈的话题、特点及基本礼节。
（6）掌握书面沟通的优缺点，熟悉书面沟通的种类。
（7）掌握姿态语言的表达方法和技巧。
（8）理解空间距离的功能和类型。

管理沟通定律

- 蘑菇管理定律
- 威尔德定理
- 肥皂水的效应
- 懒蚂蚁效应
- 威尔逊法则
- 杰亨利法则
- 霍桑效应
- 踢猫效应
- 横山法则
- 南风法则

人际沟通概述

一、人际沟通的概念和特点

所谓人际沟通就是指人与人之间进行信息传递和情感交流的过程。它是沟通的一种主要形式，主要是通过言语、副言语、表情、手势、体态及社会距离等来实现的。

人际沟通具有下述特点：

（1）在人际沟通中，沟通双方都有各自的动机、目的和立场，都设想和判定自己发出的信息会得到什么样的回答。因此，沟通的双方都处于积极主动的状态，在沟通过程中发生的不是简单的信息运动，而是信息的积极交流和理解。

（2）人际沟通借助言语和非言语两类符号，这两类符号往往被同时使用，两者可能一致，也可能矛盾。

（3）人际沟通是一种动态系统，沟通的双方都处于不断的相互作用中，刺激与反应互为因果，如乙的言语是对甲的言语的反应，同时也是对甲的刺激。

（4）在人际沟通中，沟通的双方应有统一的或近似的编码系统和译码系统。这不仅指双方应有相同的词汇和语法体系，而且要对语义有相同的理解。语义在很大程度上依赖于沟通情境和社会背景，沟通场合及沟通者的社会、政治、宗教、职业和地位等的差异都会对语义的理解产生影响。

二、人际沟通的作用

人际沟通是人际关系的前提和条件，人际关系是人际沟通的基础，两者的关系是相辅相成的。人际沟通在社会生活中具有重大意义。人们只有通过相互的沟通，才能产生相互影响、相互了解，才能达到行动上的协调一致，实现共同的目标。

人际沟通的作用主要体现在以下几方面：

（1）人际沟通是人们适应环境、适应社会的必要条件。沟通是人与人之间发生相互联系的最主要的形式。通过信息沟通，我们了解周围的许多情况，哪些是有利的，哪些是不利的，从而及时调整我们的行为，使我们的目标得以实现。同时，通过与别人进行比较及了解他人对自己的态度和评价，可以使我们更正确地了解和认识自己，提高自我意识水平。

他们的态度和主张

君子和而不同，小人同而不和。

——《论语·子路》

（2）人际沟通具有心理保健功能，有助于人们的心理健康，能促进良好个性的形成。人际沟通是人类最基本的社会需要之一，同时也是人们赖以同外界保持联系的重要途径。通过沟通，保证了个人的安全感，增强了人与人之间的亲密感。如果沟通的需要得不到满足，就会影响个人的身心健康。因此，人际间的沟通对于个人来说是不可缺少的行为。保持人与人之间充分的情感和思想交流，能使人心情舒畅，起到保健的作用；而与他人沟通不充分的人，往往有更多的烦恼和难以排除的苦闷。

（3）人际沟通是心理发展的动力，提供了人们身心发展所必需的信息资源。通过人际沟通，人与人之间交流各种各样的信息、知识、经验、思想和情感等，为个体提供了大量的社会性刺激，从而保证了个体社会性意识的形成与发展。婴儿一出生就通过与父母的沟通获得生理和心理的满足。随着年龄的增长，个人与他人沟通的范围日益广阔，接受各种社会思想，形成一定的道德体系，逐渐完成了各个年龄阶段的人生发展课题，社会意识由低级向高级迈进，形成健全的人格特征以适应复杂的社会生活。

（4）人际沟通促进资讯交换，实现有效决策功能。人类除了是一种社会的动物之外，也是一种决策者。我们无时无刻不在做决策，有时可能是靠自己就能决定的，有时候却是和别人商量后一起做的决定。而沟通满足了决策过程中的两个功能，即沟通促进资讯交换与沟通影响他人。而正确和适时的资讯是做有效决策之钥。有时是经由自己的观察，一些是从阅读，有些是从传播媒体得来的资讯，但也有时是经由与他人沟通而获得的许多资讯，而我们也借助沟通来影响他人的决策。

（5）人际沟通是营造高效工作团队的重要条件。人类得以生存、发展的一个主要条件是人与人之间能够通过沟通建立各种关系，相互分工协作，相互依从，协调一致，达到目的。同样，在我们为某一事业奋斗的过程中，也需要努力与他人合作。一个人的能力是有限的，且各有其擅长的一面，也有其短处的一面，这就需要把个人的知识、专长和经验融合在一起，构建一个高效的工作团队，才能获得成功。这一目标只有通过人们的相互沟通才能实现。人际沟通有助于提高部门领导整合差异、缓解压力、处理冲突的技巧。

人际沟通也有积极和消极之分。良好的、积极的人际沟通有助于领导干部保持心理健康和更好地适应社会、适应环境；不良的、消极的沟通会破坏领导干部的心理平衡，造成心理冲突，给人的生活、工作带来不利的影响。因此，领导干部对沟通的内容和方式应该进行主动性的选择，提高自己的沟通质量。

~ 管理沟通定律 ~

蘑菇管理定律：尊重人才的成长规律

指的是组织或个人对待新进者的一种管理心态。因为初学者常常被置于阴暗的角落和不受重视的部门，只是做一些打杂跑腿的工作，有时还会被浇上一头大粪，受到无端的批评、指责、代人受过，组织或个人任其自生自灭，初学者得不到必要的指导和提携，这种情况与蘑菇的生长情景极为相似。

常见于：管理机构比较正式的大企业和公司

我的态度和主张

管理无处不沟通
沟通的品质决定你生命的品质

小贴士

管理者克服人际沟通障碍的策略
（1）运用反馈
（2）简化用语
（3）积极倾听
（4）控制情绪
（5）注意非语言提示

=== 小故事 ===

不要用一成不变的眼光看待别人

三国时东吴的吕蒙，可说是一个博学多才的人，周瑜死后，他继任东吴的都督，并设计击败了蜀汉的关羽，派部将潘璋把关羽杀死后，不久他也死去。起初，吕蒙原本是一个不务正业不肯用功的人，所以没有什么学识。鲁肃见了他，也觉得他没有什么可取的地方。后来，在君主的劝说下，吕蒙开始读书，以后鲁肃遇见他，跟他谈军事政治时吕蒙说得头头是道，让鲁肃惊讶不已。

启示：管理人员不要用一成不变的眼光看待别人，要知道人都是会慢慢改变的。

三、人际沟通应遵循的原则

（1）平等的原则。平等原则是相对的、现实的，人都有友爱与受人尊重的需要，都需要别人的平等对待，在礼仪面前人人更应该平等。无论是公务还是私交，不论职务高低，不论家资贫富，都没有高低贵贱之分，要以朋友的身份进行交往，才能深交。平等，是人与人之间建立情感的基础，只有以平等的姿态出现，不盛气凌人，不高人一等，给别人以充分的尊重，才有可能形成人与人之间的心理相容，产生愉悦、满足的心境，形成和谐的人际交往关系。

（2）相容的原则。主要是心理相容，即人与人之间的融洽关系，与人相处时的容纳、包含宽容、忍让。相容表现在对交往对象的理解、关怀和喜爱上。在人际交往中由于各自成长环境、道德修养、个性特征等差异的存在，沟通和交往中出现认识不一致或因误会、不理解而产生矛盾是不可避免的，这就要求遵循包容原则，理解他人，在非原则性问题上不斤斤计较，而且表现在别人明显亏了自己的时候也能以德报怨。求同存异，所谓"君子和而不同，小人同而不和"，君子不但有成人之美，更要有容人之德，宽容不仅宽容别人的短处，也要宽容别人的长处。求同存异、互学互补、处理好竞争与相容的关系，更好地完善自己。

（3）互利的原则。指交往双方的互惠互利，可表现为人际关系的相互依存，通过对物质、能量、精神、感情的交换而使各自的需要得到满足。人际沟通是一种双向行为，只有单方获得好处的人际交往是不能长久的。互利原则要求我们了解对方的价值观倾向，多关心、帮助他人，并保持对方的得大于失，从而维持和发展与他人的良好关系。互利原则，既包括物质方面的，也包括精神方面的。但互助互惠并不是等价交换，更不是庸俗的交易，而是一种自觉自愿的相互付出，相互奉献。既要考虑双方的共同价值和共同利益，满足共同的心理需要，又要促进相互间的联系，深化双方的感情。

（4）信用的原则。信用即指一个人诚实、不欺骗、遵守诺言，从而取得他人的信任。与守信用的人交往有一种安全感，与言而无信的人交往内心充满焦虑和怀疑。一个心地坦诚、纯洁无私的人，对同学、对朋

他们的态度和主张

君子之交淡若水，小人之交甘若醴。君子淡以亲，小人甘以绝。

——《庄子·山木》

友应该永远心口如一。那种矫饰、伪装、抑制自己的真情，闪烁其词，敷衍搪塞的人是难以获得美好的真情的。当然，我们也应该看到社会环境、人际关系的复杂性，真诚是人际交往的第一要素，但并不是唯一要素。

除了上述这些人际沟通的基本原则外还要注意保持适度距离，不要过于亲近，要虚心听取不同意见，不要好为人师，要自尊自爱，不要热衷于接受他人的馈赠等。

四、管理者面临的人际沟通障碍

（1）过滤：指故意操纵信息，使信息显得更易得到接受。

（2）选择性知觉：是指人们根据自己的兴趣、经验和态度而有选择地去解释所看或所听的信息。

（3）情绪：在接受信息时，接收者的感觉也会影响到他对信息的解释。

（4）信息超载：也就是一个人面对的信息超过了他的处理能力。

（5）防卫：当人们感到自己正受到威胁时，他们通常会以一种防卫的方式做出反应，这降低了取得相互理解的可能。

（6）语言：同样的词汇，对不同的人来说，含义是不一样的。

（7）民族文化：沟通差异不仅产生于个人沟通中所用的语言不同，也可能产生于他们作为其中一分子的民族的文化不同。

任务导入

测测你的气质类型

气质是人典型的稳定的个性心理特征之一，是人的心理活动和行为方式在程度、速度、稳定性、灵活性等动态特征上的综合表现。不同的人具有不同的气质类型。气质心理研究表明，不同气质的人，其情绪体验的快慢、强弱、隐显及动作的灵敏性不同。了解自己的气质类型，对生活、对事业、对爱情、对身心健康都有直接的帮助。试试下面这个测试，你会了解自己的气质类型。

注：下面60道题，若与自己的情况"很符合"记2分，"较符合"记1分，"一般"记0分，"较不符合"记–1分，"很不符合"记–2分。

多血质：

（1）到一个新环境很快就适应。

（2）善于和人交往。

（3）在多数时候情绪是乐观的。

（4）在人群中从不觉得过分拘束。

我的态度和主张

管理无处不沟通
沟通的品质决定你生命的品质

(5) 理解问题总比别人快。
(6) 感兴趣的事情干起来劲头十足，否则就不想干。
(7) 讨厌做那些需要耐心、细致的工作。
(8) 工作和学习时间长了，常感到厌倦。
(9) 疲倦时只要短暂的休息就能精神抖擞，重新投入工作。
(10) 能够很快地忘记那些不愉快的事情。
(11) 接受一个任务后，就希望把它迅速解决。
(12) 能够同时注意几件事情。
(13) 希望做变化大、花样多的事情。
(14) 反应敏捷，头脑机智。
(15) 假如工作枯燥无味，马上就会情绪低落。

胆汁质：
(16) 遇到生气的事就怒不可遏，想把心里话全说出来才痛快。
(17) 和人争吵时，总是先发制人，喜欢挑衅别人。
(18) 羡慕那种善于克制自己感情的人。
(19) 做事总是有旺盛的精力。
(20) 情绪高昂时，觉得干什么都有趣；情绪低落时，又觉得什么都没有意思。
(21) 对学习、工作怀有很高的热情。
(22) 喜欢参加热闹的活动。
(23) 宁愿侃侃而谈，不愿窃窃私语。
(24) 认准一个目标就希望尽快实现，不达目的誓不罢休。
(25) 做事有些莽撞，常常不考虑后果。
(26) 喜欢运动量大的剧烈体育活动，或者参加各种文艺活动。
(27) 爱看情节起伏跌宕、激动人心的小说。
(28) 和周围人的关系总是相处不好。
(29) 别人说我"出语伤人"，可我并不觉得这样。
(30) 兴奋的事常使我失眠。

黏液质：
(31) 做事力求稳妥，不做无把握之事。
(32) 喜欢安静的环境。
(33) 生活有规律，很少违反作息制度。
(34) 遇到令人气愤的事，能很好地自我克制。
(35) 当注意力集中于一事物时，别的事很难使我分心。
(36) 能够长时间做枯燥、单调的工作。
(37) 与人交往不卑不亢。

=== 小故事 ===

不要盲目相信他人

有一只狼吞下了一块骨头，十分难受，于是四处奔走，寻访医生。就在这个时候，他遇见了鹭鸶，谈定酬金请他取出骨头，鹭鸶把自己的头伸进狼的喉咙里，叼出了骨头，便向狼要定好的酬金。狼回答说："我的朋友，你能从狼嘴里平安无事地收回头来，难道还不满足，怎么还要讲报酬呢？"

启示： 在认清一个人的本质之前不要盲目地相信他，管理人员切记。

他们的态度和主张

一个人时，善待自己，两个人时，善待他人。

——汪涵（娱乐节目主持人 中国）

（38）不喜欢长时间讨论一个问题，愿意实际动手干。
（39）理解问题常比别人慢。
（40）老师或他人讲授新知识、技术时，总希望讲得慢一些，多重复几遍。
（41）不能很快地把注意力从一件事转移到另一件事上。
（42）认为墨守成规比冒险强些。
（43）对工作抱认真严谨、始终一贯的态度。
（44）在体育活动中，常因反应慢而落后。
（45）喜欢有条理而不甚麻烦的工作。

抑郁质：
（46）宁可一个人干事，不愿很多人在一起。
（47）厌恶那些强烈的刺激，如尖叫、噪声、危险镜头等。
（48）碰到陌生人觉得很拘束。
（49）遇到问题总是举棋不定、优柔寡断。
（50）碰到危险情境，常有一种极度恐惧感。
（51）一点小事就能引起情绪波动。
（52）爱看感情细腻、描写人物内心活动的文艺作品。
（53）别人总是说我闷闷不乐。
（54）心里有话不愿说出来。
（55）学习、工作同样一段时间后，常比别人更疲倦。
（56）做作业或完成一件工作总比别人花的时间多。
（57）当我烦闷的时候，别人很难使我高兴起来。
（58）喜欢复习学过的知识，重复做熟练的工作。
（59）小时候会背的诗歌，我似乎比别人记得清楚。
（60）老师讲新概念，常常听不懂，但是弄懂了以后很难忘记。

说明： 请将上面四项的得分分别相加。

如果某一项或两项的得分超过 20 分，则为典型的该种气质，如多血质超过 20 分，则为典型多血质；黏液质和抑郁质项得分都超过 20 分，则为典型的黏液—抑郁质混合型。

如果某一项或两项的得分在 20 分以下、10 以上，其他各项得分较低，则为该项的一般气质，如一般多血质；一般黏液—抑郁质混合型。

若各项得分均在 10 以下，但某项或几项得分较其余为高（相差 5 分以上），则略倾向于该项气质（或几项的混合），如略偏黏液质型；多血—胆汁质混合型，其余类推。一般来说，正分值越高，表明该项气质特征越明显，反之，分值越低，表明越不具备该项气质特征。

管理无处不沟通
沟通的品质决定你生命的品质

小故事
要站在别人的角度看问题

杨朱有个弟弟叫杨布，有一天，他穿了件白色的衣服出门。出门以后天开始下雨，于是，他把白色服脱下，穿着一套褐色的衣服回家了。他家的狗认不出杨布，就迎上去汪汪地对着他大叫。杨布非常恼火，拿了根棍子就要打狗。杨朱看见了，笑着对他说："你不要打狗了，如果是你，你也会是这个样子的。假如你的狗出去的时候是白的，回来的时候变成黑的了，你难道不感到奇怪吗？"

启示：管理人员在工作中不要过分突出自己的地位和作用，要设身处地为别人着想。

他们的态度和主张

长相漂亮虽好，却不长久。对方是怎样一个人？不要仅凭银行存折和头衔来判断，要看他的内心和灵魂……如果对方不能让你感觉快乐和完整，那么这段关系不要也罢。

——米歇尔·奥巴马（总统夫人 美国）

任务1 了解他人

知识储备

一、气质与性格

1. 气质不同

气质是人的个性心理特征之一，它是指在人的认识、情感、言语、行动中，心理活动发生时力量的强弱、变化的快慢和均衡程度等稳定的动力特征。主要表现在情绪体验的快慢、强弱、表现的隐显及动作的灵敏或迟钝方面，因而它为人的全部心理活动表现染上了一层浓厚的色彩。它与日常生活中人们所说的"脾气"、"性格"、"性情"等含义相近。

古希腊医生希波克拉底（公元前460～公元前377年）很早就观察到人有不同的气质，他认为人体内有四种体液：血液、黏液、黄胆汁和黑胆汁。希波利特根据人体内的这四种体液的不同配合比例，将人的气质划分为四种不同类型。

多血质：这种人反应迅速，他们会对一切吸引他注意的东西，做出生动的、兴致勃勃的反应。行动敏捷，有高度的可塑性，容易适应新环境，也善于结交新朋友。他们一般属于外倾性格、感情丰富、活泼生动、言语具有感染力，他们还具有较高的主动性，在活动中表现精力充沛，有较强的坚定性和毅力等。但在平凡而持久的工作中，热情易消退，表现出萎靡不振，容易情绪不稳定，经常粗枝大叶。

黏液质：这种人以稳重但灵活性不足，踏实但有些死板，沉着冷静但缺乏生气为特征。反应性低，情感不易发生，也不易外露。他们态度持重，交际适度，对自己的行为有自制力，心理反应缓慢，遇事不慌不忙。这一方面使他们能有条理的、冷静的、持久的工作；另一方面又使他们容易因循守旧，缺乏创新精神。

胆汁质：有这种气质的人，精力旺盛、表里如一、刚强、易感情用事，反应速度快，脾气暴躁、不稳重、好挑衅；但态度直率、性情豪爽。他们能以极大的热情工作，并克服前进道路上的障碍，但有时表现出缺乏耐心。当困难太大而需要特别努力时，有时显得意所消沉，心灰意冷。他们可塑性差，但兴趣较稳定。

抑郁质：这种人具有较高的感受性和较低的敏捷性，稳重、体验深刻、外表温柔、怯懦、孤独。他们的心理反应缓慢、动作迟钝，说话慢慢吞吞。多愁善感，但表现得微弱而持久。他们一般属于内倾性格，不善于与人交往，在困难面前常优柔寡断；在危险面前常表现出恐惧和畏缩；在受挫折以后，常心神不宁，不能迅速地转向新的工作。他们的主动性较差，不能把事情坚持到底。但这种人富于想象，比较聪明，对力所能及的任务表现出较大的坚韧精神，能克服一定困难。

气质是人的天性，无好坏之分。它只给人们的言行涂上某种色彩，但不能决定人的社会价值，也不直接具有社会道德评价含义。一个人的活泼与稳重不能决定他为人处世的方向，任何一种气质类型的人既可以成为品德高尚、有益于社会的人，也可以成为道德败坏、有害于社会的人。

气质不能决定一个人的成就，任何气质的人只要经过自己的努力都能在不同实践领域中取得成就，但也可能成为平庸无为的人。

> **小贴士**
>
> **人际沟通技巧**
>
> ● 非语言技巧：是一种面部表情、音调和姿态的运用技巧
> ● 语言技巧：使用文字以增加信息的清晰性
> ● 自我表达技巧：帮助你使别人更了解你
> ● 倾听和反应技巧：帮助你解释他人的含义并且分享所接受的含义
> ● 影响技巧：帮助你说服别人改变他们的态度或行为
> ● 营造气氛的技巧：创造一种正向的气氛使有效的沟通较易达成

2. 性格差异

性格是一个人在对现实稳定的态度和习惯了的行为方式中表现出来的人格特征，它表现一个人的品德，受人的价值观、人生观、世界观的影响。这些具有道德评价含义的人格差异，我们称之为性格差异。性格是在后天社会环境中逐渐形成的，是人核心的人格差异。性格有好坏之分，能最直接地反映出一个人的道德风貌。

心理学家们曾经以各自的标准和原则，对性格类型进行了分类，下面是几种有代表性的观点：

（1）从心理机能上划分，性格可分为理智型、情感型和意志型。

（2）从心理活动倾向性上划分，性格可分为内倾型和外倾型。

（3）从个体独立性上划分，性格分为独立型、顺从型、反抗型。

（4）斯普兰格根据人们不同的价值观，把人的性格分为理论型、经济型、权力型、社会型、审美型、宗教型。

（5）海伦·帕玛根据人们不同的核心价值观和注意力焦点及行为习惯，把人的性格分为九种，称为九型性格，包括：1号完美型、2号助人型、3号成就型、4号艺术型、5号理智型、6号疑惑型、7号活跃型、8号领袖型、9号和平型。

气质与性格的差别：气质没有好坏之分，且是先天的，与生俱来的，不易改变的，性格是后天形成的，较易改变；某种气质的人更容易形成某种性格，性格可以在一定程度上掩饰、改变气质；气质的可塑性小，性格的可塑性大。

小贴士

内 向 型

孤独型	沉默寡言、谨慎、消极、孤独
思考型	善于思考、深入钻研、提纲挈领
丧失自信型	自卑感、自责、较强的罪责感受
不安型	规矩、清高、小心
冷静型	小心谨慎、沉着、稳重

外 向 型

社交型	爽朗、积极、能言善辩、顺应
行动型	现实、说干就干、易变化、好动
过于自信型	瞧不起别人、过高估价自己
乐天型	肚量大、大方、不拘小节
感情型	敏感、喜怒哀乐变化无常

二、认知偏见

个体的认知：认知或知觉的过程是人们依赖自己的经验，对所获得的信息进行选择、解释和评价的心理过程。知觉是在感觉（视觉、听觉、味觉、嗅觉和触觉）的基础上形成的，它是多种感觉器官相互联系和综合活动的结果。

认知偏见是判断的偏差，在特定情况下发生的模式，导致感知失真、不准确的判断、不合逻辑的解释，或广泛称为不合理状况的一个概念。

1. 知觉选择性

知觉选择性是指人们寻找对自身最有意义的事物为知觉对象。

知觉是人对客观事物的反映，但也不是消极的、被动的，而是一种

他们的态度和主张

徐志摩当时爱的并不是真正的我，而是他用诗人的浪漫情绪想象出来的林徽因，可我其实并不是他心目中所想的那样一个人。

——林徽因（建筑学家和作家 中国）

积极的、能动的认识过程。人知觉的能动性的主要表现是它的选择性。在同一时刻内,有许多客观事物同时作用于人的感官,人不能同时反映这些事物,只是对其中的某些事物有清晰的知觉,这就是知觉的选择性。

知觉的选择性有三方面原因。一方面任何个体的认识能力都是有限的;另一方面每个人都有自己的兴趣、爱好和特长;三是知觉选择性的生理基础是大脑皮层优势兴奋中心的确立。沟通过程中接收者会根据自己的需要、动机、经验、背景及其他个人特质而选择性地去看或听所传递给他的信息。解码的时候,接收者还会把自己的兴趣和期望带到信息之中。

2. 第一印象可能成为永久印象

第一印象是一种先入为主的思想方法。先入为主是一种心理现象,但是看事物总停留在原来水平上,用固定的眼光看事物就不能客观地反映事物的本来面目,因为事物是不断地发展变化的。因此,要保证知觉的客观性,就必须克服成见。第一印象在管理沟通中有重要的现实意义,但往往又有很大的局限性。

3. 刻板印象

刻板印象指人们对社会上某一类人或事形成的一种较固定的、概括的看法。它的形成受以下三种因素的影响:

(1) 直接与某些人或事接触并受知觉者特点的影响。

(2) 受大众信息传播的影响,即依据间接资料而确定的。

(3) 受历史、地理原因的影响。

刻板印象一旦形成,具有非常高的稳定性,很难被改变,即使出现与其相反的事实,人们也倾向于坚持它,而去否定或"修改"事实。

≈ 管理沟通定律 ≈

杰亨利法则:运用坦率真诚的沟通方式

它的核心是坚信相互理解,能够提高知觉的精确性并促进沟通的效果。要通过揭示和反馈来增加开放区的信息量,即通过提高自我揭示的水平和倾听来自他人的反馈这两种方式扩大开放区的面积,从中获益。

提出者:杰瑟夫·卢夫特和亨利·英格拉姆

小贴士

关于性别的刻板研究

男 人

1. 胸怀宽广的   2. 意志坚强的
3. 直爽大方的   4. 深思熟虑的
5. 有勇有谋的

女 人

1. 胸怀宽广的   2. 善操家务的
3. 性情温和的   4. 心地善良的
5. 嫉妒、软弱、好哭,好哼嚷

我的态度和主张

管理无处不沟通
沟通的品质决定你生命的品质

小故事
不要给别人留下伤害

曾经有一个男孩,脾气很坏。他父亲给了他一袋钉子,并且告诉他,每当他发脾气的时候就钉一个钉子在后院的围栏上。通过这种方法,终于有一天这个男孩再也不会失去耐性,乱发脾气。他告诉父亲这个事情,父亲说现在是该把所有钉子拔出来的时候了。于是男孩很快地拔完了所有的钉子,但只见整个围栏都是钉孔,父亲看着围栏,若有所思地说:"只可惜这些围栏将永远不能恢复到从前的样子。"

启示:要想和周围人友好的交往,最好的办法就是不要给别人留下伤害,千万不要奢望伤害别人以后可以弥补。

他们的态度和主张

善于领悟人生的人,懂得如何思考和行动,能够从碎屑的事物中发现闪光的东西。

——莎士比亚(剧作家和诗人 英国)

4. 月晕效应

月晕效应是一种以点概面的思想方法,它以事物的某一特性为依据,而忽视事物的其他特性,以偏概全,使主客观不一致。美国社会心理学家阿希用实验证明了晕轮效应,要求被试者想象一个具有聪明、灵巧、勤奋、坚定、热情五种品质的人,被试者普遍把具有这五种品质的人想象为一个理想的友善的人;再要求被试者想象一个具有聪明、勤奋、坚定、冷酷、灵巧五种品质的人。被试者普遍会推翻了原来的形象,而产生了一个完全不同的形象。这表明,热情—冷酷的品质起着晕轮作用,它影响了对一个人的总体印象。

5. 主观的投射

主观的投射就是己之心度别人之腹的思想方法,它是以自己所具有的品质和心理来揣测、判断别人的心理和品质。投射作为思想方法要一分为二,因为人有共性和个性。管理者在做各种思想工作时,利用投射想一想对方的想法和行为是完全必要的,对做好人的工作和管理决策是有益的。但认为只要自己有的品质和心理,别人一定有与自己相同的品质和心理,这种想法是错误的,要警惕。

三、将心比心,善解人意

沟通要让对方觉得自己被接受、被了解,让人觉得你将心比心,善解人意。这就要求你去深入了解对方的内心世界,加以观察体会、细心揣摩,并采取适当的行动,来满足对方的需要,建立信任感,从而使沟通更有成果、更有效率。

1. 发挥自己的情商

首先,在扮演不同角色的时候,人们都有着与之相对应的情绪和心理表现。所以,要了解他人的时候,必须充分发挥自己的情商,理解他们承担的每一个角色之间的关系,并且对此做出准确的判断。

其次,从一个角色转换到另一个角色并不总是一件容易的事情。通常人们所承担的各种角色不都是可以被清楚地加以区分的,有的角色相互之间可能会有重叠的地方,但是每一个角色的要求都是不相同的。一种言行举止对于某一种角色而言可能会是很得体的,而对于另一种角色来说则可能不再合适。如果你不能很好地把握这个分寸,那么情况就会变得令人尴尬。

最后,在人们平时所承担的各种角色中,隐藏着许多特定的感觉和需求,如那些整天对别人的事情指手画脚的人,他们的意图是什么呢?那些整天无休止地抱怨的人又想做什么呢?那些总是觉得自己对别人有所亏欠的人，他们又是怎么想的呢？如果你想了解他们的心理情绪，那么你就得积极有效地应对类似的情况。判断他人的情绪并能够识别他人的情绪是高情商者必须具备的能力，而这种能力的培养是建立在不断变化的基础上的，这就加大了识别的难度。

2. 善于观察本质

一个优秀的高情商的交流者也是这样工作的，你可以了解任何人的内心组合——像锁匠那样考虑、思索，从而探索出别人的内心结构。你必须看到你以前没有看见过的东西，听到你以前没有听见过的东西，感觉到你以前没有感觉到的东西，提一些你以前没有提过的问题。如果你恰到好处地做到这些，你就能了解任何人在任何状态下的策略，就会知道如何准确地向别人提供他们需要的东西。

善于观察本质这种态度并不是表示我们要用鸵鸟心态来看待别人，假装一切都很美好，让别人随意地踩在我们身上，或者表示我们可以原谅和赞成任何的负面行为。相反，它只意味着你可以站在事情的背后去观察对方到底有无恶意。

从现在开始，当别人做出怪异的、无法理解的举动时，请尝试着看到他行为背后的动机，也许是善良的，也许是无辜的。当看到这种隐藏在行为背后的善良和无辜时，原来无法理解的困扰也就会烟消云散。

【课堂互动】

问题一：如果你知道一个女人怀孕了，她已经生了8个小孩子，其中有3个耳朵聋，2个眼睛瞎，一个智能不足，而这个女人自己又有梅毒，请问，你会建议她堕胎吗？

问题二：现在要选举一名领袖，而你这一票很关键，下面是关于3个候选人的一些事实：

候选人A：和一些不诚实的政客有往来，而且会星象占卜学。他有婚外情，是一个老烟枪，每天喝8～10杯的马丁尼。

候选人B：他过去有过两次被解雇的记录，睡觉睡到中午才起来，大学时吸鸦片，而且每天傍晚会喝一大夸特威士忌。

候选人C：他是一位授勋的战争英雄，素食主义者，不抽烟，只偶尔喝一点啤酒，从没有发生婚外情。

请问你会在这些候选人中选择谁？

值得提醒的是：不要用既定的价值观来思考事物和判断他人的是非，不要被一些不完全的信息蒙蔽，承认差异，理解他人思想的来源，更好地整合差异。

我的态度和主张

管理无处不沟通
沟通的品质决定你生命的品质

【思考题】

1. 请你谈谈月晕效应与第一印象效应的区别与联系。你在生活中有没有月晕效应或第一印象效应？请举出具体的例子。

2. 在沟通遇到障碍时，人们经常提到代沟，请问代沟主要体现在哪些方面？你与家长之间有代沟吗？代沟能不能消除？

3. 那些整天对别人的事情指手画脚的人，他们的意图是什么呢？那些整天无休止地抱怨的人又想做什么呢？那些总是觉得自己对别人有所亏欠的人，他们又是怎么想的呢？

【自主训练】

1. 你的支持系统

内无自主的人格支持，外无良好的沟通方式，这是很多现代人的生存困境。请设想，当你忧郁、危机之际，你会和谁倾诉？当你需要帮助时，会找谁？

_____
_____
_____
_____
_____

2. 他的感觉

看清以下表现，设定某种情境，判断他的感觉。

	发生情境	他的感觉
1．他不停跺脚		
2．他眼里充满泪水		
3．他趴在桌上睡着了		
4．他非常安静		
5．他在自己的座位里扭动不停		

6．他东张西望		
7．他用手轻轻挡着嘴		
8．他不停地看手表		
9．他大声说话并不断挥动双手		
10．他不停地走来走去		

3．马上行动

从现在开始，慎重选择生命中的访客（Take a look at guest list emerging in your life, Then classify them）。推荐：寻找你重要的他人。

在十分钟之内，在一张纸上写下你想得到的所有人的名字。在每个名字前标下以下三种类型之一：拖后腿型、支柱型、良师益友型。

审视一下：

  我生命中的访客都是些什么人？

  我是否遇见了太多的拖后腿型的人？

  我的支柱是不是还不够多？

  我还需要几个良师益友？

  珍惜支持你梦想的朋友！

行动记录和感受：

_____
_____
_____
_____
_____
_____
_____
_____
_____

4. 两道题的问卷

（1）他很爱她。她细细的瓜子脸，弯弯的娥眉，面色白皙，美丽动人。可是有一天，她不幸遇上了车祸，痊愈后，脸上留下几道大大的丑陋疤痕。你觉得，他会一如既往地爱她吗？（　　）

  A．他一定会　　　　　　B．他一定不会　　　　　　C．他可能会

（2）她很爱他。他是商界的精英，儒雅沉稳，敢打敢拼。忽然有一天，他破产了。你觉得，她还会像以前一样爱他吗？（　　）

  A．她一定会　　　　　　B．她一定不会　　　　　　C．她可能会

结果统计：

	A	B	C	分析
第一题				
第二题				

假设一下，再来一次调查：

（1）他很爱她。她细细的瓜子脸，弯弯的娥眉，面色白皙，美丽动人。可是有一天，她不幸遇上了车祸，痊愈后，脸上留下几道大大的丑陋疤痕。你觉得，他会一如既往地爱她吗？（　　）

  A．他一定会　　　　　　B．他一定不会　　　　　　C．他可能会

（2）她很爱他。他是商界的精英，儒雅沉稳，敢打敢拼。忽然有一天，他破产了。你觉得，她还会像以前一样爱他吗？（　　）

  A．她一定会　　　　　　B．她一定不会　　　　　　C．她可能会

结果统计：

	A	B	C	分析
第一题				
第二题				

【团队案例分析】

一次不欢而散的谈话

汪大伟正和下属李明春谈话，这是对李明春迟到和缺席的第二次警告。李明春争辩道，在同事中，他的工作做得最多。汪大伟知道李明春是一名很好的员工，但不能容忍他违反公司的制度。

汪大伟："小李，你知道今天早上为什么叫你来？上个月我们讨论过你的问题，我认为你正设法改进。但当我检查月度报告时，我发现你迟到了四次，并且多病休了两天，这说明你根本没把我的谈话当回事。小李，你的业绩很好，但态度不佳，我再也不能容忍这

样的行为了。"

李明春:"不错。我知道我们上个月谈过,我也努力准时上班,但是我最近交通非常拥挤。工作的时候我是十分投入的,你应该多注意我的工作效率,与我们组的老王相比,我的工作量要大得多。"

汪大伟:"现在不谈老王的事,而是你。"

李明春:"不,应该谈老王和其他几位同事的事。我比大多数同事做得好,而我在这儿被批评,这不公平。"

汪大伟:"小李,我承认你的工作很出色,但公司的制度也很重要。你平均每月迟到4~5次,你不能总这样。我该怎么样处置你呢?我真的不愿使用正式警告,你知道那意味着什么。"

李明春:"是的,我了解正式警告,我想我会更加注意,但我认为我比他人工作努力,应有所回报。"

汪大伟:"好的,小李。如果没有这些问题,你的出色业绩会得到回报的,如果你想挣更多的钱或被提升,你应该按时上班,遵守公司的规章制度。"

李明春:"好的,我认为你是对的。但是,对于你这样的处理方式,我仍持保留态度。"

汪大伟:"小李,随你选择。如果你下个月的记录仍不好,我将使用正式警告。"

李春明:"好的,但是我还是认为不公平。"

问:
(1) 汪大伟找李明春谈话的主要内容是什么?
(2) 这次谈话效果怎么样?为什么?
(3) 汪大伟在沟通技巧上存在什么问题?假如你是汪大伟,你将如何做?

【团队实践活动】

换一种想法

活动目的:通过相互交流,增进对人际沟通的认识,更好地掌握人际交往的技巧,分享由人际沟通过程中得到的经验和教训。

活动程序:
(1) 填写"换一种想法"表。
(2) 分小组轮流发言,进行交流。
(3) 展开讨论,互相补充。
(4) 准备下次课在班上做汇报。

管理无处不沟通

沟通的品质决定你生命的品质

不良想法	换一种想法
• 我必须与周围每个人搞好关系	
• 应随时随地防备他人，言多必失	
• 接受别人的帮助，必须立即予以回报	
• 人都是自私的，不可信任的	
• 我是善良的，别人都应该对我好	
• 只有顺从他人，才能保持友谊	
• 别人对我好，是想利用我或占我便宜	
• 有些人自私自利、斤斤计较，他们应该受到指责和惩罚，我不能与他们来往	
• 朋友之间应该坦诚，所以不应有保密的事	
• 如果有一人对我不好，说明我的人际关系有问题	
• 应随时思考别人是否有兴趣与我交往	

任务2　倾听与分享

知识储备

一、倾听的认识与培养

1. 倾听的含义

倾听是接收口头和非语言信息、确定其含义和对此做出反应的过程。倾听就是用耳听，用眼观察，用嘴提问，用脑思考，用心灵感受。倾听属于有效沟通的必要部分，以求思想达成一致和感情的通畅。倾听不仅仅是听，它更应该是一种积极的听觉活动。通过倾听，不仅可获得信息，而且还能了解情感，常言道，洗耳恭听，便是倾听的一种表现，这也是一种可训练的技巧。

2. 倾听的意义和作用

在企业中管理者 80% 的时间用于沟通，而在企业出现的错误中有 80% 因为没有进行良好沟通。沟通不畅的主要原因是没有很好的倾听，这有主观方面的原因也有客观方面的原因。客观方面：由于人脑接受信息的速度超过人们的语速，即 125 个词/小时。也就是说在我们听别人说话时，大脑还有多余的时间进行思考。主观方面的原因是，个人受自身文化背景及知识经历的限制，往往只接受到自己感兴趣的问题而将其他的都过滤掉。针对这一点，我们建议：首先管理者应该有目的的倾听，在倾听时思考相关的问题。而不是完全没有计划就只是听下属反映却没有主线。其次，在倾听时，管理者应该尽量减少自己主观的想法。先听员工讲完再跟他进行沟通了解他所表达与你的理解是否有出入。这是一个逐渐学习与练习的过程，需要管理者有耐心。概括起来，倾听的意义和作用主要表现在以下几个方面：

（1）善于倾听的管理者可以产生激励作用。
（2）倾听也是获得信息的重要方式之一。
（3）倾听能激发对方的谈话欲望，是说服对方的关键。
（4）倾听也是给人留下良好印象的有效方式。

情景 2　管理者的人际沟通

≈ 管理沟通定律 ≈

威尔德定理：有效的沟通始于倾听

人际沟通始于聆听，终于回答，说的功夫有一半在听上。

提出者：英国管理学家 L·威尔德

我的态度和主张

管理无处不沟通
沟通的品质决定你生命的品质

小故事

注意倾听别人的意见

鹰王和鹰后挑选了一棵又高又大的、枝繁叶茂的橡树，在最高的一根树枝上开始筑巢，准备夏天在这儿孵养后代。鼹鼠听到这些消息，大着胆子向鹰王提出警告："这棵大树可不是安全的住所，他的根几乎烂光了，随时都有倒掉的危险。"鹰王根本瞧不起鼹鼠的劝告，立刻动手筑巢，并且当天就把全家搬了进去。不久，鹰后孵出了一窝可爱的小家伙。但不久，树便倒了，鹰后和它的子女都摔死了。看见眼前的情景，鹰王十分后悔没有听从鼹鼠的忠告，毕竟树根的情况它最清楚。

启示：管理人员要注意倾听别人的意见，哪怕这个人为你所看不起，毕竟他敢提意见就有可取的地方。

他们的态度和主张

孩子是要别人教的，毛病是要别人医的，即使自己是教员或医生。但做人处事的法子，却恐怕要自己斟酌，许多人开来的良方，往往不过是废纸。

——鲁迅（文学家和思想家 中国）

（5）积极倾听可以帮助管理者做出正确的决策，对缺乏经验的管理者，倾听还可以减少错误。

3．倾听的过程

倾听是一个能动性的过程，是一个对感知到的信息经过加工处理后能动地反映自己思想的过程，这个过程大致可分为感知、选择、组织、解释或理解四个阶段。这四个阶段相互联系、相互影响，任何一个阶段出现问题，倾听都可能是无效的。作为信息接收者要注意仔细地聆听，倾听是一种完整的获取信息的方法。听包含了四层内容，即听清、注意、理解、记住，即倾听的过程包括：接收信息、选择性注意、赋予信息含义、记忆信息。

第一，不要急于表达自己，要礼貌地请对方先发表意见。以身体稍稍朝前倾斜的轻松自然的坐姿，来表示你在尊重并聆听对方讲话，不要交叉双臂或跷起腿。

第二，暂时放弃自己的价值观和立场，尽量放空自己，才能听到别人。不要轻易打断别人的话，要让别人把事情叙述完整，感情表达清楚，不满发泄出来。在倾听过程中，用简单的肢体语言（微笑、点头）来表示你跟着对方的思路。

第三，在倾听后不要急于否定对方，不要匆忙下任何结论，这种做法是非常危险的，有时候让人彼此误会和误解，要给予自己时间去思考和判断。

4．倾听的类型

按照倾听的目的分类：获取信息式倾听、质疑式倾听、移情式倾听、享乐式倾听。所谓移情式倾听是在倾听中设法从他人的观点来理解他的感受，并把这些情感反馈回去。

小贴士	移情式倾听的技巧
	● 面对你的交谈者
	● 开放的姿势
	● 经常将身体倾向对方
	● 保持良好的目光接触
	● 在上述行为中力求做到相对地放松和自然而然
	● 在倾听中恰当地表达出你对他的理解

按照倾听的专心程度分类：投入型倾听、字面理解型倾听、随意型倾听、假专心型倾听、心不在焉型倾听。假专心式的倾听者在沟通过程

中不做任何努力,因此所获得信息毫无价值。假专心既是坏习惯,也浪费时间。

人在听别人说话时,注意的程度由浅到深可以分以下六个层次。

第一层:心不在焉。知道对方在说话,耳朵也听见声音,但陷入自己的想象或情绪中,眼神凝滞。

第二层:随口应答。条件反射式的随声附和。

第三层:记住尾巴。如果说话者反问:"你听清我刚才说什么吗?"他会重复最末尾的几个字。

第四层:能够回答问题。已听进大脑,记住了内容被提问能回忆起来。

第五层:能对其他人讲。当我们不放心对方是否记得自己交代的重要信息时,可以让对方重复一遍,或让他说给周围的人听听看。

第六层:教别人。教师要能够回答学生从各个不同角度提出的问题才有资格教别人,倾听之后能做到这样是最高程度。反过来说,当我们要学习某项知识信息时,把自己看成是老师而不是学生,就会以最积极的姿态去听,效果也最好。

二、倾听的障碍及克服

【课堂互动】

倾听游戏:商店打烊时

第一步:认真看一遍12个判断题,请仔细听老师讲一个情节,做出回答。

请不要耽搁时间	正确	错误	不知道
(1)店主将店堂内的灯关掉后,一男子到达。	T	F	?
(2)抢劫者是一男子。	T	F	?
(3)来的那个男子没有索要钱款。	T	F	?
(4)打开收银机的那个男子是店主。	T	F	?
(5)店主倒出收银机中的东西后逃离。	T	F	?
(6)故事中提到了收银机,但没说里面具体有多少钱。	T	F	?
(7)抢劫者向店主索要钱款。	T	F	?
(8)索要钱款的男子倒出收银机中的东西后急忙离开。	T	F	?
(9)抢劫者打开了收银机。	T	F	?
(10)店堂灯关掉后,一个男子来了。	T	F	?

我的态度和主张

（11）抢劫者没有把钱随身带走。　　　　　　T　　F　　?
（12）故事涉及三个人物：店主、一个索要钱款　T　　F　　?
　　　的男子及一个警察。

第二步：认真看刚刚说的情节进行判断，不要受前面答案的影响。

情景：商店打烊时

某商人刚关上店里的灯，一男子来到店堂并索要钱款，店主打开收银机，收银机内的东西被倒了出来而那个男子逃走了，一位警察很快接到报案。

第三步，老师公布答案。

1. 倾听的障碍

（1）语言因素引起的障碍。讲话速度与思考速度的差异：人们的思维远比讲话的速度快。讲话的低速度和思维的高速度之间的差异给不熟练倾听者带来麻烦。当讲演者缓慢地叙述着，而听讲者的思绪可能走向不同的方向。例如，开始考虑周六的足球赛、家庭、好友及个人问题等，而不再注意发言的内容。

（2）倾听者引起的障碍。体质不佳：身体障碍如疲惫、疾病及听学能力也会影响有效倾听。上午7：30—10：30为人在一天时间中精力最旺盛的阶段，11：00到下午1：00左右，人的精力处于低谷，人在下午时段的精力平均水平不如在上午时段的精力平均水平高。一般来讲，在精力低潮阶段，疲劳会影响有效倾听。除了疲劳，疾病也会减弱一个人的倾听能力。当一个人患重感冒就很难成为专注的倾听者，也就是说，任何疾病或身体不适都会作为内在干扰而影响倾听。

（3）感情过滤引起的障碍。每个人都会选择自己喜欢听的来听，可以说，在倾听过程中，情感起到了听觉过滤器的作用，有时它会导致盲目，而有时它排除了所有倾听的障碍。

（4）心理定势引起的障碍。主要包括偏见、思想僵化、缺乏信任。

（5）性别差异引起的障碍。男性和女性倾听的态度和方式是不同的。男性和女性在交谈时，双方必须了解和包含这种差异所造成的障碍。

（6）环境因素引起的障碍。外部因素大致有以下几个方面：喧闹声、电话铃声、意外来访、交谈环境（如在对方的地盘谈会感到拘束）、说话者的谈吐举止、说话者的发音特点。

2. 克服倾听障碍的对策

（1）创造良好的倾听环境。适宜的时间、适当的地点、平等的氛围。

（2）提高倾听者的倾听技能。完整、准确接收信息、正确地理解信

他们的态度和主张

承担的压力越来越大，如果你真的心疼旁边这个人，你是不愿意告诉他的。我记得有句话是说，有些黑暗是需要你独自去穿越的。

——姚晨（演员 中国）

息、适时适度的提问、及时给予反馈、防止分散注意力。

（3）改善讲话者的讲话技巧。

3．五种积极倾听技巧

（1）解释：用你自己的词汇解释讲话者所讲的内容，从而检查你的理解。

讲者：我觉得很压抑，因为自愿加班加点，尽了最大努力，按时完成了项目，但是好像人人都对我不赞同。

听者：看上去你很失望，你没有得到足够的支持。

讲者：是的，正是这样，并且……

（2）反射感觉：当有人表达某种情感或感觉显得很情绪化时，传递你的神入。

讲者：我真是厌烦极了。这项预算非常不精确，他们希望我严格管理。我花费了大量的时间熟悉它们，发现错误，却耽误了我的工作。

听者：是的，真是够烦的。

讲者：你别开玩笑，关键是还有许多事要做。我需要有人去做，我的大脑需要休息。

听者：听起来你确实厌烦极了。

讲者：我建议……我宁愿……

（3）反馈意思：把讲话者所说的内容、事实简要概括。

讲者：你不在时发生了许多事情。李撞了车，需要几天才能治好；王患了流感；张扭伤了脚腕子。此外，我们必须有一份临时计划，不知谁故意把我们的主要文件弄丢了。你回来了我真高兴。

听者：听起来你做了大量的工作，而且一直忙到现在，对吗？

讲者：我要说的是，如果由我自己来做，我会把一切管理得井井有条，并且我已经在做了。

（4）综合处理：综合讲者的几种想法为一种想法。

讲者：第一件事主要是政策改变，没有人能够预言；第二件事是我们最好的一个技术员辞职了；第三件事是这个项目的最后期限到了，我建议检查一下，看看我们应该做些什么？

听者：你的意思是有一系列的障碍使得我们这个项目的完成更加困难了。

讲者：你别开玩笑，我认为最关键的是政策的变化，如果政策不变，我们会有机会。

听者：好像你觉得一切都失去了。

讲者：不是所有都失去了，而是我们肯定还会有机会。

≈ 管理沟通定律 ≈

霍桑效应：让员工将自己心中的不满发泄出来

是指由于受到额外的关注而引起努力或绩效上升的情况。在访谈计划的执行过程中，研究人员对工人在交谈中的怨言进行分析，发现引起他们不满的事实与他们所埋怨的事实并不是一回事，工人在表述自己的不满与隐藏在心里深层的不满情绪并不一致。

提出者：乔治·埃尔顿·梅奥（George Elton Mayo）教授

我的态度和主张

管理无处不沟通
沟通的品质决定你生命的品质

（5）大胆的设想：从讲话者的角度大胆地设想。

讲者：我真不知道该如何选择，每项活动都有赞成和反对两种意见，而且反应者相当强烈。

听者：如果我处在你的位置上，我想我宁愿慢些做出决定，以免得罪某一方。

讲者：是的……我想我需要更多的信息，或许应该再收集一些意见，向有这方面经验的人请教。

> **小贴士**
>
> **有效倾听的八条准则**
>
> 第一条准则：不要打断顾客的话
> 第二条准则：不要让自己的思绪偏离
> 第三条准则：不要假装注意
> 第四条准则：听话要听音
> 第五条准则：要表现出感兴趣
> 第六条准则：要表明你在认真地听
> 第七条准则：了解回应反馈
> 第八条准则：努力理解讲话的真正内涵

4．有效倾听注意事项

（1）与人交谈不能只顾自己说，而要注意听，也不是只听而没有信息反馈，说与听要适当分配时间。

（2）保持目光接触。当大人要求孩子认真听话时，往往会说："看着我！"

（3）避免打断别人谈话，避免没等人家说完就盲目下结论。

（4）要有反应，倾听是静的，所以要让对方知道自己在听，说些"是的"、"我知道"、"对"、"不错"等简单的词。面对面谈话可以用眼神或点头示意。如果通电话，不发出声音，对方就会问："你在听吗？"会很尴尬。

（5）做笔记。做笔记有两个作用，一个是"好记性不如烂笔头"，另一个是表示你对谈话内容的重视。

三、倾听中的提问与反馈

1．提问胜过声明

如果你想要掌握交谈的主动权，一个简单的办法就是：提问。不要

小故事
换位思考

一叶小草对一片秋叶抱怨道："你跌下来的声音真够响的，惊断了我一冬的美梦。"秋叶愤慨地说："你这出身低贱而住所卑微的生物！没有乐感的东西！你不曾高居于空中，当然无法了解自然之歌的美妙音响。"然后，秋叶在泥土上躺下来开始长眠。当春天来临时她苏醒过来——她已长成一株青草。秋天很快又来了，小草渐渐堕入冬梦，在她上面，秋叶从空中飞扬而落。她低低地自语道："哦，这些可恶的落叶！他们弄出这么大的噪声，把我的好梦都给搅了。"

启示：针对员工的抱怨，管理人员需要换位思考，你会发现如果你在那个位置上，可能会有过之而无不及。

他们的态度和主张

要以两倍于自己说话的时间倾听对方的话。

——犹太人格言

觉得提问的人是有求于人,所以是弱者一方,实际上正相反。当你对他提出问题以后,如果他回答问题,就表明他尊重你、服从你、愿意为你做你希望他做的事;如果他不回答你的问题,他有个任务没完成,若此时的气氛双方都沉默,理亏和被动的是他而不是提问者。所以强硬的人,遇到别人提问,他要避免处于被动,就有一个办法:反问,把球抛还给他。一个人如何说话、如何提问,有不少心理法则。

(1)提问决定结果。提出一个什么样的问题,等于是指示一个方向。最后的结果必然是在这个方面上发展生成的,所以提问者是双方关系的向导。积极的提问产生积极的回答,消极的提问产生消极的回答,双方之间的话题、气氛、结果完全由提问者操纵。

有一个禅宗公案是这样说的:两个烟瘾很大的人学禅打坐,想去请教师傅能不能抽烟。他们两人轮着进去。第一个进去问的人出来以后很高兴,接着第二个进去,却被师傅骂了出来。他们便相互问对方是怎么提问的,为什么结果不一样?

第二个人先说:"我问师傅:'静心的时候,可不可以抽烟?'师傅非常生气,几乎要赶我出师门。"第一个人说:"我问师傅:"抽烟的时候可不可以静心?"师傅听了很高兴,说:"当然可以。"

(2)问题要由表及里、由浅入深。人们对回答问题心理戒备是很严的,再加上太难的问题,回答起来很费精神。没有一定的准备,很难找到感觉,一时不易回想整理,往往产生尴尬。有时我们出门乘车坐船,会跟一个陌生人面对面很长时间,不说话觉得憋得慌,说话又觉得唐突,不知怎么开口。

采用提问方式开始是很常见的。开头问的问题一定要非常简单,甚至是明知故问。比如问:"现在是几点?"、"这车大概晚上才能到吧?"、"就一个人出门?"等。当双方就最简单的问题有所交流之后,自然地就会有一些更复杂的问题能够交流。

如果你是有目的地要从对方身上得到某种信息,最好顺着一个问题的导向,由表及里地一个个问下去,不要东问一句西问一句。问的人思路混乱,回答的人也不容易集中思想。你集中精力就同一方面的问题提问,或许能得到许多意想不到的收获。打个比方,就像我们现在玩电脑,不要总是回到总目录,这条看一半又换另一条,而最好是沿着一条路径一步一步把该看的东西看明白。

(3)提问比声明更有效。生活中经常遇到的难题之一,是如何能够让别人同意我们的观点、接受我们的要求、赞成我们的意见。我们经常采用的是声明,急切地声明我们的建议是如何正确,我们的要求是如何合理,我们的见解是如何高明,甚至最后还要加发誓。事实证明,它们的效果并不明显,提问或许比声明更有效。

管理无处不沟通
沟通的品质决定你生命的品质

在商场里面，经常可以看到这样的情景。营业员面对顾客的询问，总是极力声明这件商品有哪些好的优点，忙了半天，顾客还是下不了决心，最后答复："看看再说。"如果有个高水平的营业员他可能采用提问的方式，抓住"商机"。

当顾客问："有蓝色的吗？"一般情况，是声明："有，我们还有其他颜色。"然后拿出各种颜色让顾客挑选，顾客挑花了眼就不敢做出购买决定。一个高明的营业员可不是急着声明，而是转为提问："您想要蓝色？"对方答："是的。""那我给您拿一件，您试试看，好吗？""好的。"在被提问引导出若干肯定的答复后，最后营业员顺着他的意愿，帮他做出购买决定，他会很自然地认同。

提问的目的是控制主动权，因此，你千万不要问："买不买？"把这重要的决定权交给顾客。最后，你要替顾客做决定、不是问他买不买，而是问他买红的还是蓝的，买一件还是两件。

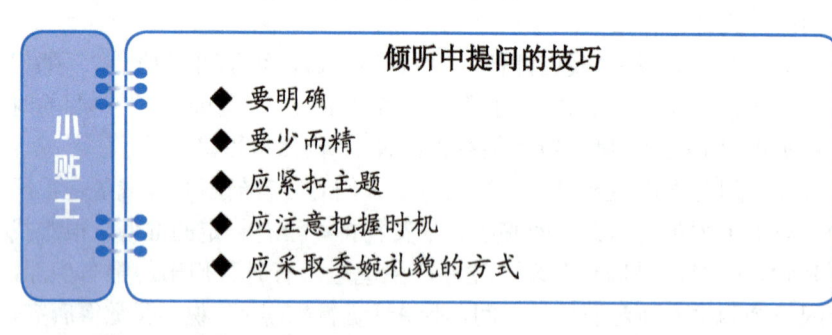

=== 小故事 ===
相互认同

一个农民在自己地里挖出一尊绝美的大理石雕像。他带着雕像，找到一位酷爱各种艺术品的收藏家，准备出卖。收藏家出了高价买下，事毕后两人分手。回家的路上，卖主手里摸着大把的钱，心喜地自语道："这笔钱会带来多少荣华富贵呀！怎么还有人不惜如此代价，换取一块破石头？"同时，收藏家却端详雕像，心里也在自语："真是气韵生动，巧夺天工！居然有人会如此惜稀珍，换取毫无趣味的几个臭钱？"

启示：每一个员工都有自己的追求，管理者不能苛求员工，而要做到和员工相互认同。

小贴士	倾听中提问的技巧
	◆ 要明确
	◆ 要少而精
	◆ 应紧扣主题
	◆ 应注意把握时机
	◆ 应采取委婉礼貌的方式

2．有效反馈

反馈的类型包括回应、判断、分析、提问、复核等，反馈中应注意的问题如下：

首先，反馈语言要表达明确，要使用具体明确、不笼统抽象和带有成见的语言。

其次，反馈的态度应是支持性的和坦诚的。

再次，营造开放的氛围，避免引起防卫性的反馈。

最后，把握适宜的反馈时机。

他们的态度和主张

你必须以诚待人，别人才会以诚相报。

——李嘉诚（商人 中国香港）

【思考题】

1. 哪些倾听技巧是你常用的?你是否有过对讲述内容不感兴趣的表现?那么你认为主讲者的感受会如何?

2. 作为一名管理者,针对以下雇员所说的话,你有何感想?你将如何回答?将你的想法在小组内进行交流。

- 一名灰心丧气的部门主管汇报项目进展情况时说:"楼上的那些人(其上司)为什么不预先多给我们一些有关这些项目的信息?"
- 经理对一名雇员的报告不满意,忐忑不安的雇员委屈地说:"我的确想做好工作,我只是不知道我错在哪里?"
- 经理在过去一年半的时间里进行了第三次雇员业绩测评后,有雇员评论道:"我在这家公司九年了,但好处从来轮不到我。"

【自主训练】

(1)请依次做自我检查,"经常"或"偶尔"或"从不"。

- 说得比听得多。
- 喜欢插话。
- 在交谈时几乎一言不发——对方无法判断你是否在听。
- 发现感兴趣的问题时就问个不休,结果导致对方跑题。
- 你的谈话基本上以自己为核心。
- 别人说话时你经常走神。
- 对方在说话时你在设计自己的反应。
- 很乐于提出自己的建议,甚至在别人没要求时也如此。
- 你的问题太多,常常打断对方的思路。
- 客户转向别人,你也不问原因所在。
- 在对方还没说完时你已经下了结论。

(2)"倾听"技能测试。倾听是一种心态、行为的反映,是对一个人品德的评价,善听者善言。你是哪种呢(几乎都是—5、常常—4、偶尔—3、很少—2、几乎从不—1)?

态度

- 你喜欢听别人说话吗?
- 你会鼓励别人说话吗?
- 你不喜欢的人在说话时,你也注意听吗?
- 无论说话人是男是女,年长年幼,你都注意听吗?
- 朋友、熟人、陌生人说话时,你都注意听吗?

管理无处不沟通
——沟通的品质决定你生命的品质

行为
- 你是否会目中无人或心不在焉？
- 你是否注视听话者？
- 你是否忽略了足以使你分心的事物？
- 你是否微笑、点头及使用不同的方法鼓励他人说话？
- 你是否深入考虑说话者所说的话？
- 你是否试着指出说话者所说的意思？
- 你是否试着指出他为何说那些话？
- 你是否让说话者说完他（她）的话？
- 当说话者在犹豫时，你是否鼓励他继续下去？
- 你是否重述他的话，弄清楚后再发问？
- 在说话者讲完之前，你是否避免批评他？
- 无论说话者的态度与用词如何，你都注意听吗？
- 若你预先知道说话者要说什么，你也注意听吗？
- 你是否询问说话者有关他所用字词的意思？
- 为了请他更完整地解释他的意见，你是否询问？

测试结果：请将所得分加起来，你的得分是：_____。

结果评价：

90～100，你是一个优秀的倾听者；

80～89，是一个很好的倾听者；

65～79，你是一个勇于改进、尚算良好的倾听者；

50～64，在有效倾听方面，你确实需要再训练；

50分以下，你注意倾听吗？你迫切需要改善。

（3）马上行动：握着妈妈的手，听她讲那过去的事。

推荐：弯下腰与孩子目光平视，好好听他讲；听一场你感兴趣的主题讲座／音乐会；听一首老歌，声渐远，空流年；听自然界中最美的声音……

行动记录和感受：

_____
_____
_____
_____
_____
_____
_____

4．影片欣赏
（1）《放牛班的春天》

上映时间	2004年
主要奖项	2004年法国的票房冠军 2004年奥斯卡最佳外语片提名奖 2005年法国金球奖最佳电影奖 第三十届法国"恺撒奖"多项提名
国家/地区	法国、德国、瑞士
对白语言	法语
发行公司	Pathé Cinéma

不同于一般的运用悲情拼命煽情的悲情电影，或极尽夸张搞怪的爆笑喜剧，《放牛班的春天》是一部让人因为喜悦而泪流满面的电影。这也创造了法国电影新概念——阳光情感电影。

（2）《侧耳倾听》

导演	近藤喜文	编剧	宫崎骏
出品公司	吉卜力工作室	上映时间	1995年7月15日

故事发生在1994年，作画的背景大部分来自东京附近的多摩市中心，一切都来得很平凡很真实，就好像事情是在身边发生似的。本片并没有像大部分的少女题材故事一样，男女主角都沉浸在呼天抢地，终日徘徊在生死边缘的爱情中，而是两人互相勉励互相学习，各自为各自的理想而奋斗，这与现今很多青少年的读好书为赚大钱的想法有着很大的不同。

【团队案例分析】

请听我说

张先生是一位已有五年工龄的模具工，他工作勤奋爱钻研。半年前，张先生利用业余时间自行设计制作了一套新型模具，收到了设计部门的嘉奖。为了鼓励和支持张先生的这种敬业精神，当时的生产部主任王先生特别推荐他上夜校学习机械工程学。从那以后，张先生每周有三天必须提早1小时下班，以便准时赶到夜校。这也是经原生产部主任王先生特许，王先生当时曾说过他会通知人事部门。

然而，上周上班时，张先生被叫到现任生产部主任鲁先生的办公室进行了一次面谈。鲁先生给了他一份处罚报告，指责他工作效率低，尤其批评他公然违反公司的规定，一周内三次早退。如果允许他在公司继续如此工作下去，将会影响其他员工。因此，鲁先生说要对他进行处罚，并警告说照这样下去，他将被解雇。

当张先生接到处罚报告时，感到十分委屈。他曾试图向鲁先生解释原因。然而，每次鲁先生都说太忙，没有时间同他交谈，只告诉他不许早退，并要求他提高工作效率。张先生觉得这位新上司太难相处，不禁感到万分沮丧。

管理无处不沟通
沟通的品质决定你生命的品质

请分析：

（1）张先生和鲁先生之间是否产生了倾听障碍？这是张先生的问题还是鲁先生的问题？或是前任上司的问题或是人事部门的问题？

（2）如果你是张先生或鲁先生，你会怎么办？

【团队实践活动】

活动步骤：

（1）团队负责人朗读一篇包含一些数字或确切事件的新闻。

（2）念完后拿出一个精致的礼品。

（3）针对刚才大家听到的故事，提出几个问题，谁能全部答对，就能赢得这个礼品。

团队讨论：

（1）既然大家都听到了这个故事，为什么很少有人能记得非常清楚？和事件本身有关吗？

（2）我们如何提高自己的聆听技巧？

（3）如果我一开始就告诉大家如果仔细听就有机会赢得礼品，你们会不会听得认真一些？没有奖品刺激时应当如何保证更好地聆听？

任务3　口头沟通

语言才华与个人天赋有关，也与一个人的自身修养、知识积累有关，本任务重点不是讨论如何提高语言表达的才华，而是从策略性方面来讨论如何提高口语沟通的效果。

知识储备

一、口头沟通概述

1. 概念与特点

所谓口头沟通，就是为了实现沟通目标而运用口头语言进行表情达意的活动，涉及对象非常广泛，有公司的雇员、社区居民、商业机构、专业组织、政府代表等。沟通方式十分灵活，有单独发言、两人交谈、小组座谈，也可以与组织进行磋商、在群体中雄辩，还可以是发表演讲、非正式的聊天、即兴发言等。

口头沟通的特点有：语言形式的独特性、表达的临场性、内容的随机性及应用的广泛性等。

2. 口头沟通的优缺点

优　点	缺　点
• 能观察收讯者的反应 • 能立刻得到回馈 • 有机会补充阐述及举例说明 • 可以用声音和姿势来加强 • 能确定沟通是否成功 • 有助于建立共识与共鸣 • 有助于改善人际关系	• 通常口说无凭（除非录音） • 效率较低 • 不能与太多人双向沟通 • 有时因情绪而说错话 • 言多必失 • 对出语言词者不利 • 偏向罗嗦，大多数人不会言简意赅

3. 口头沟通的种类

（1）交谈是人类口头表达活动中最常用的一种方式。随着人类社会的高度发展，交谈已成为政治、外交、科学、教育、商贸、公关等各个

≈ 管理沟通定律 ≈

肥皂水的效应：将批评夹在赞美中

将对他人的批评夹裹在前后肯定的话语之中，减少批评的负面效应，使被批评者愉快地接受对自己的批评。以赞美的形式巧妙地取代批评，以看似间接的方式达到直接的目的。

提出者：美国前总统约翰·卡尔文·柯立芝

我的态度和主张

管理无处不沟通
沟通的品质决定你生命的品质

=== 小故事 ===

不要斗气，要学会变通

河岸边，有一只蚌正张开两壳晒太阳，这时一只鹬鸟飞过来，伸出长长的嘴巴来啄食它的肉。蚌一下子合住双壳，把鹬鸟的嘴紧紧地夹住了。鹬鸟对蚌说："今天不下雨，明天不下雨，就会把你干死！"蚌对鹬鸟说："今天不放你，明天不放你，就会把你饿死。"于是它们两个各不相让，谁也不肯放谁。这时，一个打鱼的老人走过来，把它们都捉走了。

启示：管理人员要平心静气地处理事情，不要斗气，要学会变通。

他们的态度和主张

你我是朋友，各拿一个苹果，彼此交换，交换后仍各有一个苹果；倘若你有一种思想，我也有一种思想，而朋友相互交流思想，那么，我们每个人就有两种思想了。

——肖伯纳（剧作家 英国）

领域中重要的、不可缺少的一项语言活动。交谈是以两个人或几个人之间的谈话为基本形式，进行面对面的学习讨论、沟通信息、交流思想感情、谈心聊天的言语活动。它以对话为基本形态，包括交谈主体、交谈客体、交谈内容三个方面。这三方面不仅具有固定性，而且具有互换性。

交谈是一门艺术，而且是一门古老的艺术。交谈的艺术性体现在：尽管人人都会，然而效果却大不一样。所谓"酒逢知己千杯少，话不投机半句多"正说明了交谈的优劣直接决定着交谈的效果。与人进行一次成功的谈话，不仅能获得知识、信息的收益，而且感情上也会得到很多补偿，会感到是一种莫大的享受。交谈是建立良好人际关系的重要途径，是连接人与人之间思想感情的桥梁，是增进友谊、加强团结的一种动力。"良言一句三冬暖，恶语伤人六月寒"，说明交谈在交往中的作用是举足轻重的。交谈不仅是人们交流思想的重要手段，而且是学习知识、增长才干的重要途径。善于同有思想、有修养的人交谈，就能学到很多有用的知识，"与君一席谈，胜读十年书"就是对交谈意义深刻的总结。按照性质和目的的不同，可以将交谈划分为聊天、谈心、问答和洽谈四种类型。

（2）即席发言。这种发言不是事先准备好的，而是在发言过程中受到某些事物的刺激或在谈话时联想和诱发出来的，这种发言是临时性的发言。即席发言首先要注意观察周围事物的变化，在认真听取别人发言的基础上，引起震动取之精华，使其思想展开，有言可发；其次，要思维敏捷，善于逻辑归纳综合，通过对方的发言，迅速形成自己思想脉络的发言提纲。虽其无准备，但谈吐有条理；再次，要有广博知识，占有丰富的材料。虽其是临时发言，但能旁征博引、举一反三、语言活泼、内容生动。即兴发言包括：传递信息的发言、引荐发言、颁奖词、欢迎词、祝酒词、口头报告等。

（3）演讲。演讲又叫讲演或演说，是指在公众场所，以有声语言为主要手段，以体态语言为辅助手段，针对某个具体问题，鲜明、完整地发表自己的见解和主张，阐明事理或抒发情感，进行宣传鼓动的一种语言交际活动。根据演讲的目的，可以将演讲分成劝导型、告知型、交流型、比较型、分析型、激励型，也可以分为凭记忆讲、有准备的脱稿讲和照稿宣读等。

① 凭记忆讲。这种演讲是事先写出的稿子，记在脑子里，最后用语言表达，这里面要讲究记忆的方法，要克服困难，花费相当大的功夫用脑子记，这种演讲表达的优点是眼光始终注视观众，可观察到群众的表情，不足的是，演讲时精神较为紧张，担心讲错、遗忘、卡壳、造成影响，这种方式一般不适用于大型会议或工商界专题报告等。

② 有准备的脱稿讲。这种演讲不必写出稿子，只是写个提纲就可以。

其提纲主要包括论点、事例和必要的数字，不受书面词句的限制，可避免因记忆错误使演讲出现卡壳。在主要论点上演讲，可较自由地发挥，讲起来也会生动、形象、深刻，这种演讲要准备认真，思维和反映要快，提纲要字迹清楚，能一目了然，要按页排好，切勿遗失。

③ 照稿宣读。这种演讲一般适用于重大的会议或技术性很强的会议。口头表达的方式特点，是把主体与客体在时间与空间紧密结合，讲、听直接见面，随时观察听者的反映，灵活调整内容，调整气氛。如果是对话、讨论、谈话、辩论，则可直接听到对方的意见，进行针对性强的回答。这就要求经理人好学不厌，像海绵吸水一样吸取广博的知识，无论是在生产技术、经营管理、时事政策方面，还是文学艺术、历史哲学、音乐美术方面都要钻研、熟悉，在表达时旁征博引、妙趣横生、思路清晰、口齿清楚、知识广泛，形成自己的风格。

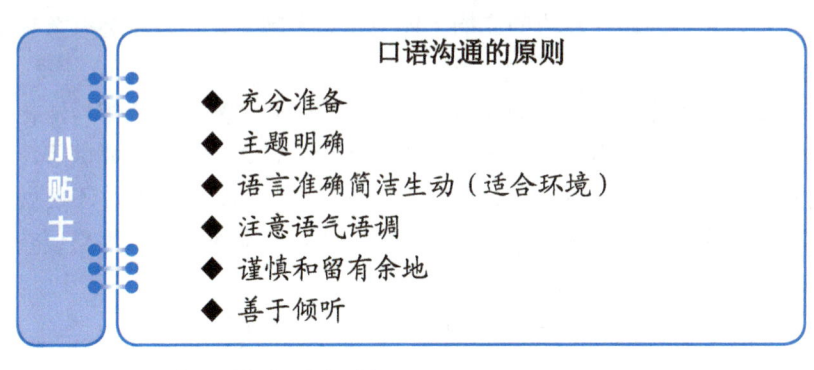

> **小贴士**
>
> **口语沟通的原则**
> ◆ 充分准备
> ◆ 主题明确
> ◆ 语言准确简洁生动（适合环境）
> ◆ 注意语气语调
> ◆ 谨慎和留有余地
> ◆ 善于倾听

二、口头沟通的方法与技巧

1. 口头沟通的基本方法

一次成功的口头沟通最应该注意语言的应用，如幽默的语言可以使自己在人群中更具有感染力，利于交流；又如含蓄的语言可以提升自己在他人眼里的档次，会招来更多关注你的人，有利于交更多的朋友。当然，除此之外还有很多语言都能对自己的人际交往产生这样或是那样的影响。另外，场合问题也是不可小视的，如签订合同时就需要用到含蓄的语言以提升自己在顾客眼里的档次，反之，你此时如果用幽默的语言就必定会给顾客一种儿戏，不被重视的感觉，便不利于合作的顺利进行。因此，要成功地与人交谈，使交谈产生更多的收效和乐趣，我们必须学习一些基本的口头沟通方法，如：

- 选择恰当的时机和地点；
- 根据对象选择交谈话题；
- 事先了解交谈的内容；

我的态度和主张

管理无处不沟通
沟通的品质决定你生命的品质

=== 小故事 ===

学会幽默

有一次，苏格拉底跟妻子吵架后，刚走出屋子，他的妻子就把一桶水浇到他头上，弄得他全身尽湿。于是，苏格拉底自我解嘲到："雷声过后，雨便来了！"这样他所受到的委屈就丝毫没有影响到他的心情，也不会妨碍他做其他的事情。对于一个富有幽默感的人来说，当他面临苦难和不幸时，往往会以一种豁达、宽恕的心怀来承纳，这样的人活得比较轻松。

启示：你的幽默不是为了别人，而是为了自己，管理人员要学会轻松地工作。

- 把握交谈的尺度；
- 用眼来"聆听"对方的谈话；
- 避免讨论无法讨论的问题；
- 善于提问和反馈。

2．口头沟通的技巧

（1）换位思考——假如我是你："己所不欲，勿施于人"。"换位思考"并不是什么深刻的东西，它在生活中随处可见，伴随在我们的左右。日常生活中需要换位思考，工作中也更需要换位思考。工作上和生活中难免会遇到误解，或者是冒犯，如果这个时候多想想"假如我是你，会怎么办"，比如领导多考虑下属的难处和辛苦，下属多体谅领导的压力，同事之间多一点宽容与真诚，对客户认真了解他们的需求，多为他们着想，大家真心地站在对方的立场上体验和思考问题，也许就会有意想不到的收获。

（2）使用礼貌、友善的语言。口头沟通时要讲究礼节礼貌。知礼会为你的口头沟通创造一个和谐、愉快的环境。讲话者，态度要谦逊，语气要友好，内容要适宜，语言要文明；听话者，要认真倾听，不要做其他事情。这样就会形成一个信任、亲切、友善的交谈气氛，为交谈获得成功奠定基础。

（3）表达积极期望——变消极为积极的语言举例。

变消极为积极的语言举例

消极表达	积极表达
• 我们这次的任务<u>失败</u>了。	• 我们<u>没有完成</u>这次任务。
• 别忘了在下班前把货送到！	• <u>记得</u>在下班前把货送去。
• <u>我希望</u>你对此满意并继续订货。	• 当你<u>有什么需要</u>时就请打电话给我。
• 这次报告<u>写得好多了</u>。	• 这次的报告<u>写得更好了</u>。
• 我们<u>不允许</u>刚刚参加工作就上班迟到。	• 对刚刚参加工作的人来说保证按时上班<u>很重要</u>。
• 免费早餐<u>仅限于</u>20元以内，<u>超出部分请自付</u>。	• 你可<u>免费享用</u>20元以内的早餐。
• 如果您对我们的服务不满意的话，可终止续约。	• 此话完全可以省略。
• 外派工作本身就是不确定的，困难会比较多。	• 外派工作非常有利于你职业生涯的发展，但也的确需要克服一些意想不到的困难。

他们的态度和主张

要留心，即使当你独自一人时，也不要说坏话或做坏事，而要学得在你自己面前比在别人面前更知耻。

——德谟克利特（哲学家 古希腊）

（4）恰当使用幽默。一个名人说过："生活中没有哲学还可以应付过去，但是没有幽默则只有愚蠢的人才能生存。"幽默语言可以使我们内心的紧张和重压释放出来，化为轻松的一笑，在沟通中，幽默语言如同润滑剂，可有效地降低人与人之间的"摩擦系数"，化解冲突和矛盾。幽默的语言往往能让人发笑，所以我们将它作为分享快乐的主题去探讨。

莎士比亚说："幽默是智慧的闪现。"一个才疏学浅、举止轻浮、孤陋寡闻的人，是很难生出幽默感来的。广博的知识和深刻的社会经验；敏锐的洞察力和想象力；高尚优雅的风度和镇定自信、乐观轻松的情绪；良好的文化素养和语言表达能力等，都是产生幽默的条件。当然，幽默也可归纳出一些具体法则，如：使用双关语言、利用字的谐音、正话反说、有意曲解、使用模仿语言、自嘲、夸张等。幽默能给他人快乐，也能让自己快乐。幽默的能力就是消除对抗、分享快乐的能力。

（5）真诚赞美。请回想一下，自己最高兴的是什么时候？听到别人对自己的赞扬肯定是最高兴的。有人说考试过关最高兴，考试过关也就是老师对你的肯定和表扬。有人说收礼物最高兴，得到他人的真诚赞美，就像得到他的礼物一样，物质的礼物或许因你对那个东西并不需要，送礼的人一转身，你可能把它转送给别人，而精神的礼物，来者不拒，多多益善。

这个世界每个人都有感到孤独、无助的时候，再伟大的人也会担心别人不承认他，都在渴望众人的肯定和赞扬。普通人就更需要他的鼓励和肯定。赞美可以不分高低贵贱，男女老幼，国别种族，在任何场合、任何时间，都是受人欢迎的，都能给被赞美的人带来满足、愉悦。

【课堂互动】

两个人为一组，一方先赞美另一方，然后互换。要求每人至少说出十句赞美的话，而且这些赞美的话实事求是、恰到好处。

（6）巧妙拒绝。日常的人际交往中，热情地帮助别人，对别人的困难有求必应，是应该的。但是一定量力而行，如果遇到做不到的事情，就要学会怎么拒绝。如果直截了当地说"不"，会使寻求帮助的人感到失望和尴尬，一个合乎对方期望的回答，即使是拒绝，也能让对方很容易地接受，那么可以采取以下的方法。

请人转告。巧妙地利用"第三者"来转达你当面难以拒绝的事情。

另指出路。当你对朋友的要求感到力不从心或者不乐意接受的时候，你可以采用另指出路的办法，以解决问题。

另做选择。当你的朋友要求你做某件事，而你又偏巧不喜欢做这件事，可以提出建议，另做选择，这样不会让对方觉得你是在拒绝他。

转移话题。采取答非所问的方式，巧妙地利用暗示的方法让对方知

管理无处不沟通
——沟通的品质决定你生命的品质

道,你对他提出的意见不感兴趣,他就会知趣而退。

借口推辞。找一个合理的借口,推了你不想去做的事,即使这个借口带有欺骗的成分,只要不会伤害到对方,也是一个可取的办法。

拖延回答。直接的拒绝既然可能伤害对方,不如采取拖延时间的方式,让对方自己感觉到你的拒绝,这样的办法好于直接地拒绝。

学会了如何拒绝别人,这不仅能让你的人缘变得更好,还能显示你的修养。

(7) 让批评更容易接受。

- 考虑批评的必要性;
- 批评要公道正直、实事求是;
- 批评要对事不对人;
- 保持批评的建设性;
- 选择适当的批评场合;
- 选择合适的时机;
- 友好地接近对方;
- 称赞与批评相结合(汉堡原则);
- 批评的方式要因人而异。

另外,批评时还应注意的问题有:不要伤害对方的自尊、不要算总账、不要与对方争吵、不能以权压人等。

【课堂互动】

当你犯了错误的时候,你希望别人采取什么样的方式批评你?当别人犯了错误的时候,你会采取什么样的方式批评他?请按照你自己的实际想法或做法完成下表。

你希望别人批评你的方式	你批评别人的方式
1.	1.
2.	2.
3.	3.
4.	4.
5.	5.

他们的态度和主张

如果你想取悦一个人,只有两种状态,第一种是因为爱,第二种是因为怕。当你爱一个人,你会从心底里想要对方高兴,当你怕一个人,你会装得很喜欢对方让对方高兴;爱不需要解释,因为爱没有附加条件;怕还要取悦,是因为一旦不取悦就会带来后果,比如不取悦上级会丢工作。一真一假,其实我们心里很明白。

——俞敏洪(新东方学校创始人 中国)

3．口头沟通过程的其他几个重要事项

（1）即使你的目的是与对方交换不同意见，也要以双方同意的事开始。

（2）即使真理在你这边，别人真的错了，不要告诉人家你比他更聪明。

（3）任意指责可以让人丢尽面子，体谅安慰可以保全人的面子。

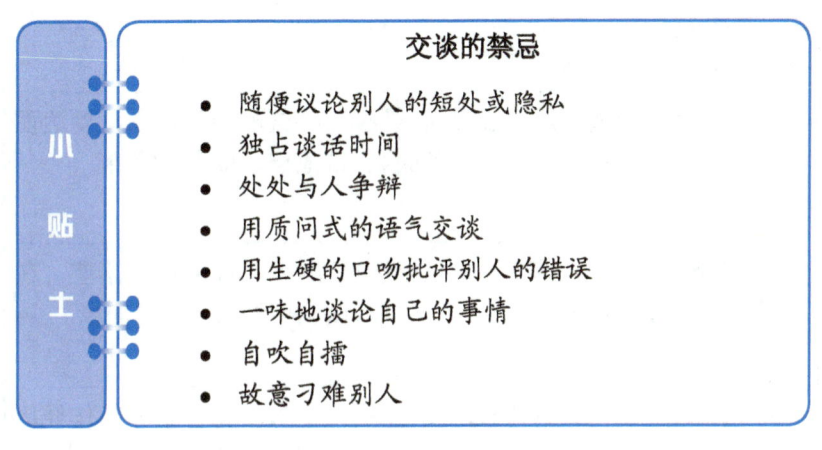

小贴士

交谈的禁忌
- 随便议论别人的短处或隐私
- 独占谈话时间
- 处处与人争辩
- 用质问式的语气交谈
- 用生硬的口吻批评别人的错误
- 一味地谈论自己的事情
- 自吹自擂
- 故意刁难别人

三、电话交谈与招聘面谈

1．打电话的技巧

- 理清自己的思路；
- 养成随时记录的习惯；
- 立即表明自己的身份；
- 确定对方是否处于合适的通话时间；
- 表明自己打电话的目的；
- 给对方足够的时间做出反应；
- 避免与旁人交谈；
- 设想对方要问的问题；
- 道歉应该简洁；
- 不要占用对方过多的时间。

2．接电话的技巧

- 随时记录；
- 自报家门；
- 转入正题；
- 避免将电话转给他人；
- 避免电话中止时间过长。

≈ **管理沟通定律** ≈

踢猫效应：不对下属发泄自己的不满

人的不满情绪和糟糕的心情，一般会随着社会关系链条依次传递，由地位高的传向地位低的，由强者传向弱者，无处发泄的最弱小的便成了最终的牺牲品。一个人如果不能与人为善，不能宽以待人，经常向周边释放消极的因子，成为心理疾病的一个传染源，导致所处环境的恶化，就不能称得上真正意义的事业成功。

应避免：典型的坏情绪的传染和泄愤连锁反应

我的态度和主张

管理无处不沟通
沟通的品质决定你生命的品质

3. 招聘面谈的类型
- 结构式或模型式面谈；
- 无方向面谈，也称开放式面谈；
- 复式和团体面谈。

4. 面试程序和内容

场面	面试官	申请人
1. 准备活动	查阅简历、温习面试规程、准备问题、准备面试环境	检查着装和仪表、到达面试地点、报到、等待
2. 问候和建立联系	握手、请坐、通过闲谈使申请人放松	握手、被邀请后落座、在闲谈中给人留下好印象
3. 问与工作有关的问题	询问教育背景以及与职位有关的工作经历细节，讨论相关的技能和工作能力，了解申请人的求职动机	提供教育背景和工作经历细节，详细说明个人的能力和技术水平，展现恰当的求职动机
4. 解答申请人的问题	以组织的立场回答申请人的问题，尽力为组织树立积极的形象	询问工资和福利情况、晋升机会、组织文化
5. 告别	表明面试即将结束、建议下一步行动、起立握手、送申请人	等待面试官暗示面试结束、讨论下一步骤、起立握手、退场

=== 小故事 ===

注意保守秘密

罗斯福是美国历史上最杰出的总统之一。他在当选美国总统之前，曾经在海军中担任要职。有一天，他的一位朋友向他打听海军在加勒比海一个小岛上建立和潜艇基地的计划。罗斯福不想拂逆朋友，于是他便向四周看了看，压低声音问道："你能不能保守秘密？"那位朋友不假思索地回答说："当然能。"罗斯福于是笑着对他说："如果你能，为什么我就不能呢？"

启示：管理人员掌握权力，自然也掌握一些秘密。管理人员要注意保守这些秘密。

他们的态度和主张

每个人都需要回忆。失去人生意义的危机感犹如恶狼，只有回忆能将之挡在门外。

——索尔·贝娄（诺贝尔文学奖和普利策奖获得者 美国）

92

【思考题】

1. 你怎么理解"见什么人说什么话"？你是赞成还是反对？为什么？
2. 比较以下三种说法哪一种最好，为什么？
    A．我不喜欢你这身打扮。
    B．你的这身打扮与公司的衣着规定不符。
    C．公司希望你能打领带上班。
3. 回忆一下从小到大，你所受的表扬和批评，想一想有没有更好的方式。
4. 怎样巧妙委婉地拒绝 Mr.Wrong 的表白呢？在给足对方面子的同时让你全身而退，安全撤离"感情骚扰"。
5. 节假日朋友邀请你去长城游玩，而你已经去过长城多次了，这个节假日你想去香山游玩，这时候你该怎么回复朋友的邀请？
6. 真诚赞美和恭维谄媚有什么区别？
7. 是自信的人还是缺乏自信的人容易贬低他人？
8. 你觉得给予别人赞美困难吗？为什么？

【自主训练】

（1）测测你的语商。

① 你觉得会说话对人一生的影响（　　）。
    A．重要　　　　　　B．一般　　　　　　C．不重要

② 你和很多人在一起交谈时，你会（　　）。
    A．有时插上几句
    B．让别人说，自己只是旁听者
    C．善用言谈来增加别人对你的好感

③ 在公共场合，你的表现是（　　）。
    A．很善于言辞　　　B．不善言辞　　　　C．羞于言谈

④ 假如一个依赖性很强的朋友，打电话与你聊天，而你没有时间陪他的时候，你会（　　）。
    A．问他是否有重要事，如没有，回头再打给他
    B．告诉他你很忙，不能和他聊天
    C．不接电话

⑤ 因为一次语言失误，在同事间产生了不好的影响，你会（　　）。
    A．一样的多说话
    B．以良好言行尽力寻找机会挽回影响
    C．害怕说话

⑥ 有人告诉你某某说过你的坏话，你会（　　）。

管理无处不沟通
沟通的品质决定你生命的品质

A．处处提防他　　B．也说他的坏话　　C．主动与他交谈

⑦在朋友的生日宴会上，你结识了朋友的同学，当你再次看见他时（　　）。

A．匆匆打个招呼就过去了

B．一张口就叫出他的名字，并热情地与之交谈

C．聊了几句，并留下新的联系方式

⑧你说话被别人误解后，你会（　　）。

A．多给予谅解　　B．忽略这个问题　　C．不再搭理人

计分标准：

①选A，2分，选B，1分，选C，0分。

②选A，1分，选B，0分，选C，2分。

③选A，2分，选B，1分，选C，0分。

④选A，2分，选B，1分，选C，0分。

⑤选A，0分，选B，2分，选C，1分。

⑥选A，1分，选B，0分，选C，2分。

⑦选A，0分，选B，2分，选C，1分。

⑧选A，2分，选B，1分，选C，0分。

得分在0～5分之间，表明你的语商较低，语言表达能力和语言沟通能力还很欠缺。如果你的性格太内向，这会阻碍你的语言能力的提高，你应该尽力改变这种状况，跳出自己的小圈子，多与外界人接触，寻找一些与别人言语交流的机会，努力培养自己的说话能力。只有这样，你才有希望成为一个受欢迎的人。

得分在6～11分之间，表明你的语商良好，语言表达能力和语言沟通能力一般，如果再加把劲儿，你就可以很自如地与人交流。提高你的语言能力的法宝是主动出击，这样可以使你在语言交流中赢得主动权，你的语商能力自然会迈上一个新的台阶。

得分在12～16分之间，表明你的语商很高，你清楚怎样表达自己的情感和思想，能够很好地理解和支持别人，不论同事还是朋友，上级还是下级，你都能和他们保持良好的言谈关系。

值得注意的是：要做到用你的真诚去打动别人，只有这样，你才能长久地维持你的好人缘，你的语商才能表现得更高。

（2）对照表1中一些常见的电话沟通习惯，请你回想一下自己通常是如何进行电话沟通的？

表1　常见电话沟通不良习惯

问题情景	不良表现	你的实际表现
接听电话时	1．电话铃响得令人不耐烦了才拿起听筒	
	2．对着听筒大声说："喂，找谁啊？"	
	3．一边接电话一边嚼口香糖	
	4．一边和同事说笑一边接电话	
	5．遇到需要记录某些重要数据时，总是手忙脚乱地找纸和笔	

续表

拨打电话时	1. 抓起听筒不知从何说起，语无伦次	
	2. 使用"超级简略语"	
	3. 挂断电话才发现还有事情没说到	
	4. 抓起电话粗声粗气地说："喂，我找刘经理。"	
转达电话时	1. 抓起电话向着整个办公室吆喝："小王，你的电话。"	
	2. 态度冷淡地说："老张不在"就顺手挂断电话	
	3. 让对方稍等，就此不再过问	
	4. 答应替对方转达某事但却不告诉对方你的姓名	
遇到突发事件时	1. 对对方说："这事不归我管。"然后挂断电话	
	2. 接到客户索赔电话，态度冷淡或千方百计为公司产品辩解	
	3. 接到打错了的电话时很不高兴地说："你打错了。"然后就粗暴地挂断电话	
	4. 电话受噪声干扰时，大声地说："喂、喂、喂"然后挂断电话	

根据表2中列举的拨打、接听电话时的要点，请你找出自己的不足之处，并制订相应的改进计划。

表2 电话沟通要点

需要注意的要点	查找不足之处	改进计划
要点1：电话机旁应备有本和笔	1. 是否把笔和本放在触手可及的地方 2. 是否养成随时记录的习惯	
要点2：先整理电话内容，后拨电话	1. 时间是否恰当 2. 情绪是否稳当 3. 条例是否清晰 4. 语言是否简练	
要点3：态度要友好	1. 是否微笑着说话 2. 是否真诚面对通话者 3. 是否使用平实的语言	
要点4：注意自己的语速和语调	1. 谁是你的信息接收对象 2. 是否获得接收者的注意 3. 声音是否清晰悦耳	
要点5：不要使用简略语、专用语	1. 用语是否规范准确 2. 对方是否熟悉公司内部情况 3. 是否对专业术语加以解释	
要点6：养成复述习惯	1. 是否及时对关键字句加以确认 2. 是否善于分辨关键字句	

管理无处不沟通
沟通的品质决定你生命的品质

（3）马上行动：从现在开始，改变说话的方式（From now on，change the way of speaking）。

有时候，相信你和我一样，总觉得心里的感受很难用语言来表达。有些话，一说出口，就发现失去了它原来的意义。如果从现在开始你能有一个确定的意识，注意一下说话方式的细节，一段时间下来，你会发现自己有了一个质的飞跃。推荐：少用口头禅、说话时用字精、拒绝脏话。

从现在起，向相遇的人打个招呼吧！对出租车司机和超市收银员说声谢谢！生气时，不要随便对别人发飙；学会倾听别人讲话；不要忘记了感谢支持自己的人……从现在开始，改变说话的方式，温柔地对待他人。要快！要诚恳！要具体！

行动记录和感受：

_____
_____
_____
_____
_____
_____
_____
_____
_____
_____

（4）寻找最让人感动的话：

_____
_____
_____
_____
_____
_____

【团队案例分析】

1. 像乔布斯一样去演讲

苹果粉丝也有不买苹果账的时候。2009年苹果公司的年度Macworld大会就遭到粉丝的抗议，要求退票，原因是苹果公司宣布乔布斯将缺席他持续多年的主题演讲。

"我还记得2007年，有一天我跟外甥打了一下午球，然后他迫不及待地要回自己家，拒绝了我请他吃饭的邀请。他那时候刚从高中毕业，我想他是不是约了朋友要去闲逛。我猜中了一部分，他的确约了朋友去闲逛，不过逛的地方就在苹果商店门口，他们结伴在那里排队等着iPhone发售。"乔布斯的苹果引爆了全世界拥趸者心中持续的热情，而高潮正是从那次被卡迈恩·加洛称为"最棒的乔布斯演讲"开始的。

"如果你想看非凡的演示，那就应该看那次iPhone发布会上的乔布斯。我在书中对这一部分做了很全面的分析，那次展示的华彩部分在于乔布斯对iPhone出场的介绍。"加洛兴奋地说。在发布会上，乔布斯并没有草草带过开场——"现在我们有了一部令人激动的电话，我现在向大家介绍，这就是××"——然后直奔iPhone的功能介绍，而且费尽笔墨以取悦听众。乔布斯说："我们要向大家介绍三款革命性的产品：一个新的iPod，一部电话，还有一台网络交流设备。明白吗？这是一个设备，我们把它称之为iPhone。"在场的听众发出欢呼声，加洛说："乔布斯满面笑容，他彻底赢得了听众，这是多么欣慰和自豪的事情。"

加洛曾是一名电视新闻工作者，他热爱媒体工作，"但是做媒体不能释放我所有的热情，与报道一家公司相比，我更想自己去运作一家公司。"作为媒体记者，加洛发现，一部分参与节目录制的企业高管和访谈嘉宾总是会被重复邀请，"他们的共同点是，都很善于讲故事，一件事情经过他们的描述往往变得清楚、明白，能唤起听众的热情。"

其实加洛从2005年就开始研究乔布斯的演讲技巧。"2007年，在他的iPhone演讲之后，我深受震动。如果说1984年的乔布斯有非凡的号召力，那么2007年Macworld大会上的乔布斯已然成为一位完美的演讲者。乔布斯是全世界企业家中最会讲故事的人。在过去的30年里，他已经使产品发布和展示发展成为一门艺术。所以我决定在2009年写一本书。"演讲技巧已经成为现实的商务沟通工具，演讲越精彩，给客户和同事留下的印象也就越深。

"乔布斯的演讲像一出戏剧性的表演"。

"优秀的小说家不会在小说开始的第一页就泄露全部的情节和结局，他会通过慢慢堆积素材、催化情绪来实现。"加洛说。乔布斯的演讲往往是从回顾和评价苹果已经创造出的"革命性"产品开始的，对他来说，"革命性的产品总结伴同行，相继到来。苹果公司很幸运，已经为这个世界创造了它们当中的一部分。"在2001年iPod的发布会上，乔布斯回顾了1984年苹果推

管理无处不沟通
沟通的品质决定你生命的品质

出麦金托什电脑，它改变了整个电脑行业；而iPod的出现则改变了整个音乐产业。

在背景的铺陈之后，乔布斯用一种戏谑的方式来吊听众的胃口。"就像他在发布iPhone时所做的那样，他调侃听众，设置悬念，最终出现的iPhone彻底颠覆了大家的预期。"当大屏幕上出现iPhone的图片，乔布斯说，今天苹果重新发明了手机。"乔布斯像驾驭一支交响乐队一样控制演讲的节奏，有起伏，有渐变，有高潮，最后为听众创造一个意料之外的结果。" 不仅是演讲的内容，乔布斯通过自己声音的抑扬顿挫，掌控着听众的兴奋点。"这是一个优秀的演讲者必须具备的技巧，自如地变化语速，在恰当的时间提高或者降低声调。"当他回顾过去开场的时候，语速慢，声音低，甚至是以一种谦卑的语气在说话，这样的声调一直延续到他宣告iPhone的诞生。

"一张幻灯、一个观点，这是最有力的方式。"加洛说。乔布斯在介绍那三款"无中生有"的产品时，并没有用一张幻灯片展示出三种产品，他为每个产品都制作了一张幻灯片，宽屏iPod、手机、网络交流设备，每张幻灯片上出现一种产品的图片。"真正有效的演讲幻灯片，每张只传达一个信息。对于真实的信息是这样，对于那些有意制造效果、渲染气氛的信息也一样。"加洛说。对于幻灯片所展示的内容，乔布斯也极尽简化，没有要点提示，也不用冗长的数据，尽可能发挥图片的视觉作用。"人更善于图片记忆，而简化的内容更容易让听众关注演讲者所说的话。太多文本会分散听众的注意力，所以演讲者在准备幻灯片时应该是图片导向，专注关键点。"

在iPhone发布的时候，乔布斯使用了大量的形容词来描述这一新产品，包括"非凡的"、"革命性的"、"酷的"，对触屏技术，他甚至使用了"魔幻之作"的说法。加洛说："如果你相信你的独特产品和服务会改变世界，那就直接说出来。很多演讲者都害怕在介绍自己产品的时候太夸张，变成自吹自擂，于是他们走到了另一个极端，让演讲非常无趣。你为你的产品、服务、企业激动兴奋，那就直接告诉你的听众。你要允许自己释放这样的热情，表达出来为自己找乐。"

"乔布斯也是练出来的"。

乔布斯并没有把演讲的成功当做想当然的事，事实上，长时间的排练才换来演讲过程中表面上轻松、不拘小节和亲和力。乔布斯通常提前几个星期就开始为演讲做准备，检查要展示的产品和技术。"一个原苹果公司的员工曾经回忆说，这些演讲看上去只是一个身穿黑色上衣和蓝色牛仔裤的人在谈论新的技术产品，真实情况是每场演讲都包含了一整套复杂、精细的商品宣传、产品展示。为了5分钟的舞台演示，他的团队曾经花了数百个小时做准备。"加洛说。演讲前，乔布斯用整整两天的时间反复彩排，咨询在场产品经理的意见。在幻灯片制作方面，他亲自撰写并设计了大部分内容。相反地，"我能列举出一大堆企业CEO、高管，他们青睐即兴演讲。这让我很奇怪，企业的领导者花费大量的金钱来设计产品发布、技术演示，但是在临门一脚的时候，他们却没有时间彩排。"

当年乔布斯正在为发布iMac进行彩排，按照设计，他话音一落，新款的iMac从一块黑色幕布后面滑出。乔布斯对当时的照明状况不满意，他希望光线更亮一些，出现得更快一点。照明演示的工作人员一遍又一遍调试，始终不能让乔布斯满意，而他的情绪也越来越糟。最后终于调试好了，乔布斯在礼堂里兴奋地狂叫。"如同乔布斯的朋友所说，他追求品质的态度近乎神经质。我们应该想一想，最后一次为准备演讲进行筋疲力尽的排练是什么时候？答案也许是，从来没有。"加洛说。

要求：观看一个乔布斯演讲的视频，并结合上述材料，请分析：
（1）乔布斯演讲的主要特点是什么？
（2）你从乔布斯的演讲中学到了什么？
（3）你认为怎样才能做一次成功的演讲？
（4）怎样才能成为一个更出色的演讲者？

2. 营销主管阿里森一次成功的推销

阿里森是美国一家电机公司的推销员。一次，阿里森到一家新客户那里去推销一批新型电机。等他一到这家公司，总工程师劈头就说："阿里森，你还指望我们能再买你的电机吗？"阿里森经过一番了解，原来这家公司通过使用，认为从阿里森那里购买的电动机发热超过正常标准。阿里森知道与总工程师强行争辩没有任何好处，决定采取苏格拉底劝诱法来和对方论理谈判并争取说服对方，即决意取得对方做出一系列"是"的反应和具有较高认同的姿态。阿里森了解情况以后，先故意询问这位总工程师："好吧，尊敬的先生，我的意见和您的相同，假如那些电动机发热过高，别说再买，说是买了的也要退货，是吗？""是的！"总工程师果然做出他所预料的反应。

"自然，电动机是会发热的，但你当然不希望它的热度超过规定的标准，是不是？""是的。"总工程师又一次说了"是的"。

阿里森认为已经到了时机，就开始讨论具体问题了，他问道："按标准，电动机的温度可以比室温高72华氏度是吗？"

"是的，"总工程师说，"但你们的产品却比这高得很多，简直叫人没有办法用手去摸，你说，这难道不是事实吗？"由于掌握了足够的事实，阿里森也不与他争辩，反问说："你们车间的温度是多少？"总工程师略为思考，回答说："大约是75华氏度。"阿里森兴奋起来，拍拍对方的肩膀说："好极了！车间温度是75华氏度加上应有的72华氏度，一共是140华氏度左右。如果你把手放进140华氏度的热水里，是否会把手烫伤呢？"

总工程师虽然不情愿，但也不得不点头称是。

阿里森接着说："那么，以后你就不要用手去摸电动机了，请您放心，那种热度完全属于正常情况。"谈判结束了，阿里森不仅说服了对方，消除对方对其产品的偏见，而且接着又谈成了一笔生意。

请分析：
（1）阿里森在与总工程师的沟通中采用了什么策略和技巧？
（2）如果你遇到这种情况，你会运用哪些更为有效的方法和技巧？

管理无处不沟通
沟通的品质决定你生命的品质

【团队实践活动】

1. 分享

忧伤跟朋友倾诉就会减少一半，快乐与他人分享就能增加一倍，这就是人们之所以要倾诉与分享的理由。

（1）目的要求：学会与他人分享快乐、分担忧愁，锻炼自己的表达能力和人际情绪的控制能力。

（2）活动程序：

- 分小组进行。
- 每人轮流讲自己的两件事：高兴的事和伤心（或难堪）的事。
- 力求让人听懂、让人有感触。
- 其他同学讲的时候，要认真倾听，并记录你的感受。
- 每小组推举一位同学下周上课时分享。

2. 实践演练

（1）请你向大家介绍一下你所在班级或个人的基本情况，并归纳一下你向大家传递了多少信息（2分钟）。

（2）现在请一位你熟悉的老师给大家讲课，请你在上课之前对该老师做个引荐发言（2分钟）。

（3）你所在的班级在全校歌咏比赛中获得了团体第一名，现在要给歌咏队队员颁奖，请你致颁奖词（2分钟）。

（4）现在有一个团队要到你所在的班级参观，请你致简短而诚挚的欢迎词（2分钟）。

（5）你所在的班级正在举办宴会，请你根据宴会的性质和参加人员的特点，做一个简短的祝酒词（2分钟）。

（6）你有一个打算或计划，希望能够得到领导的支持，请你向领导做个口头报告（2分钟）。

任务4 书面沟通

知识储备

一、书面沟通概述

所谓书面沟通，就是利用书面文字作为主要的表达方式，在人们之间进行信息传递与思想交流的沟通形式，其形式主要包括文件、报告、信件、书面合同等。书面沟通是一种比较经济的沟通方式，沟通的时间一般不长，沟通成本也比较低。这种沟通方式一般不受场地的限制，因此被我们广泛采用。这种方式一般在解决较简单的问题或发布信息时采用。在计算机信息系统普及应用的今天，我们很少采用纸质的方式进行沟通。

1．书面沟通的优点

书面沟通本质上讲是间接的，这使得其有许多优点。

可以正式的或非正式的，可长可短。可以使写作人能够从容地表达自己的意思，如：可使下属放开思想，避免由于言辞激烈与上级发生正面冲突。词语可以经过仔细推敲，而且还可以不断修改，直到满意表达出个人风格为止。书面材料是准确而可信的，所谓"白纸黑字"，可供阅读，可长期保留，并可作为法律证据。书面文本可以复制，同时发送给许多人，传达相同的信息，有利于大规模地传播。在群体内部经常受限于约定俗成的规则，讲究逻辑性和严密性，说理性更强，书面材料传达信息的准确性高。

2．书面沟通的障碍

间接性也给书面沟通造成了一些特殊障碍。

发文者的语气、强调重点、表达特色，以及发文的目的经常被忽略而使理解有误。信息及含义会随着信息内容所描述的情况，以及发文和收文时的部门而有所变更。这包括：

个人观点——收文者很容易忽略与他自己的看法有冲突的信息。

发文者的地位——发文者是上司、部属或同一阶层的同事，会影响信息的意义。

外界的影响——收文者能否专心阅读收到的信息？收文者的心情如

管理沟通定律

懒蚂蚁效应：懒于杂物，才能勤于动脑

相对而言，在蚁群中，"懒蚂蚁"更重要；而在企业中能够注意观察市场、研究市场、分析市场、把握市场的人也更重要。

提出者：日本北海道大学进化生物研究小组

我的态度和主张

管理无处不沟通
沟通的品质决定你生命的品质

== 小故事 ==

专心致志

有一个驼背老人特别会粘知了,孔子觉得十分惊讶。老人解释说:"其实并没有什么玄虚。夏季五六月粘知了的时候,如果能够在竹竿的顶上放两枚球而不让球掉下来,粘的时候知了就很少能逃脱了;如果放3枚不掉下来,10只知了就只能逃脱1只;如果放5枚不掉下来,粘知了就十分容易了。我每回站在这里,就如木桩一样稳稳当当。我举起手臂,就跟枯树枝一样纹丝不动。在我的眼睛里只有知了的翅膀。外界的什么东西都不能分散我的注意力,因此我能够粘很多知了。"

启示: 专心致志是学到一切知识的必备条件,管理人员学习的时候一定要专心致志。

他们的态度和主张

阅读是一种精神的按摩。当合上书的时候,你一下子苍老又顿时年轻。菲薄的纸页和人所共知的文字只是由于排列的不同,就使人的灵魂和它发生共振,为精神增添了新的钙质。

——毕淑敏(作家 中国)

何?你写这封信函或备忘录的时候心情如何?这封信函送达的时间是大清早或是午餐的时候?

发文者选择的格式或时机不当——收文者很可能因为你一开始采用的格式不当,而不太注意你的信息内容。

3. 书面沟通的种类

(1)按主体与客体分类:写作、阅读。写作是运用语言文字符号反映客观事物、表达思想感情、传递知识信息的创造性脑力劳动过程。在沟通过程中,只有读懂对方的文字,才能在获取信息的基础上利用想象、记忆力等功能正确接收信息发送者的信息,并予以反馈。

(2)按书面沟通所用的文体分类:

行政公文,根据国务院关于发布《国家行政机关公文处理办法》国发〔2000〕23号规定:国家行政机关公文种类有13类,分别为命令(令)、决定、公告、通告、通知、通报、议案、报告、请示、批复、意见、函、会议纪要。

计划类文书,是经济管理活动中使用范围很广的重要文体形式,主要包括工作计划、战略规划、工作方案、工作安排等。

报告类文书,如调查报告、经济活动分析报告、可行性研究报告、纳税查账报告、述职报告等。

法律性文书,包括合同书、协议书、诉讼书、招标书、投标书等。

新闻性文书,主要有新闻、通信、消息、广告方案等。

日常事务类文书,包括信函类和条据类。信函类有感谢信、慰问信、求职信、介绍信、证明信、请柬、邀请函等,条据类有请假条、留言条、收条、票据等。

二、写作的基本过程

1. 拟订提纲

确立目标、确定主题、分析读者、列出提纲。

2. 收集资料

资料收集的一般技巧有:从身边的资料开始收集、尽量利用高科技手段、平时注重积累、保持适度的资料数量。

3. 正式写作

- 基本要求(4C):正确、清晰、完整、简洁。
- 影响写作质量和效率的因素:作者自身素质、写作时间与主题、写作的环境等。

- 改善写作的技巧：留下良好的第一印象；开头要鲜明并具有感染力；使用简洁的词语和句子；书写要做到规范、清楚、工整；注意文书内容的逻辑性。

4. 编辑修改

修改的技巧：修改前把写作材料搁置一段时间；不要太专注于所写的材料；修改内容，改进结构。

【超级链接】

- 世界创业实验室/创业计划书
  http://elab.icxo.com/download.html
- 零二七范文网/工作方案
  http://www.027art.com/fanwen/gzfa/
- 中国市场调查研究中心/报告专区
  http://www.cmir.com.cn/html/zx/79304.shtml

三、企业常用文书的写作方法与技巧

1. 请示

它适用于向上级机关请求指示、批准的事项。

请示正文一般分为三个部分：①请示的理由，这部分十分重要，它是请示的依据和出发点，是能否得到满意批复的关键，一定要充分说明理由；②请示的具体事项及要求，这部分有什么就写什么，要明确、具体；③结语，一般用"妥否，请批示"等语。

写作要求：

（1）请示的理由要充分有力，请示的事项和要求要明确。对请示事项的理由要实事求是，具有说服力，不能虚报。注意行文语言，选用词语要谦敬、分寸得当，一般不用请马上、请立即等词语。

（2）请示要一文一事。切忌在一篇请示中同时请示若干个不同性质、不同类别的问题，如在一个请示件中罗列了很多不相关的请示内容，请示的事项无法分清主次缓急，上级机关无从审批或因请示中某一件事不能解决，使得整个请示搁置下来，影响请示事项的及时批复。

（3）切忌多头主送。请示要根据机关隶属关系向上级主管机关或主管部门行文，一般只报一个主送机关。如果多头主送，容易造成责任不明，互相推诿，或领导机关的批复不一致。如县（市）妇联向省妇联写请示，同时也让社区市妇联知悉，则可用抄报的形式。请示不能送领导

个人，不抄送下级机关。

（4）请示和报告的内容不能混淆。请示与报告是两个不同的文种，请示适用于向上级机关请求指示、批准；报告适用于向上级机关汇报工作、反映情况、答复上级机关的询问。

2．报告

它适用于向上级机关汇报工作，反映情况，答复上级机关的询问。

报告一般分为三部分：一是报告的缘由，即为什么写报告；二是报告的事项，用"现将……报告如下："之类的转接语引出报告的事实和问题，这部分要突出重点，做到点面结合；三是结束语，可根据报告内容的不同写明"特此报告"、"专此报告"等。报告分为综合报告、专题报告（情况报告）、随文报告、答复报告和建议报告。

写作要求：

（1）重点突出，中心明确，详略得当，即使是综合报告，也要重点突出几个问题，对其他问题简略带过。

（2）要有分析，不能只罗列现象，要着力揭示问题的实质，分析发展趋势。

（3）要注意反映新情况、新问题，即报告的内容要有新意，要注意时效性。

（4）内容要真实可靠，实事求是，要一分为二，报喜也要报忧，讲成绩也要找出差距和不足。

（5）注意一文一事，不要夹带请示事项，简明扼要，文字精练。

3．通知

它适用于批转下级机关的公文，转发上级机关和不相隶属机关的公文传达要求下级机关办理和需要有关单位周知或者执行的事项，任免人员。

通知按内容性质和写作方法不同可分为：①用于颁布行政法规的公布性通知，②用于批转下级机关来文的批转性通知，③用于转发上级机关、同级机关和不相隶属机关来文的转发性通知，④用于对下级机关发布指示的批示性通知，⑤告知一般事项的一般性通知，⑥会议通知。其内容构成一般由"原由"和"具体事项"组成。"原由"要讲清目的；"具体事项"的内容要直截了当明确具体，有的很简短，另起一段写明所要求的事项即可。

通知的适用范围广泛、使用频率高、灵活及时、不受单位级别限制，无论机关、学校、企业、部队、群众团体都可以使用。同时，它行文简便、写法灵活、种类多样，写作方式可以不拘一格，长篇、短篇、大事、

他们的态度和主张

人生就像一场旅行，不必在乎目的地，在乎的是沿途的风景，以及看风景的心情！利群，让心灵去旅行！

——利群广告词

小事都可以根据需要制发通知。

4．总结

它是对前一阶段社会实践活动进行全面回顾、检查、分析、评判，从理论认识的高度概括经验教训，并从中归纳出某些规律性的东西，以明确努力方向，促进和指导今后工作的一种公文，总结包括标题、导语、正文和落款四部分。

写作要求：

（1）提高认识，端正态度。要认识总结的重要性，要坚持以党的路线、方针、政策为指导，认真做好总结工作。

（2）找出规律，揭示本质。总结的目的是面向未来，避免今后工作的盲目性。为此就必须总结出规律性的东西，这样的总结才具有指导今后工作的实际意义。

（3）主次分明，重点突出。进行总结时，对主要工作或有体会的工作要有所侧重，不能平铺直叙、面面俱到、不分主次、罗列现象、堆砌材料、玩文字游戏。

（4）有理有据，实事求是。总结要求内容真实，事实准，不走样；数字准，不笼统；论断准，无漏洞；文风正，不浮夸。不能凭想当然进行总结；不能以偏概全，夸大其词；不能先入为主，主观臆断；不能张冠李戴，拼凑编造；也不能随意拔高，借题发挥。

（5）写出特色，写出新意。要总结新经验，突出特色。不能搞通用化、老一套、观点材料缺少新意的总结。

（6）条理分明，结构严谨。综合性总结，内容多，篇幅长，因此，安排结构一定要严谨，层次一定要分明，通篇一定要连贯。另外还要注意语言准确，修辞方法运用恰当。

5．调查报告

它是对某一问题或某一事件调查研究后，将所得的材料和结论加以整理而写成的书面报告形式的公文。

调查研究是调查报告的写作基础，调查报告则是调查结果的书面形式。调查报告的使用范围很广，凡制定方针政策、解决实际问题、弄清事情真相、扶植新生事物、推广典型经验，都离不开调查报告。调查报告由标题和正文两部分构成。

写作要求：

（1）认真调查所有材料。材料是形成文章主题的基础，对调查报告来说，尤为重要。

（2）分析材料进行研究。分析研究材料首先是对材料进行鉴别筛

≈ 管理沟通定律 ≈

横山法则：激励员工自发地工作

有自觉性才有积极性，无自决权便无主动权。最有效并持续不断的控制不是强制，而是触发个人内在的自发控制。激起员工对企业和自己工作的认同，激发起他们的自发控制，从而变消极为积极。真正的管理，就是没有管理。

提出者：日本社会学家横山宁夫

管理无处不沟通
沟通的品质决定你生命的品质

小故事
饱满的热情

有一个父亲要对一对孪生兄弟做性格改造，因为其中一个过分悲观，而另一个则过分乐观。一天，他买了许多色彩鲜艳的新玩具给悲观孩子，同时又把乐观孩子送进了一间堆满马粪的车房里。第二天清晨，父亲看到悲观孩子正泣不成声，孩子哭泣的理由是这些玩具他不敢玩，害怕玩坏了。父亲叹了口气，走进车房，却发现那个乐观孩子正兴高采烈地在马粪里掏什么，并洋洋得意地向父亲说："我想马粪里一定还藏着一匹小马呢！"

启示：饱满的热情是管理工作顺利进行的必要条件，永远相信马粪堆里一定还藏着一匹小马。

他们的态度和主张

如果我们想交朋友，就要先为别人做些事——那些需要花时间、体力、体贴、奉献才能做到的事。

——卡耐基（心灵导师和成功学大师 美国）

选，其次是对材料加以比较，分析整理后找出规律性的实质问题，使材料更加典型，更能表现主题。

（3）综合材料确立主题。一是寻找材料之间的本质联系和规律，二是确定构成事物的主要矛盾，三是把结论与其他同类事物比较，从而做出评价。

> **小贴士**
>
> **有效的公文写作有三个要点**
> - 必须容易阅读
> - 必须容易理解
> - 必须能够说服读者
>
> 如果你能使用较短的词汇、较短的句子说明公文的内容，你的公文写作就是成功的

四、求职信和个人履历的写作方法与技巧

很多人也有一个错误的观点，以为只要自己的学历与经验适合雇主的要求，便不用太花心思去撰写求职信，更认为面试的机会必然唾手可得。

1. 求职信

雇主期望你要自知，正所谓：知己知彼，百战不殆，既然求职信是写给未来雇主看的，所以你应针对雇主的需求和本人的条件，列出自己相关的资历与技能，以说服他给予一个面试机会。一般雇主对求职者的期望是有明确的求职动机、目标合适的学历与专业知识相关的工作经验，具有思考能力（学习新知识与技巧、分析推理、决定与辨识能力）、良好的工作能力（独立工作、适应力强、领导才干、富责任感、视野广阔）、其他个人素质（如合作精神、沟通能力、具上进心、关心社会时事、多才多艺、情绪稳定），对申请职位、公司及待业应具有的十大要求一定要知道。

① 推销：要牢记这是一封推销自己的信件，你应该尽量突出自己的优点与长处，并且表示对这份工作很感兴趣，而不是奉上一份个人自传。

② 到题：内容精简到题，段落分明，不宜超过一张纸。若雇主收到你那长达三四页的求职信，只会觉得你缺乏决断能力。

③ 简明：文字运用简明、直接，多用短句少用长句。一味贩卖艰涩字句，只会惹人反感。

④ 正确：留意文法的正确，切勿写错字。一封满是错字的求职信，

106

难以对写信人委以重任。

⑤ 专业：格式整齐干净，除非雇主列明要求手写，否则以打字为佳，强调专业风格（Businesslike），笔者曾收过一封以单行字手写的求职信，无论写得怎样出色，也会予人马虎草率、没有诚意之感，当然不做考虑。

⑥ 风格：这是一封有关"你"的信件，最好能具备个人的风格，但并不表示要哗众取宠、夸张大胆，而应该就不同的申请职位而度身撰写求职信，配合个人的特色，不可只抄别人的东西草草了事。

⑦ 准备：最好事前细心阅读招聘广告列出的雇主要求，逐项针对性地撰写，另外，你所申请的公司是属于什么类型？提供什么服务或产品？申请职位的主要工作是什么？你也应事先搜集资料。

⑧ 立场：撰写求职信时应针对雇主的立场出发，尽量写上雇主有兴趣知道的资料。大多数招聘官一般都相信，如果一个求职者连一份求职信与履历表也写不好的话，很难期望他在工作上会有杰出表现。

⑨ 提示：使用普通大小（A4）的纯白色信纸，注意纸张质料、打字质素与字款的运用，行距不可太疏或太密，保留副本以做翻查。

⑩ 检查：撰写完毕后，应反复检查，确保无误，才正式寄出。因为一些微小的错误，也会给未来雇主一个不够全面及不细心的坏印象，就连日期、标点符号也要检查清楚，要记着你的求职信便是你的求职代表。

2. 履历表

求职信的第二部分是履历表，是求职时不可缺少的文件。有些雇主为了节省时间，反而会更集中参详你的履历表多于求职信，所以两者同样重要。

履历表应每次度身订造，应因每个职位的要求而变动，以强调某方面的特质。履历表的内容焦点如下。

强调个人特色：据一些人事经理透露，他们常碰到以下几种无奈的情况，如履历表制作认真但相片拍摄马虎；相片样子过分严肃、态度嚣张、没有笑容，看来难以共事；要求寄上照片，但没有做到。对于毕业生来说，由于没有工作经验，所以履历表的重点应放在学业成绩之上，或曾参与的课外活动及暑期工作经验。至于早已踏足社会的申请人，可加强工作成就与实际工作经验的重点描述，而不用详细列明学业成绩，应尽量表现个人的特色。

内容如实：资料清楚如实，千万不要说谎或夸大其词，以免面试时露出马脚。

有利资料：一些对自己不利的资料可以不用填写在履历表上，如会考的数学科目不及格，或者曾在很短时间内转职，这些资料会令人感到

管理无处不沟通
沟通的品质决定你生命的品质

小故事
注意上行下效

春秋时，齐景公欢宴文武百官，席散以后一起到广场上射箭取乐。每当齐景公射一支箭，即使没有射中箭靶的中心，文武百官都是高声喝彩："好！"齐景公为此很是苦闷，他把这件事情对他的臣子弦章说了一番。弦章对景公说："这件事情不能全怪那些臣子，古人有话：'上行而后下效。'国王喜欢吃什么，群臣也就喜欢吃什么；国王喜欢穿什么，群臣也就喜欢穿什么；国王喜欢人家奉承，自然，群臣也就常向大王奉承了。"

启示：管理人员要检查自己的行为，不要让自己的好恶来影响整个团队。

不踏实。

其他：过于完美、复制质量太差、错别字及语法错误、简历不属实、未写求职方向、缺少有力的支持材料等均不可取。

> **小贴士**
>
> **履历表的基本原则**
> - 撰写履历表应从雇主的角度出发
> - 让雇主透过履历表的资料找寻合适人选
> - 重点突出有关申请职位的经验与技能
> - 将雇主有兴趣的资料写在前面
> - 利用文字来说服未来上司，让他相信你就是他渴望聘请的人才

他们的态度和主张

你必须要评估自己的价值，知道你自己能够去做什么，只有你充分意识到自己的价值，充分关爱自己，你才能跟别人拥有一个真正健康的关系！

——詹妮弗·洛佩兹（歌手 美国）

【思考题】

1. 书面沟通是一种非常重要的沟通方式，请大家交流一下，在什么情况下适合书面沟通，并举出相应的例子。

2. 请你用表格的方式制订出本学期的学习计划，计划中要有目标、时间、内容、要求、措施、办法等。

3. 如何让你的简历吸引"眼球"？

4. 据报道，某公司到一高校招聘应届毕业生时遇到这样的怪事：在收到的 84 份求职简历中，竟有 5 人说自己是该校学生会主席，6 个人说自己是某班的班长。你如何看待求职简历中学生干部泛滥成灾的现象？

【自主训练】

（1）请你通过各种渠道，收集有关"沟通游戏／案例／故事"方面的资料，要求每个人收集的资料不得少于 5 篇。

_____
_____
_____
_____
_____
_____
_____

（2）假如你系或班要举办某一项活动，要选择某一个企业赞助，写出一个与该企业领导见面会谈的方案；设计一个模拟会谈的场景，使用该方案来进行会谈，达成双方的合作。

_____
_____
_____
_____
_____
_____
_____
_____

管理无处不沟通
沟通的品质决定你生命的品质

（3）马上行动：读一本书，写一份读书报告，并进行推荐、交流和分享。

- 您对什么类型的书感兴趣（励志、心灵、心理、经济、管理、教育、小说、文学、历史、传记等）？
- 推荐你认为值得读的书。
- 做一份读书报告。

交流读书心得，欣喜地与朋友分享。

行动记录和感受：

_____
_____
_____
_____
_____
_____
_____
_____
_____
_____
_____
_____

（4）写求职信、个人履历。

要求：

① 针对某一企业招聘广告。
② 求职信的字数在 500 字左右，个人简历的字数在 1000 字左右。
③ Word 排版（A4）。
④ 电子版上交。

推荐：我要工作网：http://www.51job.com/、我的简历网：http://www.wdjl.net/。

【团队案例分析】

一份不合格的调研报告

老李是海隆实业有限公司市场部的总经理，每年秋去冬来之际，他习惯于开始总结当年的工作，并为来年的工作做计划，这一切均是建立在大量的情报信息汇总、分析及预测的基础上的。根据企业的总体战略，老李这几年的市场工作重心已从公司本部所在地上海转移到了产品主销地之一的华东三省。在华东三省，近年来公司兼并的当地企业正逐步走上正轨，海隆实业有限公司的产品在当地的市场占有率已从15%上升到30%以上。

随后老李的精力又开始转向拥有广大人口和巨大潜在市场的西南地区云、贵、川、渝。为加快实现企业的战略目标，公司总部于年初曾对在西南地区同行业内实行企业兼并、重组进行了初步可行性论证。对于这个巨大的市场，从公司的发展，降低劳动力成本、运输成本、仓储成本，提高市场占有率，以及这个市场的进入壁垒等多方面综合考虑，公司准备在适当时候兼并当地1~2家同行企业。此后。老李所在市场部的品牌科、经济研究室等部门的同事对当地主要竞争对手进行了大量的调研，目前大多已满负荷工作。要进一步对西南地区消费者等方面做调查研究，以完成一个整体、详细的西南地区市场的综合分析，看来只有借助外力——委托几家资深的市场调研公司进行。

华南市场研究公司是上海比较著名的市场调研公司，曾为许多著名的企业进行过市场研究、投资咨询等方面的工作，并一直保持着比较稳定的客户群，是行业中的佼佼者。海隆实业有限公司与华南市场研究公司也有过多次的合作，如在东北地区对公司的几个主要竞争对手做过调研。

一晃40多天过去了，老李风尘仆仆地走进了自己的办公室，办公桌上已经堆放了不少的文件，其中华南市场研究公司的市场调研报告被放在醒目的位置。尽管近一个月的北美考察所造成的时差还没完全调整过来，待处理完案头的文件后，老李还是阅读起了那份厚厚的报告。报告分三大篇：

（1）西南地区本行业产品市场抽样调查分析；
（2）西南地区本行业产品市场现状分析；
（3）西南地区本行业产品市场的预测。

此报告引言部分称，通过对西南地区产品市场的调研，对调研计划制订、问卷抽样设计、资料收集到资料整理分析全过程的详细剖析，来描述公司在西南地区产品市场的营销现状及其竞争对手的现状，并希望能通过这次对市场环境和消费者行为的调查，取得相关的市场营销活动的情报资料，以协助公司综合运用各种营销组合手段，制定正确的市场营销决策，使公司在市场竞争中获得更多的利润，取得良好的经营效果。

报告的基础是市场调研的内容、分析的方法等。粗略一看，整个报告洋洋洒洒数十万字，从方法论的比较上升到复杂的函数模型，在大量的调研数据的支撑下得出一个个结论，推理逻辑严谨。

于是老李仔细研究起每个章节来。他首先仔细地看了市场调研的内容，觉得华南市场研究公司应该说是从事这方面的专家，但是从设计得相当精美的数十页问卷中，还是看出了不少问题。

会造成误会的问题

模糊的问题经常会令人误解，这些问题的用词可能太松散，或者有些词语对于某些人而言具有不同的意义，如市场调研问卷中有不少"时常"、"很好"、"有用的"等词

语。如果没有详细解释，就会造成人们的误解。例如最近您是否使用过海隆实业有限公司的产品，受调者对于最近的解释基本上是近一个星期或者近一个月，而市场调研人员心目中所指的可能是过去的3天。当把问题改成"在过去的3天中，您购买过海隆实业有限公司的产品吗？"这个问题仍然会造成误解，有些家庭主妇可能会委托朋友或其他家人去购买，而本问题关注的则是自己或丈夫是否购买过。

所以，即使大多数受访者认为这个问题不会产生歧义，但是只要有10%的人产生误解，便表示可能有10%的误差。在某种程度上，这比抽样产生的误差还要大。

难以回答的问题

一个难以回答的问题可能会引发一个不正确的回答，例如，在进行经销渠道的调查时，经销商时常被问到买卖的是什么产品。市场调研人员可能无法依照问卷上所希望的那样获得答案。例如，调查问卷中问到经销商过去12个月的销售量。研究人员希望得到每周的数据，但是这个问题可能涉及商业机密。如果这个问题改成在一年当中不同的时期每周平均销售量，或许可以得到比较正确的答案，也比较自然。

又如，问卷中询问消费者，购买公司产品时，主要考虑的因素是什么，选项包括经销商的折扣、单价、产品的质量、可靠性、当地经销商的便利性、对环境的污染程度等。当访谈员将这些决定因素念完后，受访者也许已经忘记了前面所提及的内容，他可能会随便从他能记得的原因中说出其中的一个，而这个原因不一定是最重要的，故此类关于态度的问题比起数量性的问题更不容易回答。

老李看完问卷，不由得凝神细思。虽然华南市场研究公司是市场调研方面的专家，但并不是说每个人都是设计问卷的专家。自从人们会开口说话后，便开始学习如何问问题，经过多年的实践，每个人都应当有资格来设计问卷。但是很遗憾，事实并非如此。每一天我们在谈话时，所提的问题往往十分松散，这些问题也时常被他人误解或误会。不过这并不要紧，因为我们还可以用其他的方式再问一遍，再加上回答问题的人只有一个，所以两个人之间要想澄清问题或答案，通常都比较容易。

而这样的错误及误解如果发生在抽样的受访者身上，而且市场调研的结果如果被用做重大投资项目决策依据，将会造成很大的失误。因此，至少这份报告的开始部分即问卷的设计是有问题的。

老李点了支烟，继续翻阅下面的第二章节"西南地区本行业产品市场现状分析"，此章主要是通过对顾客、竞争者、经销商及企业本身的销售数据进行认真观察和研究，来发现市场营销方面出现的各种问题，从而对营销策略进行调整，以使公司在市场竞争中取得优势地位。

第一部分研究公司产品在西南地区的销售情况，包括各种产品在各个地区的销售收入及各年的变化情况，通过研究各产品在各省市及各地区的销售差异，分析销售潜力与各地区的潜力。

第二部分通过问卷调查中得出的市场中消费者对海隆实业有限公司各种产品的认识程度，包括消费者中听说过海隆实业有限公司的人数比例、使用人数比例等指标来分析和研究海隆实业有限公司的各种产品处于什么样的市场地位，这一部分还涉及海隆实业有限公司的各种产品与竞争品牌的认知比较。

第三部分通过零售商问卷，分析海隆实业有限公司的各种产品在各类零售网点的覆盖率。

第四部分对挑选出来的销售情况分别为好、中、差的三个城市重庆、贵阳、昆明在各方面进行比较和分析。

……

第三章是西南地区本行业产品市场的预测。

第一部分是西南地区本行业市场细分、目标市场及其策略；

第二部分是西南地区本行业市场产品市场占有率预测；

第三部分是西南地区本行业市场产品需求量预测；

……

合上厚厚的一大本市场调研报告，老李又点上了一支烟。从报告的内容看，基本上达到了预期的目标，为领导层决策提供了实施依据。但是其中体现的问题也不少，有必要进行重新修改，于是老李拿起电话，拨通了华南市场研究公司张总的手机……

思考题：

1. 本案例围绕一份书面材料——市场调研报告的审读展开叙述，你认为这份书面材料存在哪些问题？

2. 请对市场调研报告提出修改建议。

【团队实践活动】

目的要求：让大家学习如何适时、得体地鼓励和赞美他人，体会人与人相互肯定的快乐感受。

活动程序：

（1）每人给团队中的至少两个成员写一句积极肯定的评语，制作填写赞美纸条。

（2）先写上对方姓名，再写上你欣赏他（她）的地方，并进一步说明。

（3）将写好的纸条交给对方，每个成员收到后仔细阅读。

（4）让每个成员念一下最让他高兴／吃惊／困惑的纸条。

赞美纸条

_____：

我喜欢／欣赏：_____

因为：_____

_____

_____签名_____

_____日期_____

任务5　非语言沟通

小故事

培养亲和力

有一个青年人，他走在前面，后面用绳子牵了一只羊。有人开他玩笑说："这只羊之所以跟着你跑，全凭你的一根绳索束缚了它！"这青年一听这话，立即放开了拴羊的绳扣，丢开就自管自向前走去。结果那只羊依然寸步不离跟着青年走，一点都没有离开青年的意思。开玩笑的人很是奇怪。青年解释说："因为我供它饲料和水草，并且十分精心地照料它，其实用来拴住这只羊的不是绳子，而是我的精心照料。"

启示：要培养自己的亲和力，总有一天你会发现，员工之所以亲近你并不是因为你的权利。

他们的态度和主张

倘若爱在眼前，等待片刻也太长；倘若爱在尽头，等待终生也短暂。

——狄金森（传奇诗人　美国）

知识储备

一、非语言沟通概述

1. 非语言沟通的含义及重要性

非语言沟通是相对于语言沟通而言的，是指通过身体动作、体态、语气语调、空间距离等方式交流信息、进行沟通的过程。在沟通中，信息的内容部分往往通过语言来表达，而非语言则作为提供解释内容的框架，来表达信息的相关部分。因此非语言沟通常被错误地认为是辅助性或支持性角色。非语言沟通在人类交际中具有十分重要的地位和作用。美国传播学家艾伯特梅拉比安曾提出一个公式：

信息的全部表达 =7% 语调 +38% 声音 +55% 肢体语言

我们把声音和肢体语言都作为非语言交往的符号，那么人际交往和管理过程中信息沟通就只有 7% 是由语言进行的。

非语言沟通的重要性主要表现在：能更真实地表明人的情感和态度；包含的信息远远超出语言所提供的信息；能够影响并调控语言沟通；隐藏着丰富的文化内涵。

当然，在沟通过程中，非语言沟通是无法独立担当起沟通功能的，它往往起着配合辅助和加强语言的作用，但两者结合以后，往往是其中的非语言沟通更为准确地反映了讲话者真正的思想和感情，起到了传播和交流信息的作用。

2. 非语言沟通的特点

（1）无意识性。非语言行为在很大程度上是无意识的，因而它能更真实地表明人的情感和态度。例如，与自己不喜欢的人站在一起时，保持的距离比与自己喜欢的人要远些；有心事，不自觉地就给人忧心忡忡的感觉。

正如弗洛伊德所说，没有人可以隐藏秘密，假如他的嘴唇不说话，则他会用指尖说话。一个人的非语言行为更多的是一种对外界刺激的直接反应，基本都是无意识的反应。

（2）情境性。与语言沟通一样，非语言沟通也展开于特定的语境中，情境左右着非语言符号的含义。相同的非语言符号在不同的情境中，会有不同的意义。同样是拍桌子，可能是"拍案而起"，表示怒不可遏；也可能是"拍案叫绝"，表示赞赏至极。

（3）可信性。当某人说他毫不畏惧的时候，他的手却在发抖，那么我们更相信他是在害怕。英国心理学家阿盖依尔等人的研究发现，当语言信号与非语言信号所代表的意义不一样时，人们相信的是非语言所代表的意义。

由于语言信息受理性意识的控制，容易作假，人体语言则不同，人体语言大都发自内心深处，极难压抑和掩盖。

（4）个性化。一个人的肢体语言，同说话人的性格、气质是紧密相关的，爽朗敏捷的人同内向稳重的人的手势和表情肯定是有明显差异的。每个人都有自己独特的肢体语言，它体现了个性特征，人们时常从一个人的形体表现来解读他的个性。

小贴士

非语言沟通与语言沟通的关系
- 非语言行为能够强化语言信息
- 非语言行为能够代替语言信息
- 非语言行为能够补充语言信息
- 非语言行为能够重复语言信息
- 非语言行为能够否定语言信息
- 非语言行为能够验证语言信息的真实性

3．非语言沟通的类型

按传递信息的功能划分为：表态类非语言沟通和抒情类非语言沟通。按存在的状态划分为：身体语言沟通、副语言沟通、环境语言沟通等类型。

二、身体语言沟通

1．肢体语言：不经意的动作姿势是心情流露

身体状态直接影响心态，心情也自然地会引起生理变化直至躯干肢体的姿势动作，包括手部语言、头部语言、腿部语言、脚部语言、肩部语言等。

以人的体态和动作的变化来表达其情绪状态和思想感情的一个重要标志。在身段表情中，往往是根据别人的身体姿态和手势，了解他的性格特征及心理活动状态的。例如，一个人如果是高傲

我的态度和主张

管理无处不沟通
沟通的品质决定你生命的品质

的，往往是高视阔步，趾高气扬；如果是谦虚和善的，则是俯首躬身，点头恭顺。可以看出，前者力求引人注目，制造声势，后者则力求平淡而不引人注目。再如，低头表示屈服、垂头表示丧气、摇头表示反对、扬手表示再见和致意、张开手且手掌向上表示邀请等。

我们知道，身心之间的关系是既分又合的。心是心，身是身，各不相同，各有其性质；同时，身体状态直接影响心态，心情也自然地会引起生理变化直至躯干肢体的姿势动作。

2．表情

表情是人类情感的外在形式，是人的心理活动有意无意的流露和表现。研究表明，人类的面部表情基本上是遗传决定的，与文化的关系不大。一个人的面部表情是真情的流露还是故意装出来的则很难分辨。

在社会生活中，人们能较准确地识别：面红耳赤是羞愧，嘴唇掀起表示生气，口角下垂为悲哀，口角向上为欢乐，面部肌肉在抽动为痛苦，咬牙切齿为愤怒与仇恨，垂头丧气表示失望……

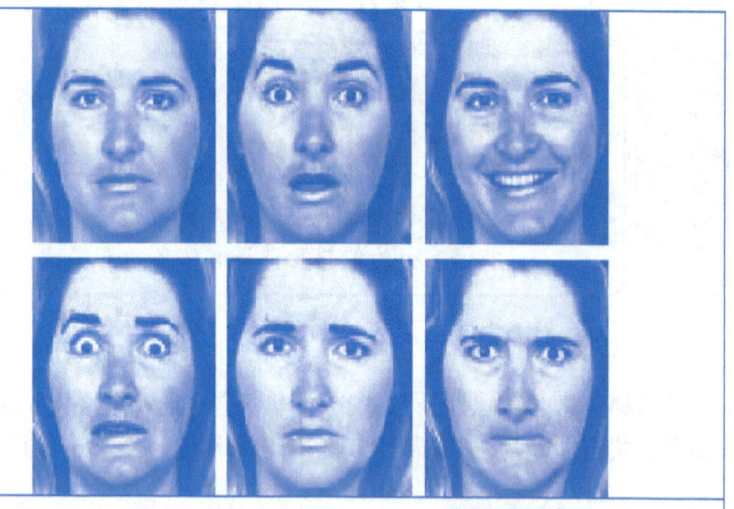

Source: S.E. Taylor, L.A. Peplan, and D.O. Sears, *Social Psychology*, 9th ed. (Upper Saddle River, NJ: Prentice Hall, 1997), p. 98; photographs by Paul Ekman, Ph.D. Used with permission.

（1）眼神传达的语感。俗话说，眼睛是人心灵的窗口，通过眼神可以洞悉他人的内心活动。目光的相互接触是非语言交流情绪的形式，也是表情之一。目光的活动可以传递感情和信息，如双目张大表示惊异、含情脉脉表示爱情、怒目圆睁表示愤怒等。

在谈话过程中，如果对方不时将目光移向远处，则表明他对你的谈话内容不关心或另有所思。和异性视线相遇时故意躲开，表示关心对方又不好意思；对方根本不看你，可视为对你不感兴趣或无亲近感。见面

他们的态度和主张

别再使用修饰音，唱最清澈的歌给我；

别揣测该说什么，用透明的眼神看我；

别后退逃避什么，把蜷缩的手指给我；

别说你不再爱我，还爱过的记忆给我。

——徐志摩（现代诗人和作家 中国）

初始先移开视线者，大多自我感觉特好，争强好胜。被对方注视时，便立即移开目光者，大多有自卑感。

眼神交流的方式：目光接触、视线交流。目光接触是人际间最能传神的非言语交往。"眉目传情"、"暗送秋波"等成语形象说明了目光在人们情感交流中的重要作用。目光接触能表达似乎完全矛盾的含义——友爱和敌意、幸福和痛苦、恐吓和害怕。在实际沟通中具体表达哪种含义则要看当时的情景。但无论如何，频繁的和长时间的目光接触总是表明沟通者的卷入程度很高，情绪比较强烈。

≈ 管理沟通定律 ≈

南风法则：真诚温暖员工

温暖胜于严寒，要求管理者要尊重和关心下属，时刻以下属为本，多点"人情味"，多注意解决下属日常生活中的实际困难，使下属真正感受到管理者给予的温暖。这样，下属出于感激就会更加努力积极地为企业工作，维护企业利益。

来源于：法国作家拉封丹写过的一则寓言

小贴士：眼神的沟通作用

- 专注作用（瞳孔放大，表明兴趣）
- 说服作用（真诚可信）
- 亲和作用（热情友好）
- 暗示作用（配合手势）
- 表达情感（情感温度的显现）
- 强力作用（实权在握，目光有力）

（2）嘴、眉及微笑。微笑可以是幸福和喜悦的表示，也可以是友好的表示，有时甚至可以表达歉意。某种表情的具体含义在很大程度上依赖沟通情境和沟通者的习惯特征。

2. 姿态语言

我国传统很重视在交往中的姿态，认为这是一个人是否有教养的表现，因此素有大丈夫要"站如松，坐如钟，行如风"之说。在日本，百货商场对职员的鞠躬弯腰还有具体的标准：欢迎顾客时鞠躬30°，陪顾客选购商品时鞠躬45°，对离去的顾客鞠躬45°。

达芬·奇曾说过，精神应该通过姿势和四肢的运动来表现。一个人的体势会流露出他的态度。身体各部分肌肉如果绷得紧紧的，可能是由于内心紧张、拘谨，在与地位高于自己的人交往中常会如此。身体的放松是一种信息传播行为，向后倾斜15°以上是极其放松。人的思想感情会从体势中反映出来，略微倾向于对方，表示热情和兴趣；微微起身，表示谦恭有礼；身体后仰，显得若无其事和轻慢；侧转身子，表示嫌恶和轻蔑；背朝别人，表示不屑理睬；拂袖离去，则是拒绝交往的表示。

如果你在人际交往过程中想给对方一个良好的第一印象，那么你首先应该重视与对方见面的姿态表现，如果你和别人见面时耷着脑袋、无

我的态度和主张

117

管理无处不沟通
沟通的品质决定你生命的品质

精打采,对方就会猜想也许自己不受欢迎;如果你不正视对方、左顾右盼,对方就可能怀疑你是否有诚意。各种姿态语言说明:

(1) 喜欢与不喜欢。

喜　欢	不喜欢
• 不期而遇时有向前的倾向 • 身体和头直接面对对方 • 开放的形体姿态 • 肯定性地点头 • 活泼的动作 • 减少个人距离 • 适当地放松 • 接触 • 保持目光接触 • 微笑	• 短时间的目光接触 • 白眼 • 不高兴的面部表情 • 相对较少的动作 • 身体僵硬 • 神情冷漠,漠不关心 • 封闭的形体姿态 • 身体紧张

(2) 自信与不自信。

自　信	不自信
• 放松的形体语言 • 身体前倾 • 手势坚定但不夸张 • 保持目光接触但不盯着看 • 声音清晰明亮 • 适度触摸	• 紧张的形体语言 • 不合时宜的微笑 • 驼着背 • 用手捂着嘴 • 木头姿势 • 不断地清着嗓子 • 游离的目光

(3) 有权与无权。

有　权	无　权
• 放松的姿势 • 昂首直立的身姿 • 果断有力的手势 • 持续而又直接的凝视 • 相对夸张的动作 • 适当地瞪眼 • 适时地打断 • 适当地接近别人	• 身体紧张 • 过度微笑 • 别人发言时一直注意 • 不直接看别人 • 频繁地向下看 • 很早到场 • 坐在会议桌的最后 • 经常移动脚 • 分散注意力 • 僵硬的动作

他们的态度和主张

你曾经冷过吗?痛过吗?骂过吗?埋怨过吗?孤独过吗?骄傲过吗?自卑过吗?自大过吗?攻击过吗?计较过吗?只要有一样,你就不是完美的神。但不是神又怎样?让完美的自我规范稍稍歇会儿,不完美就对了,还算是个人!

——陈坤(演员 中国)

（4）身体接触。拍肩膀、握手、拥抱等身体接触也有沟通信息的作用。亲密的人之间有较多的身体接触，而陌生人之间过分亲密的接触可能意味深长。握手的次序、时间、力量，可能标志着沟通者之间不同的关系水平。适当的身体接触以建立良好的关系，但还要注意文化差异。

> **小贴士**
>
> **如果你不够自信，请试试拿破仑•希尔建议的方法**
> - 挑前面的位置就坐
> - 练习正视别人
> - 把你走路的速度加快25%
> - 练习当众发言
> - 咧嘴大笑

≈ 管理沟通定律 ≈

威尔逊法则：身教重于言教

如果部下得知有一位领导在场负责解决困难时，他们会因此信心倍增。指导有助于个人的成长并对组织的成功产生作用。如果对员工的指导很出色，绩效管理就转变成为一个协作的过程，这个过程可以让每一个人受益。

提出者：美国行政管理学家切克•威尔逊

3．着装打扮

衣着服饰也可以作为非言语沟通的手段。服饰的意义是双重的，既是社会的需求，是穿给别人看的，也是自身素养的显现，是自己的符号。得体的服饰形象不仅对社会对他人是好事，对自己的心理、人格、志趣也有规范、强化、养成作用。W•瑟尔伯（1978）认为衣着至少可以给别人传递10种信息：经济水平、教育水平、是否值得信任、社会地位、是否庸俗、经济背景、社会背景、教育背景、成功水平和道德品质。

千万不要忽视服饰形象的重要性，当然，什么事恰如其分最难。你不能把不修边幅作为美德，做学生的你也不能太注重修饰打扮，因为学生也有其"职业特点"。

三、副语言（辅助语言）沟通

人们说话的音调、响度、速度、停顿、升调、降调的位置等都有一定的意义，可以成为人们理解言语表达内容的线索，这些伴随语言的线索称为副言语。同一句话加上不同的副言语，就可能有不同的含义。例如"你想到日本去"这句话，如果用一种平缓的声音说，可能只是陈述一种事实；如果加重"日本"这个词，则表示说者认为去日本不明智；如果加重"你"这个词，就可能表达对那个人是否能独走他乡的怀疑。

一个人的语言表情往往流露出其真实的感情，如语调低沉、节奏缓慢表示悲哀，语言生硬表示愤怒，语调高昂、节奏明快表示高兴。说话的音色、音调也能体现一个人的性格。性格开朗乐观的人，音量大、音调较高，说话的速度较快；性格比较内向的人说话比较低缓等。总之，人的态度、性格能从语言、表情、动作中流露出来。

但是，研究副语言存在的一个困难就是这些线索一般没有固定的意

我的态度和主张

管理无处不沟通
沟通的品质决定你生命的品质

义。人们都清楚"日本"意味着什么,"想去"意味着什么,但是对于伴随他们的副语言的意义人们的理解可能不一致。对某些人来说,停顿可能意味着强调,对另一些人来说,或许意味着不肯定。研究表明,嗓门高可能意味着兴奋,也可能意味着说谎。副语言的特定意义依赖于交谈情境及个人的习惯和特性。

四、环境语言沟通

1. 空间和距离的功能

在人际沟通过程中,双方之间的距离有一定的含义。一般说来,关系越密切,距离越近。

(1) 空间与距离是亲密程度的标志。人类学家 E·霍尔(1966)把人际距离分为亲密的、个人的、社会的和公众的四种。他认为,父母与子女之间、爱人之间、夫妻之间的距离是亲密距离,约 18 英寸,可以感觉到对方的体温、气味、呼吸。个人距离指朋友之间的距离,大约是 1.5～4 英尺。社会距离是认识的人之间的距离,一般是 4～12 英尺,多数交往发生在这个距离内。公众距离指陌生人之间、上下级之间的距离,一般是 12～15 英尺。

(2) 空间场所代表了领地。

(3) 空间和距离也能表达身份。人际距离与文化、地位、居住环境等多种因素有关。人们发现,北美人的交际距离一般大于拉美人,乡村人一般大于城里人,社会地位高的人大于地位卑微的人。

2. 环境布置

环境布置不仅影响人的工作效率和效果,而且也反映出许多信息。在管理过程中,环境布置的重点主要集中在办公室设计(传统式与开放式)、房间的颜色搭配和办公室陈设等。

=== 小故事 ===

可爱的失去

某个人在高速行驶的火车上不小心把刚买的十分昂贵的鞋从窗口上丢出去了一只,周围的人都感到惋惜,不料这个人立即把第二只鞋也从窗口扔了下去。这个举动更让人大吃一惊。有人问为什么,这个人解释道:"这只鞋无论多么昂贵,对我来说,已经是没有用了,但如果有谁能捡到一双鞋子,说不定他还能穿。"有些人就是喜欢抱残守缺,与其这样,倒不如就地放弃,这样也许还能成全别人。

启示:对于已经无法占有的利益,管理人员倒不如将他让给别人,这样可爱的失去,也许会给别人带来幸福。

他们的态度和主张

人生中有很多单要买,我们要区分哪些是必需,哪些不是。在谈幸福之前,我们需要先想一下,"没有什么"比较重要。

——林夕(作词人 中国香港)

情景 ❷ 管理者的人际沟通

【思考题】

1. 说说以下手势或姿势所隐含的意思。

序 号	手势或姿势	隐含的意思
1	轻轻地、缓慢地搓手	
2	咬铅笔头或其他物品	
3	身体前倾或直接面对演讲者	
4	往椅子后背靠	
5	手或手指放在嘴前	
6	两臂在胸前交叉	
7	点头	
8	深深地叹气	
9	用手指指点点	
10	拿着东西指指点点	
11	耸肩	

2. 于丹曾说过:"我们的眼睛,向外界太多,向心灵太少。"你是如何理解这句话的?
3. 如何理解空间场所代表了领地?请举例说明。

【自主训练】

(1) 自我检查。根据有关研究表明,人们实际沟通过程中,非语言包含的信息远远超出语言所提供的信息,其中,55%视觉信息,38%声音信息,7%语言信息,正所谓"无声胜有声"。请针对以下各方面做自我检查:

① 蓬头垢面,衣冠不整;
② 在公开场合挖鼻孔、掏耳朵、剪指甲、涂口红;
③ 讲话时,嘴里吃着零食,或边讲话边抽烟;
④ 身体散发出体味;
⑤ 讲话时口角吐白沫;
⑥ 双臂交叉,斜眼看人;
⑦ 跷着二郎腿,斜靠椅背伸懒腰、打哈欠。

(2) 请你实事求是地分析一下你的同桌在衣着打扮方面的优点和缺点,并提出改进的意见,填入下表。

121

管理无处不沟通
沟通的品质决定你生命的品质

优　点	缺　点	改进意见
1.	1.	1.
2.	2.	2.
3.	3.	3.
4.	4.	4.
5.	5.	5.

（3）马上行动：搬动家具，重新摆设他们。

这不是折腾，搬动家具，是生活的更新，是让心情变好的好方法。为了提高你的愉快指数，可以穿上工装裤，放着大声的音乐。

推荐：整理你的照片（笑得很开心的照片一定要放在最前面）、来一次彻底的改头换面、修补某件旧物……

行动记录和感受：

（4）用有效的肢体语言。
① 修炼积极的身体语言：优美的走姿、站姿、坐姿和手姿礼仪。
② 善用眼神交流：眼神注视角度、眼神注视部位、眼神注视时间。
③ 小节之处见精神：上下电梯、楼梯等、个人日常举止等。
④ 得体的着装打扮。

【团队案例分析】

是管理沟通还是聊天？

星期五下午3：30，宏达公司经理办公室。

经理助理李明正在起草公司上半年的营销业绩报告，这时公司销售部副主任王德全带着公司销售统计材料走进来。

"经理不在？"王德全问。

"经理开会去了。"李明起身让座："请坐"。

"这是经理要的材料，公司上半年的销售统计资料全在这里。"王德全边说边把手里的材料递给李明。

"谢谢，我正等着这份材料呢。"李明拿到材料后仔细地翻阅着。

"老李，最近忙吗？"王德全点燃一支烟，问道。

"忙，忙得团团转！现在正忙着起草这份报告，今晚大概又要开夜车了。"李明指着桌上的文稿纸回答道。

"老李，我说你呀应该学学太极掌。"王德全从口中吐出一个烟圈说道："人过四十，应该多多注意身体。"

李明闻到一股烟味，鼻翼微微翕动着，心里想老王大概要等这支烟抽完了才离开，可我还得赶紧写这篇报告。

"最近，我从报上看到一篇短文，说无绳跳动能治颈椎病，像我们这些长期坐办公室的人，多数者患有颈椎病，你知道什么是'无绳跳动'吗？"王德全自问自答地往下说"其实很简单……"

李明心里有些烦，可是碍于情面不便说，他瞥了一眼墙壁上的挂钟，已经4：00了，李明把座椅往身后挪了一下，站立起来伸了个懒腰说："累死我了。"李明开始动手整理桌上的文稿纸。

"'无绳跳动'与'有绳跳动'十分相似……"王德全抽着烟，继续着自己的话题……

问题：
（1）王德全的行为是管理沟通还是聊天，为什么？
（2）李明用哪些非语言行为暗示了自己的繁忙或不耐烦？如果你是王德全，遇到这种

管理无处不沟通
沟通的品质决定你生命的品质

情况会怎么办？

（3）你认为李明该怎么做才能更明确地传递信息？

新经理助理小王

小王是新上任的经理助理，平时工作主动积极，且效率高，很受上司器重。

有一天早晨，小王刚上班，电话铃就响了。为了抓紧时间，她边听电话，边整理有关文件。这时，有一位姓李的雇员来找小王。他看见小王正忙着，就站在桌立前等着，只见小王一个电话接着一个电话。

最后，他终于等到可以与她说话了。小王头也不抬地问他有什么事，并且一脸严肃。当他正要回答时，小王又突然想到什么事，与同室的小张交代了几句……

这时的老李已是忍无可忍了，他发怒道："难道你们这些当领导的就这样对待下属的吗？"说完，他愤然离去……

问题：

（1）这一案例的问题主要出在谁的身上？为什么？

（2）如何改进其非语言沟通技巧？

（3）假如你是小王，你会怎样做？

【团队实践活动】

金秋拾美，用心收获

目的：加深团队成员间的接触，增强团队成员的人际沟通能力。

方案推荐：

（1）最是金秋骑行季。

（2）醉美***地图册。

（3）寻找最美的徒步路线。

（4）秋色之烧烤下午茶。

（5）……

要求：做好活动策划，周末进行实践，用各种形式记录整个过程，并准备在班级做汇报展示，再进一步交流。

交流题目：

（1）其他团队有什么值得学习之处？与其他团队有多少差距？

（2）在你的团队里是否有人显得比其他人更出色？

（3）有人领导你的小组吗？是谁？为什么他能领导？

（4）通过这次实践活动，你在人际沟通方面最大的收获是什么？

【要点回顾】

- 所谓人际沟通就是指人与人之间进行信息传递和情感交流的过程。它是沟通的一种主要形式,主要是通过语言、副语言、表情、手势、体态及社会距离等来实现的。人际沟通应遵循平等、相容、互利、信用的原则。
- 管理者克服人际沟通障碍的策略:运用反馈、简化用语、积极倾听、控制情绪、注意非语言提示等。
- 气质是人的天性,无好坏之分。它只给人们的言行涂上某种色彩,但不能决定人的社会价值,也不直接具有社会道德评价含义。
- 气质与性格的差别:气质没有好坏之分,且是先天的、与生俱来的、不易改变的。性格是后天形成的,较易改变。某种气质的人更容易形成某种性格,性格可以在一定程度上掩饰、改变气质。气质的可塑性小,性格的可塑性大。
- 认知偏见包括:知觉选择性、第一印象可能成为永久印象、刻板印象、月晕效应、主观的投射等。
- 倾听是接收口头和非语言信息、确定其含义和对此做出反应的过程。倾听就是用耳听,用眼观察,用嘴提问,用脑思考,用心灵感受。倾听属于有效沟通的必要部分,以求思想达成一致和感情的通畅。
- 口头沟通的特点有:语言形式的独特性、表达的临场性、内容的随机性及应用的广泛性等。
- 口头沟通的技巧包括:换位思考;使用礼貌、友善的语言;表达积极期望;恰当使用幽默;真诚赞美;巧妙拒绝;让批评更容易接受等。
- 所谓书面沟通就是利用书面文字作为主要的表达方式,在人们之间进行信息传递与思想交流的沟通形式,其形式主要包括文件、报告、信件、书面合同等。书面沟通是一种比较经济的沟通方式,沟通的时间一般不长,沟通成本也比较低。
- 非语言沟通在人类交际中具有十分重要的地位和作用。美国传播学家艾伯特梅拉比安曾提出一个公式:信息的全部表达 =7% 语调 +38% 声音 +55% 肢体语言。
- 人们说话的音调、响度、速度、停顿、升调、降调等都有一定的意义,可以成为人们理解语言表达内容的线索。这些伴随语言的线索称为副语言。同一句话加上不同的副语言,就可能有不同的含义。

情景 3

组织内部沟通

职业行动能力

（1）能具备团队协作精神，打造高效的团队。
（2）能消除下行沟通和上行沟通的障碍。
（3）能消除水平沟通障碍，处理好同事之间的关系。
（4）能科学合理地组织会议，能提高会议的成效。
（5）能运用建设性沟通的策略。

学习型任务

（1）掌握团队沟通的流程，团队决策的类型和方法。
（2）掌握垂直沟通的方法和技巧。
（3）掌握水平沟通的作用和障碍。
（4）了解会议各角色的职责，掌握影响会议成效的因素。
（5）理解建设性沟通的内涵和本质。

管理沟通定律

- 华盛顿合作定律
- 手表定律
- 米格—25 效应
- 蚁群效应
- 坠机理论
- 木桶定律
- 刺猬法则
- 多米诺效应
- 奥卡姆剃刀定律
- 吉格勒定理

组织内部沟通概述

　　一个组织的沟通效果决定了组织管理效率，在企业的经营管理过程中，如果能做好组织沟通，能对促进企业绩效目标的实现起到事半功倍的效果。畅通而有效的组织沟通，有利于信息在组织内部的充分流动和共享，有利于提高组织工作效率，有利于增强民主管理，促进组织决策的科学性与合理性。

　　另外行为科学理论告诉我们，组织成员并不是单纯的物质利益追求者，他们同时还有精神层次的需求。比如说对组织（企业）的归属感、荣誉感和参与感，而这一切也都是借助于有效的组织沟通得以实现的。因为只有有效的组织沟通，组织成员的意见、建议才能得到充分的重视；只有有效的组织沟通，组织成员的工作成绩才能得到应有的评价和认可。从企业文化看来，企业文化是企业员工所共有的企业核心价值观，属意识范畴。企业文化的形成有赖于组织成员之间的良好沟通以达成最后价值观的认同。所以说，组织沟通是一切企业管理行为的灵魂。

一、组织内部沟通的目的

　　（1）促进企业目标实现。
　　（2）促进组织企业文化的建设。有效的企业文化沟通，利于全员了解组织目标、价值观、管理制度等，统一全员思想和行动，做到矢量一致。
　　（3）促进员工关系。

二、组织内部沟通风格

　　组织内部沟通风格受组织文化的影响，一般有三种表现形式。

1．自上而下强势沟通

　　如果组织的最高领导者是个强势的、独断专行的人，则组织的沟通风格表现为领导者集权于一身，独裁的个性，很少与组织成员进行交流，基本上是自上而下命令式的沟通，不太顾及组织成员的情感和精神需求。

2．双向的民主沟通

　　如果组织的最高领导者是个民主的人，则组织的沟通风格表现为上情下达，下情上达的民主式双向有序的沟通。民主型的领导通过部分授权给组织成员，鼓励组织成员参与管理与决策，注重调动组织成员的工作积极性。

3. 自由无序的沟通

如果组织的最高领导者是个缺少管理经验但注重沟通的人，则组织的沟通风格表现为鼓励组织成员自由言论，但组织沟通缺少有序的管理，导致沟通效果不佳，组织效率低，影响组织目标的实现。

> **小贴士**
>
> **调整管理沟通风格——要改变的不是他人，而是你自己**
>
> ● 感同身受。站在对方的立场来考虑问题，将心比心，换位思考，同时不断降低习惯性防卫。
>
> ● 高瞻远瞩。具有前瞻性与创造性，为了加强沟通的有效性，必须不断学习与持续进步。
>
> ● 随机应变。根据不同的沟通情形与沟通对象，采取不同的沟通对策。
>
> ● 自我超越。对自我的沟通风格及其行为有清楚的认知，不断反思、评估、调整并超越。

三、组织内部沟通形式

1. 正式沟通

（1）会议。包括董事会、中高层管理者例会、管理咨询会、部门或项目例会、全员年会、跨部门或部门内业务专项讨论会、定期的员工沟通会、演讲会或辩论会等。

（2）报告。包括年、季、月、周的工作计划与总结、各项工作报表（年、季、月、周、天的业绩结果工作报表）、各项工作记录（用于工作分析或知识积累）等。

（3）调查。包括客户满意度调查、市场调查、员工满意度调查等，用于了解需求，分析不足。

（4）培训。包括新员工培训、领导者及管理者培训、专业培训、通用技能培训等，多以体验式、课堂式、交流研讨会、读书会等形式，需注重培训效果的巩固与应用。

（5）面谈。包括管理者与员工进行的一对一、一对多或多对多的面谈沟通，有效征求员工意见、反馈绩效信息、激励员工行为等。

（6）书面交流。通过管理流程制度文件发布、公司及部门文档管理、邮件系统、内部网络、刊物、展板、BBS、纸质文件批复、小纸条、内部共享服务器等多种形式，促进信息的内部共享、企业文化宣传、提高制度知悉度、促进知识积累、促进企业管理效率提升。

他们的态度和主张

协同效应是生活中最高级的活动；它创造尚未挖掘的新机会；它强调并利用人们之间的智力差异、情感差异和心理差异。

——斯蒂芬·柯维（领导学权威 美国）

2. 非正式沟通

（1）旅游。通过组织团队旅游的方式，促进员工亲情及和谐关系，提高团队合作的效率。

（2）节日或司庆活动。通过春节联欢、圣诞、感恩等节日活动，宣传企业文化、增进团队凝聚力；在司庆日可举办司庆典礼活动、员工家庭日活动等，提高员工对企业的自豪感和归属感。

四、组织内部沟通的影响因素

1. 沟通行为的流程要素

从其行为构成要素来看，它包括沟通背景、沟通发起者、沟通编译码、沟通渠道、沟通干扰、沟通接受者和沟通反馈。上述诸要素的科学合理配置、选择与否对组织沟通的效果都有不同程度的影响。

2. 组织文化类型

任何组织的沟通总是在一定背景下进行的，受到组织文化类型的影响。企业的行为文化直接决定着员工的行为特征、沟通方式、沟通风格，而企业的物质文化则决定着企业的沟通技术状况、沟通媒介和沟通渠道。

【超级链接】

GE 的沟通风格

世界著名的GE公司，它的企业文化突出"以人为本"的经营哲学，鼓励个人创造力的展现，并充分重视和强调个人，尊重个体差异。因此GE的沟通风格是个体取向的，并直言不讳。企业内部的员工在任何时候都会将自己的新思想和意见毫无掩饰和过滤地反映给上层管理者。而对于公司的管理协调，GE员工习惯于使用备忘录、布告等正式沟通渠道来表明自己的看法和观点。与此同时，前通用CEO杰克·韦尔奇在公司管理沟通领域提出了"无边界理念"。GE公司"将各个职能部门之间的障碍全部清除，工程、生产、营销及其他部门之间的信息能够自由流通，完全透明。"在这样一个沟通理念的指引下，GE更为有效地使公司内部信息最大程度上实现了共享。实践证明良好的企业必然具有良好的沟通，而良好的组织沟通必然由其良好的企业文化所决定。

≈ **管理沟通定律** ≈

华盛顿合作定律：团队合作不是人力的简单相加

一个人敷衍了事，两个人互相推诿，三个人则永无成事之日。人与人的合作不是人力的简单相加，而是要复杂和微妙得多。因为人不是静止的动物，而更像方向各异的能量，相推动时自然事半功倍，相互抵触时则一事无成。不妨说管理的主要目的不是让每个人做到最好，而是避免内耗过多。

我的态度和主张

管理无处不沟通
沟通的品质决定你生命的品质

=== 小故事 ===

尊严无价

鹰王临终前，对他的孩子说："我绝不死在巢里，我要飞上苍穹，飞到双翅能把我带到的天空，我要飞向太阳。我一定要飞到那里，我要让太阳的光焰焚烧我的羽毛，然后我再神速地冲向地面，跃进大海。在大海中，我会神奇地复活和恢复青春。这就是我们鹰的天性，这就是我们的命运。"说完之后，鹰王开始飞行。他猛然向高空飞去，以便在太阳的怀抱里烧掉那一双疲惫的翅膀。不管鹰王是否实现了他的遗言，至少孩子们从鹰王那里学到了尊严。

启示：尊严无价，管理人员在工作中必须维护企业、团队和自己的尊严。

他们的态度和主张

你能做我不能做的。我做你不能做的。我们一起就能成就伟大的事情。

——德兰修女（诺贝尔和平奖获得者 阿尔巴尼亚）

3. 领导者作风

除此之外，"领导者作风"也是影响组织沟通的重要因素。社会心理学家勒温曾把领导者在领导过程中表现出来的极端工作作风分为三种类型，即专制作风、民主作风和放任自流作风。三种不同的领导作风对于组织沟通效果的影响是大不相同的。专制作风的领导者实行的是个人独裁领导，把权利完全集中于自己手中。他个人独断设计工作中的一切，却很少与组织成员进行沟通，更谈不上向组织成员征求决策意见。所以这种领导作风表面上看来虽然是一种极为严格的管理，但无法顾及组织成员的精神与情感需求。因而，组织内部弥漫着消极态度和对抗情绪。从长远看这种领导作风必将有害于组织的发展与成长。民主作风的领导则会把部分权力授权给组织成员，并积极提倡组织成员之间相互交流并商讨组织事务与决策。同时，还关心他人、尊重他人，鼓励组织成员提出新意见、好想法。

4. 其他

组织内部沟通还会受到等级观念、小集团、利益、信息超负荷的影响，也会因自然因素、管理因素、技能因素等对组织内部沟通产生障碍。

组织沟通的改善需要依据组织的具体情况来对症下药，在组织设计时明确各部门间的分工合作关系，经常进行沟通检查，完善信息沟通的准则，改进信息沟通的手段等都可改进组织中的信息沟通。

五、改善组织沟通方法

1. 改变沟通风格

最高领导者如果是自上而下的强势沟通风格或是自由无序的沟通风格，则需要改变，使更多成员参与组织沟通，并通过有效的沟通管理，促进好的沟通效果的实现。

中国企业经过前期的快速发展已经变得越来越复杂，管理的难度也在不断增加，这对于企业的创始人来说既是挑战，也是不得不走过的历程，关键是企业的高层首先必须转变过去的思维模式、行为模式，不能让所有的员工都围着自己的想法转，如果不解决这个问题，企业迟早会出事。必须让企业各级管理者都能根据企业总体战略目标的要求担负起责任，员工各司其职，都清晰地知道自己该向谁负责、向什么负责。从目前国内企业来看，在这方面做得最好的无疑是万科，虽然王石依然是企业的精神领袖，但基于业绩的管理体系已经能够顺畅自如的运作，企业内部的沟通层次明确，效率自然很高。

2. 强化内部培训，提高全员沟通技巧

强化培训是为了在企业的内部构建一种统一的沟通风格和行为模式，减少因沟通形式不一而造成的摩擦。通过培训可以将一些概念性的东西固定下来，形成大家一说出口就能被理解的企业话语，而不必再挖空心思地去弄清楚一句话从老板口里说出和从某位副总口中说出有何区别。由人力资源部组织全员沟通技巧的培训，促进员工的沟通能力。

（1）改变沟通心态。建立平等、尊重、设身处地、欣赏、坦诚的沟通心态。

（2）清晰和有策略地表达。不同的事情，采取不同的表达方式。

口语沟通做到简洁、清晰、对事不对人、注重对方感受；同时多利用身体语言及语音语调等，使对方利于理解，并产生亲和感。

书面沟通做到有层次、有条理，学会运用先"图"后"表"再"文字"的表达方式。

（3）仔细倾听。专注、耐心、深入理解式地倾听发言者所表达的全部信息，做到多听少说。

（4）积极反馈。对信息发送者所表达的信息给予积极的反馈（书面或口语回复、身体语言反馈、概括重复、表达情感等）。

小贴士

组织内部沟通的有效策略
- ◆ 组织沟通环境优化
- ◆ 检查和疏通管理沟通网络
- ◆ 明确管理沟通的目的
- ◆ 调整管理沟通风格，提升管理效率
- ◆ 管理沟通因人而异，慎重选择语言文字
- ◆ 建立反馈
- ◆ 避免管理沟通受到干扰
- ◆ 应恰当选择管理沟通的时机、方式和环境
- ◆ 在组织中应建立双向沟通机制

我的态度和主张

3. 建立组织沟通制度和沟通标准

有效的组织沟通制度，能够规范组织沟通规则，增强全方位（纵横及内外交错）的组织沟通频次与途径，同时，通过对沟通中不良行为的约束，促进员工行为的一致性，提高组织沟通效率与效果。

任何的沟通只有在有了标准的情况下才有意义，那么企业内部的

管理无处不沟通
沟通的品质决定你生命的品质

沟通标准何在？作为盈利性的组织，企业的存在就是以经营业绩为依归。衡量任何沟通活动的意义，都会最终追溯到业绩目标。领导的话可以被下属揣摩，但这种揣摩的导向应该是为了达成经营目标，而不是领导的好恶。从这个方面来说，企业组织必须首先要构建好自身的业绩管理体系，通过设置明确、科学的业绩目标，用以指导企业行为，包括沟通行为。

4. 鼓励优秀的沟通者

对组织中沟通工作做得好的部门及员工，如主动提建议者、沟通影响力佳者（通过有效的沟通，使产品销量或知名度提升，或通过沟通有效处理客户投诉、危机公关等），给予物质和精神上的奖励，宣传他们的优秀事迹。同时，让他们分享沟通的经验和成果，以促进全员沟通的积极性和沟通技巧。

优良的组织沟通是全员的共同责任，但关键责任在公司的中高层管理者，因为他们在组织沟通中起到重要的影响力作用。因此加强中高层管理者沟通意识和沟通技能的提高，是促进企业沟通效果的关键。

【课堂互动】

四年一次的世界杯足球赛是万人瞩目的世界体坛盛事，令多少人废寝忘食、如痴如醉！四年一度的世界杯为什么成了全球性的狂欢节？其风头甚至超过了同样是四年一度的容量更大的奥运会？

成千上万的足球爱好者均会端坐在电视机前观看这一激动人心的比赛。为了更好地满足观众，在每一赛事结束之后，总会有一场特殊的比赛。这场比赛是在当届冠军得主和当届最佳球员组成的明星队之间举行，按理说，明星队球员个个球技高超，明星队赢的几率很大，因为他们拥有世界上最好的球员，而结果恰恰与人们的预料相反，在历届的比赛中，明星队总是负多胜少，颇令观众失望。你认为出现这种情况的原因是什么？从一个成功运动队的角度出发思考成功团队应该有哪些特征、如何打造成功团队？

任务导入

能力测试之团队精神测验

通常，人们认为这只是团队领导的事情，其他成员只需完成自己本

他们的态度和主张

很多老板都是靠情感在经营企业，往往被情所伤。员工可能会因为你的关心，跟着你混三个月、五个月，但是如果没有成长和结果，他不会因为你关心他而跟你混三年、五年。关心是小爱，成长是大爱。老板创建了公司，就是找寻一个平台，让员工在这个平台上成就了他们，他们才会反过来成就老板。

——苏红（时装传媒集团副总裁兼出版人 中国）

职工作即可。但事实上，在一个高效的团队中，每个成员都会主动执行上述行为。

以下测验能帮助你检查自己是否具有团队技巧，每一项都陈述了一种团队行为，根据自己表现这种行为的频率打分：总是这样（5分）、经常这样（4分）、有时这样（3分）、很少这样（2分）、从不这样（1分）。以下1～6题为一组，7～12题为一组，将两组的得分相加对照。

当我是小组成员时：

（1）我从其他小组成员那里征求事实、信息、观点、意见和感受以帮助小组讨论（寻求信息和观点者）。

（2）我提供事实和表达自己的观点、意见、感受和信息以帮助小组讨论（提供信息和观点者）。

（3）我提出小组后面的工作计划，并提醒大家注意需完成的任务，以此把握小组的方向，向不同的小组成员分配不同的责任（方向和角色定义者）。

（4）我集中小组成员所提出的相关观点或建议，并总结、复述小组所讨论的主要论点（总结者）。

（5）我带给小组活力，鼓励小组成员努力工作以完成我们的目标（鼓舞者）。

（6）我要求他人对小组的讨论内容进行总结，以确保他们理解小组决策，并了解小组正在讨论的材料（理解情况检查者）。

（7）我热情鼓励所有小组成员参与，愿意听取他们的观点，让他们知道我重视他们对群体的贡献（参与鼓励者）。

（8）我利用良好的沟通技巧帮助小组成员交流，以保证每个小组成员明白他人的发言（促进交流者）。

（9）我会讲笑话，并会建议以有趣的方式工作，借以减轻小组中的紧张感，并增加大家一同工作的乐趣（释放压力者）。

（10）我向其他成员表达支持、接受和喜爱，当其他成员在小组中表现出建设性行为时，我给予适当的赞扬（支持者与表扬者）。

（11）我促成有分歧的小组成员进行公开讨论，以协调思想，增进小组凝聚力。当成员们似乎不能直接解决冲突时，我会进行调停（人际问题解决者）。

（12）我观察小组的工作方式，利用我的观察去帮助大家讨论小组如何更好地工作（进程观察者）。

以上1～6题为一组，7～12题为一组，将两组的得分相加对照下列解释：

≈ 管理沟通定律 ≈

木桶定律：注重团队中的薄弱环节

由多块木板构成的木桶，其价值在于其盛水量的多少，但决定木桶盛水量多少的关键因素不是其最长的板块，而是其最短的板块。这就是说任何一个组织，可能面临的一个共同问题，即构成组织的各个部分往往是优劣不齐的，而劣势部分往往决定整个组织的水平。

提出者：美国管理学家 彼得

我的态度和主张

管理无处不沟通
沟通的品质决定你生命的品质

小故事

充分为团队的利益着想

从前在美国标准石油公司里，有一位叫阿基勃特的小职员。他在远行住旅馆的时候，总是在自己签名的下方写上"每桶4美元的标准石油"字样，同时在书信及收据上也不例外。只要签名，他就一定写上那几个字。就这样，日复一日，年复一年，他开始被同事戏称为"每桶4美元"，相反他的真名倒没有人叫起。公司老总洛克菲勒知道这件事后大吃一惊：竟有职员如此努力宣扬公司的声誉，我一定要见一见他。于是盛情邀请阿基勃特共进晚餐。后来洛克菲勒卸任，阿基勃特就成了董事长。

启示：作为管理人员，哪怕你是在为团队做很微不足道的事情，你也会得到拥护的，因为你为团队着想的精神是一件了不起的大事情。

他们的态度和主张

"归属感"是你强烈地想和他在一起，"安全感"是你觉得他强烈地想和你在一起。

——乐嘉（中国性格色彩研究中心创办人 中国）

（6，6）只为完成工作付出了最小的努力，总体上与其他小组成员十分疏远，在小组中不活跃，对其他人几乎没有任何影响。

（6，30）你十分强调与小组保持良好关系，为其他成员着想，帮助创造舒适、友好的工作气氛，但很少关注如何完成任务。

（30，6）你着重于完成工作，却忽略了维护关系。

（18，18）你努力协调团队的任务与维护要求，终于达到了平衡，你应继续努力，创造性地结合任务与维护行为，以促成最优生产力。

（30，30）祝贺你，你是一位优秀的团队合作者，并有能力领导一个小组。当然，一个团队的顺利运行除了以上两种行为以外，还需要许多别的技巧，但这两种最基本，且较易掌握。如果你得分比较低，也不要气馁，只要参照上面做法，就会有所提高。

不要对他人存在任何偏见，应该经常与人交流，取长补短，改变你拘谨封闭的管理作为，使你和部下充满活力和热情。

【超级链接】

企业培训的楷模——GE公司

位于纽约州哈得逊河谷、占地50英亩的"克劳顿村"是GE高级管理人员培训中心，有人把它称为GE高级领导干部成长的摇篮，而《财富》杂志称之为"美国企业界的哈佛"。GE的克劳顿管理学院有着明确的使命，那就是：创造、确定、传播公司的学识，以促进GE的发展，提高GE在全球的竞争能力。克劳顿村的课程分三类，一是专业知识类，如财务、人事管理、信息技术等，其目的是使GE员工在某一技术领域更专业、更深入。第二类是针对员工某一事业发展阶段而设计的课程，如新经理发展课程、高级经理课程、高层管理人员发展课程等。第三类是为推广全公司范围的举措而设置的课程，如六个西格玛培训、变革加速进程等。通过这些培训，一方面让GE的管理人员学习必要的管理技能、业务技能、沟通技能等，另一方面也统一了大家的意识和管理理念，为企业内部的有效沟通与执行奠定良好基础。

情景 ③
组织内部沟通

任务1 团队沟通

知识储备

一、团队的概念及构成要素

1. 概念

团队（Team）是由员工和管理层组成的一个共同体，它合理利用每一个成员的知识和技能协同工作，解决问题，达到共同的目标。管理学家罗宾斯认为：团队就是由两个或两个以上的、相互作用、相互依赖的个体，为了特定目标而按照一定规则结合在一起的组织。

团队规模越大，可利用的信息、技能、才能、背景和经验就越多样化，但相应的，个体参与的机会就少。研究表明，较大规模的团队中，权利和力量大的人支配着可用于交流的时间。

2. 构成要素

团队的构成要素总结为5P，分别为目标、人、定位、权限、计划。

（1）清晰的目标（Purpose）。团队应该有一个既定的目标，为团队成员导航，知道要向何处去，没有目标这个团队就没有存在的价值。

团队的目标必须和组织的目标一致，此外还可以把大目标分成小目标具体分到各个团队成员身上，大家合力实现这个共同的目标。同时，目标还应该有效地向大众传播，让团队内外的成员都知道这些目标，有时甚至可以把目标贴在团队成员的办公桌上、会议室里，以此激励所有的人为这个目标去工作。

（2）合理分工的人员（People）。人是构成团队最核心的力量，两个（包含两个）以上的人就可以构成团队。目标是通过人员具体实现的，所以人员的选择是团队中非常重要的一个部分。在一个团队中可能需要有人出主意，有人订计划，有人实施，有人协调不同的人一起去工作，还有人去监督团队工作的进展，评价团队最终的贡献。不同的人通过分工来共同完成团队的目标，在人员选择方面要考虑人员的能力如何，技能是否互补，人员的经验如何。

（3）明确定位（Place）。团队的定位包含两层意思，一是团队的定位，团队在企业中处于什么位置，由谁选择和决定团队的成员，团队最

我的态度和主张

管理无处不沟通
沟通的品质决定你生命的品质

═ 小故事 ═

注意维护管理团队的团结

有个农夫的儿子们常常互相争斗不休。他多次语重心长地劝说他们，但无济于事。于是，他叫儿子们去拿一捆木棍来。木棍拿来后，他先把整捆木棍来交给他们，叫他们折断木棍，结果儿子们一个个竭尽了全力都无法将它折断。随后他解开了那捆木棍，给他们每人一根。他们都毫不费力地将木棍折为两段。这时农夫对孩子说："你们要像木棍一样，团结一致，齐心协力，就不会被敌人征服；但如果你们互相争斗不休，就会很容易被敌人打垮。"

启示：团队的作用是通过齐心协力来实现的，管理人员在进行团队管理的时候要注意团队的团结。

他们的态度和主张

伤痕会提醒我们曾经的处境，但却不一定要由它们支配我们未来的境遇。

——犯罪心理台词

终应对谁负责，团队采取什么方式激励下属；二是个体的定位，作为成员在团队中扮演什么角色，是订计划还是具体实施或评估。

（4）适当合理的权限（Power）。团队当中领导人的权力大小和团队的发展阶段相关，一般来说，团队越成熟领导者所拥有的权力相应越小，在团队发展的初级阶段领导权相对比较集中。团队权限关系的两个方面：

① 整个团队在组织中拥有什么样的决定权，如财务决定权、人事决定权、信息决定权。

② 组织的基本特征，如组织的规模多大、团队的数量是否足够多、组织对于团队的授权有多大、它的业务是什么类型。

（5）完善的计划（Plan）。计划有着两层含义，一是目标最终的实现，需要一系列具体的行动方案，可以把计划理解成目标的具体工作的程序；二是提前按计划进行可以保证团队的顺利进度。只有在计划的操作下团队才会一步一步地贴近目标，从而最终实现目标。

团队和群体有着一些根本性的区别，群体可以向团队过渡。一般根据团队存在的目的和拥有自主权的大小将团队分为三种类型：问题解决型团队、自我管理型团队、多功能型团队。

【课堂互动】

你认为哪些团队可以称之为成功的团队？

二、团队的作用

组织在组建团队之前，必须明确组建团队的目的，团队只是手段而不是目标。作为组织与个体人员之间的特殊人群结合体，团队的功能主要表现在两个方面。

1. 更好地完成组织任务

在完成组织任务方面，团队与传统的部门结构或其他形式的稳定性团体相比所具有的优点主要在于：

（1）它可以使不同的职能并行进行，而不是顺序进行，从而大大节省了完成组织任务的时间；

（2）当完成某项任务需要综合技能、判断力和经验才能时，团队明显可以增加个人产出；

（3）在应对不断变化的环境时，团队要比传统的部门或其他形式的固定工作部门更具弹性，反应速度也更快；

（4）它可以由团队成员自我调节、相互约束，促进员工参与决策过

程，增强组织的民主气氛，并且削减组织中的某些中层管理职能；

（5）团队不仅可以使组织提高效率，改进工作绩效，还可以提高工作的满意度，因为团队加强了员工的参与度，提高了员工的技能，也促进了员工工作的多元化。

2．更好地满足个体人员的心理需求

（1）获得安全感，个体在团队中可免于孤独、寂寞、恐惧感等；

（2）满足自尊的需要，个体在团队中的地位，如受人欢迎、受人尊重、受人保护、承认他的存在价值等，都能满足个体自尊的需要；

（3）增强自信心，在团队中通过成员交换意见得出一致的看法，可使个体将某些不明确、没有把握的看法弄明白，从而增强自信心；

（4）增强力量感，个体在团队中与其他成员相互支持、相互帮助、相互依存，能使个人具有力量感；

（5）团队还可以成为进行有效信息沟通的窗口，在团队里，人们可以利用各种正式和非正式渠道，互通信息、交换情报，沟通与各方面的联系；

（6）团队还能协调人际关系，促进成员之间的相互激励，团队可以有针对性地做好成员的思想工作，化解隔阂和矛盾，促进成员间思想和感情的交流，激发成员你追我赶、奋发向上、团结互助完成组织目标；

（7）团队还有制约个体行为的功能，有关心理学家的研究指出，改变个体的不良行为，如果单纯从个体出发，往往效果不佳，要改变一个人的行为，可以借助于团队的影响和压力，从外在舆论、环境上改造人的行为。

小贴士

成功团队的特征

- 规模较小，团队的人员构成具有灵活性，根据任务的需要可随时增减
- 团队中所有成员明确团队目标，并能全身心投入
- 团队成员具有强烈的归属感和责任感
- 团队成员注重沟通、肝胆相照、共同努力
- 团队成员积极参与决策，为提供有效的解决问题方案献计献策
- 团队成员坦然接受批评，欢迎不同声音
- 一旦做出决策，团队成员会全力以赴加以实施
- 团队成员关注客户，注重与外界有效沟通

我的态度和主张

三、团队建设的阶段

1. 形成期：从混乱中理顺头绪的阶段

团队成员由不同动机、需求与特性的人组成，此阶段缺乏共同的目标，彼此之间的关系也尚未建立起来，人与人的了解与信赖不足，尚在磨合之中，整个团队还没建立规范，或者对于规矩尚未形成共同看法，这时矛盾很多，内耗很多，一致性很少，花很多力气却产生不了效果。

管理目标是：立即掌握团队，快速让成员进入状态，降低不稳定的风险，确保事情的进行。

领导风格要采取控制型，不能放任，目标由领导者设立（但要合理），清晰直接地告知想法与目的，不能让成员自己想象或猜测，否则容易走样。关系方面要强调互相支持，互相帮忙。此时期也要快速建立必要的规范，不需要完美，但需要能尽快让团队进入轨道。

2. 凝聚期：开始产生共识与积极参与的阶段

经过一段时间的努力，团队成员逐渐了解领导者的想法与组织的目标，互相之间也经由熟悉而产生默契，对于组织的规矩也渐渐了解，违规的事项逐渐减少。这时日常事务都能正常运作，领导者不必特别费心，也能维持一定的生产力。但是组织对领导者的依赖很重，主要的决策与问题，需要领导者的指示才能进行，领导者一般非常辛苦，如果其他事务繁忙，极有可能耽误决策的进度。

管理目标是：挑选核心成员，培养核心成员的能力，建立更广泛的授权与更清晰的权责划分。

领导重点是在可掌握的情况下，对于较为短期的目标与日常事务，能授权部属直接进行，只要定期检查，维持必要的监督。在成员能接受的范围内，提出善意的建议，如果有新人员进入，必须尽快使其融入团队之中，部分规范成员可以参与决策。但在逐渐授权的过程中，要同时维持控制，不能一下子放太多，否则回收权力时会导致士气受挫，配合培训是此时期很重要的事情。

3. 激化期：团队成员可以公开表达不同意见的阶段

通过领导者的努力，建立开放的氛围，允许成员提出不同的意见与看法，甚至鼓励建设性的冲突，目标由领导者制定转变为团队成员的共同愿景，团队关系从保持距离、客客气气变成互相信赖、坦诚相见，规范由外在限制变成内在承诺，此时期团队成员成为一体，愿意为团队奉献，智慧与创意源源不断。

小故事

不能双赢，也千万别造成共输

在大海中，金枪鱼被海豚追逐。眼看要被海豚捉住的时候，金枪鱼猛然一跳，不料跳得太远，搁浅在岸边。这个时候，紧追不舍的海豚也跟着金枪鱼一跳，同样也搁浅在岸边。金枪鱼回过头去，看着奄奄一息的海豚说："现在我对死已无所畏惧了，因为我看见那造成这种结果的家伙也与我一同死去。"

启示：如果不能和同事或员工达到双赢，也千万要避免造成共输。

他们的态度和主张

惟有具备强烈的合作精神的人，才能生存，创造文明。

——泰戈尔（诗人、哲学家 印度）

管理目标是：建立愿景，形成自主化团队，调和差异，运用创造力。

这时领导者必须创造参与的环境，并以身作则，容许差异与不同的声音，初期会有一阵子的混乱，许多领导者害怕混乱，又重新加以控制，会导致不良的后果，可以借助第五项修炼中的建立共同愿景与团队学习的功夫，可以有效地渡过难关，此时期是否转型成功，是组织长远发展的关键。

4. 收割期：品尝甜美果实的阶段

通过过去的努力，组织形成强而有力的团队，所有人都有强烈的一体感，组织爆发前所未有的潜能，创造出非凡的成果，并且能以合理的成本，高度满足客户的需求。

管理目标是：保持成长的动力，避免老化。

领导者必须运用系统思考，综观全局，并保持危机意识，持续学习，持续成长。

> **小贴士**
>
> **团队建设的基本步骤**
>
> （1）评估团队现况；
> （2）采取对策；
> （3）观察结果；
> （4）采取进一步对策。

四、团队沟通的含义及影响因素

1. 含义及特点

团队沟通是随着团队这一组织结构的诞生而应运而生的。团队沟通即为工作小组内部发生的所有形式的沟通，是指为了更好地实现团队目标，团队成员之间所进行的信息传递与交流。

团队沟通的特点有：平等的沟通、规范的沟通、沟通气氛融洽、外部沟通频繁等。

2. 影响团队沟通的因素

（1）团队成员的角色分担。积极角色：领导者、创始者、信息搜寻者、协调员、评估者、追随者和旁观者。消极角色：绊脚石、自我标榜者、支配者、逃避者。

（2）团队内成文或默认的规范、惯例。

（3）团队领导者的个人风格。

> **小贴士**
>
> **领导人要做的事**
> ◆ 创造环境，吸引到一流的人才
> ◆ 创造环境，让人才发挥所长
> ◆ 创造好的激励环境，让人才留下来
> ◆ 创造环境，让人才成长

五、团队决策的类型和方法

团队决策是为充分发挥集体的智慧，由多人共同参与决策分析并制订决策的整体过程。其中，参与决策的人组成了决策团队。

1. 团队决策的类型

（1）沉默型。团队中某人提出的想法或建议，不经过团队成员的共同讨论就被放弃。这种类型的团队缺乏沟通，属于无效团队。

（2）权威型。在这种团队中，由领导者一人做决策，团队成员也可能参与讨论、分享信息、提出想法，但不参与决策。这种类型的团队缺乏民主的决策机制，沟通不畅，属于无创造力团队。

（3）合伙型。在这种类型中，团队中的少数实力人物结成一派，当他们提出某个观点或发表意见时，虽然不少人会持不同意见，但没有人愿意打破这种表面一致的局面。这种类型的团队缺乏民主氛围，属于孤立型团队。

（4）少数服从多数型。这是一种被广泛采用的团队决策模式。在这种类型中，当一个问题提出后，经过共同沟通和讨论，形成一个方案或建议，在此基础上，大家投票表决，最后根据票数的多少来决定是否采纳该方案或建议。这种类型的团队有利于营造和谐气氛，属于较民主的团队。当然，如果出现"真理掌握在少数人手里"的情况，这种方式也可能会产生消极的影响。

（5）比较一致型。在这种类型中，在一个建议达成共识的过程中，对于某些决议或方案，即使有人持不同或相反意见，他也会从团队的整体利益出发采取保留意见，与团队其他成员达成一致。这种类型的团队鼓励参与，培养民主集中意识，属于趋同型团队。

（6）完全一致型。在这种类型中，一个观点或建议一经提出，便得到团队成员的普遍认同和采纳。这种类型的团队建立在相互高度的信任和支持的基础上，属于高效的团队。

上述六种类型中，前四种尽管会快速做出决策，但是或多或少会挫伤团队中持不同意见者的积极性，从而影响他们在团队中的作用，使他

他们的态度和主张

这个世界不是你的世界，不是说你成功了，你想做什么就能做什么。我觉得人最高的境界是节制，而不是释放，所以我享受这种节制，我觉得这是人生最大的享受。释放是很容易，物质的释放、精神的释放都很容易，但是难的是节制。

——陈道明（演员　中国）

们渐渐远离团队。后两种是建立在充分沟通基础上的决策类型，尽管这两种类型既耗时又费力，却是团队高效运作的实际体现。

2．团队决策的方法

团队决策的方法可以是多种多样的，甚至在决策过程中也常常会发生变化，通常采用以下几种方法：

（1）议会讨论法。议会讨论法源于英国议会的相关法律，至今已有700余年的历史。具体程序如下：首先有某个团队成员以会议的形式就某个建议或提议进行陈述，然后由大家共同展开辩论、修改、完善，最后投票表决。尽管这种方法既烦琐又耗时，但它确保了由多数人参与，充分沟通及发表各自见解和投票的权利。议会讨论法最适合于议会及各类正式商务会议。

（2）冥想法。这种方法是根据人们通常解决问题的逻辑顺序提出来的，具体程序如下：

① 界定问题；② 分析相关数据或信息；③ 提出可行性方案；④ 权衡各种方案的利弊；⑤ 实施最佳方案。

（3）头脑风暴法。

头脑风暴法的一般步骤：

① 所有的人无拘无束提意见，越多越好，越多越受欢迎；

② 通过头脑风暴产生点子，把它公布出来，供大家参考，让大家受启发；

③ 鼓励结合他人的想法提出新的构想；

④ 与会者不分职位高低，都是团队成员，平等议事；

⑤ 不允许在点子汇集阶段评价某个点子的好坏，也不许反驳别人的意见。

（4）德尔菲法。德尔菲法的特点是让专家以匿名群众的身份参与问题的解决，有专门的工作小组通过信函的方式进行交流，避免大家面对面讨论带来消极的影响。

德尔菲法的一般步骤：

① 由工作小组确定问题的内容，并设计一系列征询解决问题的调查表；

② 将调查表寄给专家，请他们提供解决问题的意见和思路，专家间不沟通，相互保密；

③ 专家开始填写自己的意见和想法，并把它寄回给工作小组；

④ 处理这一轮征询的意见，找出共同点和各种意见的统计分析情况，将统计结果再次返还专家，专家结合他人意见和想法，修改自己的

≈ 管理沟通定律 ≈

多米诺效应：一荣难俱荣，一损易俱损

常指一系列的连锁反应，即"牵一发而动全身"。在一个存在内部联系的体系中，一个很小的初始能量就可能导致一连串的连锁反应。

我的态度和主张

意见并说明原因；

⑤ 将修改过的意见进行综合处理再寄给专家，这样反复几次，直到获得满意答案为止。

小贴士

共识决策对成员的要求
- 要求团队成员具备良好的个人素质
- 避免小集团思想对决策质量的负面影响
- 减少团队盲从

小故事

不拘泥于小的利益

据说，亚历山大大帝在远征波斯之前，曾将他所有的财产分给了臣下。其中一个大臣非常惊奇，于是不解地问道："陛下，那您将带什么启程呢？""我只带一种财宝，那就是希望。"亚历山大慨然地回答道。听到这个回答，大臣说："那么请让我们也来分享它吧！"亚历山大笑了笑，但是，他还是拒绝别人分配他的这份财产。其实即使他同意，在整个世界，也找不到一个智者能将这份财产分配开来。

启示：管理人员不要拘泥于小的利益，目光要长远，要着眼长远的利益。

六、实现有效团队沟通的策略

要实现团队的有效沟通，必须消除沟通障碍。在实际工作中，可以通过以下几个方面来努力。

1. 团队领导者的责任

领导者要认识到沟通的重要性，并把这种思想付诸行动。企业的领导者必须真正地认识到与员工进行沟通对实现组织目标十分重要。如果领导者通过自己的言行认可了沟通，这种观念会逐渐渗透到组织的各个环节中去。

2. 团队成员提高沟通的心理水平

在沟通过程中要认真感知，集中注意力，以便信息准确而又及时地传递和接收，避免信息错传和接收时减少信息的损失。增强记忆的准确性是消除沟通障碍的有效心理措施，记忆准确性水平高的人，传递信息可靠，接收信息也准确。提高思维能力和水平是提高沟通效果的重要心理因素，高的思维能力和水平对于正确地传递、接收和理解信息，起着重要的作用。培养镇定情绪和良好的心理气氛，创造一个相互信任、有利于沟通的小环境，有助于人们真实地传递信息和正确地判断信息，避免因偏激而歪曲信息。

3. 正确地使用语言文字

语言文字运用得是否恰当直接影响沟通的效果。使用语言文字时要简洁、明确，叙事说理要言之有据、条理清楚、富于逻辑性；措辞得当、通俗易懂，不要滥用辞藻、不要讲空话、套话。非专业性沟通时，少用专业性术语，可以借助手势语言和表情动作，以增强沟通的生动性和形象性，使对方容易接受。

4. 学会有效的倾听

有效的倾听能增加信息交流双方的信任感，是克服沟通障碍的重要

他们的态度和主张

我只有一个忠告给你，做你自己的主人。

——拿破仑（军事家、政治家 法国）

条件。

5．缩短信息传递链，拓宽沟通渠道

信息传递链过长，会减慢流通速度并造成信息失真。因此，要减少组织机构重叠，拓宽信息渠道沟通。另外，团队管理者应激发团队成员自下而上地沟通。例如，运用交互式广播电视系统，允许下属提出问题，并得到高层领导者的解答。如果是在一个公司，公司内部刊物应设立有问必答栏目，鼓励所有员工提出自己的疑问。让领导者走出办公室，亲自和员工们交流信息。坦诚、开放、面对面的沟通会使员工觉得领导者理解自己的需要和关注，取得事半功倍的效果。

总之，有效的沟通在团队的运作中起着非常重要的作用。成功的团队领导把沟通作为一种管理的手段，通过有效的沟通来实现对团队成员的控制和激励，为团队的发展创造良好的心理环境。因此，团队成员应统一思想、提高认识、克服沟通障碍、实现有效沟通，为实现个人和团队的共同发展而努力。

七、借鉴著名企业提高团队沟通技巧的方法

一个优秀的企业，强调的是团队的精诚团结，团队成员之间如何沟通是一门大学问。

1．讲故事法

美国的波音公司在1994年以前遇到过一些困难，总裁康迪上任后，经常邀请高级经理们到自己的家里共进晚餐，然后在屋外围着个大火炉，讲述有关波音的故事。康迪请这些经理们把不好的故事写下来扔到火里烧掉，用来埋葬波音历史上的"阴暗"面，只保留那些振奋人心的故事，极大地鼓舞了士气。

2．聊天法

奥田是丰田公司第一位家族成员之外的总裁，在长期的职业生涯中，奥田赢得了公司内部许多人士的爱戴。他用1/3的时间在丰田公司里度过，常常和公司里的多名工程师聊天，聊最近的工作，聊生活上的困难。另外用1/3的时间来走访5000名经销商，和他们聊业务，听取他们的意见。

3．制订计划法

爱立信是一个"百年老店"，每年员工都会有一次与人力资源经理或主管经理面谈的时间，员工在上级的帮助下制订个人的发展计划，以跟上公司的业务发展，甚至超越公司的发展步伐。

管理无处不沟通
沟通的品质决定你生命的品质

4. 越级报告法

在惠普公司，总裁的办公室从来没有门，员工受到顶头上司的不公正待遇，或者看到公司的什么问题，都可以直接提出，还可以越级反映。这种企业文化使得人与人之间相处时，彼此之间都能做到互相尊重，消除了对抗和内讧。

5. 参与决策法

美国的福特公司，每年都要制订一个全年的"员工参与计划"，动员员工参与企业管理。这个举动引发了职工对企业的"知遇之恩"，使得员工的投入感和合作性不断提高，合理化建议也越来越多，生产成本大大减少。兰吉尔载重汽车和布朗2轿车的成功就是很好的例子。在投产前，公司大胆打破了那种"工人只能按图施工"的常规，把设计方案摆出来，请工人们"评头论足"，提意见。工人们提出的各种合理化建议一共有749项，经过筛选，采纳了542项，其中有两项意见的效果非常显著。以前装配车架和车身，工人得站在一个槽沟里，手拿沉重的扳手，低着头把螺栓拧上螺母。

由于工作十分吃力，因而往往干得马马虎虎，影响了汽车质量，工人格莱姆说："为什么不能把螺母先装在车架上，让工人站在地上就能拧螺母呢？"这个建议被采纳以后，既减轻了劳动强度，又使质量和效率大为提高；另一位工人建议，在把车身放到底盘上去时，可使装配线先暂停片刻，这样既可以使车身和底盘两部分的工作容易做好，又能避免发生意外伤害。此建议被采纳后果然达到了预期效果。

6. 培养自豪感

美国的思科公司在创业时，员工的工资并不高，但员工都很自豪。该公司经常购进一些小物品如帽子，给参与某些项目的员工每人发一顶，使他们觉得工作有附加值。当外人问公司的员工，你在思科公司的工作怎么样时，员工都会自豪地说，工资很低，但经常会发些东西。

7. 口头表扬法

表扬不但被认为是当今企业中最有效的激励办法，事实上也是企业团队中的一种有效的沟通方法。日本松下集团很注意表扬人，创始人松下幸之助如果当面碰上进步快或表现好的员工，他会立即给予口头表扬，如果不在现场，松下还会亲自打电话表扬下属。

小故事
同样的错误不能再犯

据说，亚历山大大帝在远征波斯之前，曾将他所有的财产分给了臣下。其中一个大臣非常惊奇，于是不解地问道："陛下，那您将带什么启程呢？""我只带一种财宝，那就是希望。"亚历山大慨然地回答道。听到这个回答，大臣说："那么请让我们也来分享它吧！"亚历山大笑了笑，但是，他还是拒绝别人分配他的这份财产。其实即使他同意，在整个世界，也找不到一个智者能将这份财产分配开来。

启示：第一次犯错是不知道，第二次犯同样的错就是愚蠢，管理人员不要犯同样的错。

他们的态度和主张

凡是不给别人自由的人，他们自己就不应该得到自由，而且在公正的上帝统治下，他们也是不能够长远地保持住自由的。

——林肯（总统 美国）

【思考题】

1. 团队建设的各个不同阶段的特点、管理目标及沟通策略是什么？
2. 请举例说明团队成员的角色分担，团队内部各种角色在沟通方面的作用是什么？你在团队中经常扮演什么角色？
3. 高效团队的特征是什么？
4. 如何开发团队的创造性思维？
5. "一个和尚挑水喝，两个和尚抬水喝，三个和尚没水喝。"大家也许在小时候就听过三个和尚的故事：当庙里有一个和尚时，他一切自己做主，做得很自在；当庙里有两个和尚时，他们通过协商可以自觉地进行分工合作，同样做得不错；可当庙里来了第三个和尚时，问题就出现了，谁也不服谁，谁也不愿意干，其结果就是大家都没水喝。

同样都是需要沟通与协调，为什么在两个人的时候能够达成一致，反而在三个人或者以上的时候就乱套了呢？难道仅仅是因为人数的增加导致意见不一致吗？进一步思考沟通在团队中的重要性。

6. 对比"三个和尚"和美国海军陆战队"海豹突击队"，分析团队协作中三个基本的因素：分工、合作及监督。思考如何通过建立起良好的团队协作关系，确保任务的最终完成。
7. 假如你的两个同事的冲突已经影响到整个团队，让你去调节冲突，并使冲突双方能够自己解决问题，你会怎样做？

【自主训练】

（1）我的团队是否具备成功团队的特征。
- 规模较小；
- 有共同的愿景和目标；
- 成员具有强烈的团队意识；
- 具有良好的行为规范；
- 有交往的技能互补；
- 能够开展有益的竞争；
- 通畅的沟通渠道；
- 互相帮助和激励。

（2）如何沟通新老员工。新员工与老同事由于生长的环境和时代不同，在某些方面相互不理解是正常的。而且，每个人的性格脾气都不会完全一样。因此，即使你的适应能力很强，也要注意和老同事的沟通，以避免无谓的摩擦和误会。

归纳起来，让人头疼的老同事一般有以下几类：

① 欺生型。症状：这类人有一个习惯，凡是新来的人都要排挤或役使一下，以显示自己在这个地盘上的重要地位。他们不是对你一个人，而是带"新"字头的一类人。

对症下药：

管理无处不沟通
沟通的品质决定你生命的品质

_____
_____
_____

② 性格怪异型。症状：他们并不是专门与新来者作对，只是在性格、行为上与常人有些不同，或许缺乏热情，或许不善交流，或许爱发脾气，但本身并无恶意。

对症下药：
_____
_____
_____
_____

③ 目中无人型。症状：这类人自以为是，认为自己在什么方面都比别人强，因此高高在上，目中无人，可一旦新人工作有成绩，就会担心取代自己的地位，进行打压。

对症下药：
_____
_____
_____
_____

（3）马上行动：请朋友来家里看一张DVD。从《肖申克的救赎》到《美丽人生》，从《樱桃的滋味》到《放牛班的春天》，从《第七封印》到《七宗罪》，这些电影之所以能够收获我的敬意，完全在于它们在理智与心灵方面有多少内涵，而非在电光火影中埋藏了多少催泪的伏兵。

推荐：哈佛商学院20部必看电影。

- Wall Street（华尔街）
- Trading Places（颠倒乾坤）
- Pirates of Silicon Valley（硅谷传奇）
- The Secret of My Success（发达之路）
- Barcelona（巴塞罗那）
- Office Space（上班一条虫）
- The Insider（惊曝内幕）
- What Women Want（男人百分百）
- Other People's Money（抢钱世界）
- Antitrust（反垄断）
- Glengarry Glenn Ross（拜金一族）
- Boiler Room（锅炉房）
- The Coca-Cola Kid（可口可乐小子）
- In Good Company（优势合作）
- Jerry Maguire（甜心先生）
- The Corporation（解构企业）
- The Hudsucker Oroxy（影子大亨）
- Rogue Trader（魔鬼营业员）
- Disclosure（败露）
- Barbarians at the Gate（门口的野蛮人）

行动记录和感受：
_____
_____
_____
_____
_____
_____
_____
_____

（4）开发团队的创造性思维。要营造一个鼓励创造性思维的氛围，进行"思维解锁"训练，并在今后的实际工作中发挥团队创造力。请思考下面的问题，运用发散性思维方式，团队成员互相补充，尽量多得给出答案。

报纸可以做什么？
_____
_____
_____
_____
_____

铅笔的用途有哪些？
_____
_____
_____
_____

网上聊天的 n 个理由：
_____
_____
_____
_____
_____

管理无处不沟通
沟通的品质决定你生命的品质

【团队案例分析】

新公司的组建

黎总5月份刚刚取得了一款风味食品的经销权,自己注册了一家商贸公司进行经营销售,团队组建前期需要招聘各岗位的人员。黎总为了能够人尽其能,减少培训环节,发了大量招聘信息,招聘十分仔细,对招聘的人员进行筛选,从学历中专以上、工作经验3年以上、从事行业食品类等几大类别进行机械式的筛选。因为此时间段招聘非年底人员变动所以应聘人员不是很多。结果用了一个月的时间,多渠道的应聘者从36份简历中筛选的符合他要求意向的员工仅8人,面试的时候因为各自对薪资待遇的异议及黎总对应聘者的第一印象不好等原因,最后剩下了4名意向应聘者。基本不敢进行复试,复试可能只能剩下1~2人,黎总是属于地级市的经销商,即使是前期开发和市场铺市需要的人员编制至少要在10多人。黎总的暂时"上纲上线"让组建团队的第一步人员招聘就进入了僵局。

对于新公司的组建,特别是销售类公司的组建,团队建设往往是建设初期的最重要组成部分,团队的前期组建会受到招人难、人难管、团队斗志不强等很多可预测和不可预测的困难。

请分析:
(1)黎总的新公司组建进入僵局的原因是什么?
(2)如何有效地组建新团队?如何有效地进行团队文化建设?
(3)在新团队的建设初期,如何从选人、用人、育人、激励人等多角度进行团队建设,最终将团队逐步打造为具备忠诚度和技能的高战斗力队伍?

【团队实践活动】

航空公司的经营游戏

(1)每个学习团队将分别代表一家航空公司在市场经营。
(2)市场经营的规则就是:所有航空公司的利润率都维持在9%;如果有三家以下的公司采取降价策略,降价的公司由于薄利多销,利润率可达12%,而没有采取降价策略的公司利润率则为6%;如果有三家和三家以上的公司同时降价,则所有公司的利润都只有6%。
(3)每个团队派代表进行初步达成协商,初步协商之后小组代表回到小组,并将情况向小组汇报。
(4)小组经过讨论之后,需要做出最终的决策:降还是不降?并将决定写在纸条上,同时交给老师。
(5)老师公布结果。
(6)分析和评论。

任务2 垂直沟通

知识储备

一、垂直沟通概述

1. 概念与形式

垂直沟通是指群体或组织中在高低各个结构层次之间进行的沟通，它有下行沟通和上行沟通两种形式。

下行沟通是指信息由群体或组织中具有较高权威的层级流向权威较低的层级的沟通过程。上行沟通是指由下属向上级进行的信息流通。

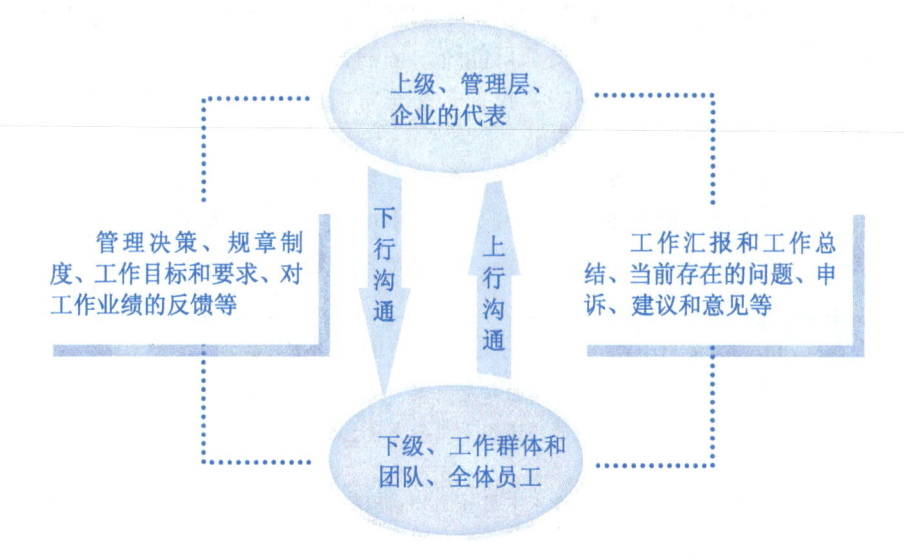

~ 管理沟通定律 ~

刺猬法则：与员工保持"适度距离"

强调的就是人际交往中的"心理距离效应"。运用到管理实践中，就是领导者如果要搞好工作，应该与下属保持亲密关系，但这是"亲密有间"的关系，是一种不远不近的恰当合作关系。一个优秀的领导者和管理者，要做到"疏者密之，密者疏之"，这才是成功之道。

```
            ┌─ 上级、管理层、
            │  企业的代表 ─┐
            │              │
管理决策、规章制  下        上  工作汇报和工作总
度、工作目标和要求、对  行  行  结、当前存在的问题、申
工作业绩的反馈等  沟        沟  诉、建议和意见等
            │  通        通  │
            │              │
            └─ 下级、工作群体和
               团队、全体员工 ─┘
```

我的态度和主张

2. 应注意的问题

（1）下级服从上级。没有服从，就没有管理。在一般情况下，下级无权判断上级的对错，上级的对错由上级的上级来裁定。

（2）一个上级。每个岗位、每个人只有一个上级，只服从一个上级的指挥，只向一个上级报告。无论对哪一件工作来说，一个下属人员应该只接受一个领导人的命令。这就是一个上级的原则，它是一项普遍的、永久必要的准则。如果这条准则受到破坏，那么权力将受到损害，纪律将受到危害，秩序将受到扰乱，稳定将受到威胁。

管理树上的每一领导岗位只有一个最高负责人，该岗位职务所规定

149

管理无处不沟通
沟通的品质决定你生命的品质

小故事

告诉员工，其实他们已经很伟大了

一只新买的小钟放在了两只旧钟当中。两只旧钟对小钟说："当你走完三千二百万次以后，可能会吃不消。""天哪！三千二百万次。"小钟吃惊不已，"这对我来说，根本就办不到。"另一只旧钟安抚道："别听他胡说八道。不用害怕，你只要每秒滴答摆一下就行了。""呵呵，这么简单的事情，我肯定行。"于是，小钟很轻松地每秒钟"滴答"摆一下。不知不觉中，一年过去了，他真的摆了三千二百万次。

启示：平凡中见伟大，告诉你的员工，其实他们已经很伟大了，只是他们没有发现而已。

他们的态度和主张

为将之道，当先治心。泰山崩于前面色不变，麋鹿兴于左而目不瞬，然后可以制利害，可以待敌。

——北宋苏洵《心术》

的权力也只能赋予这一个人，其责任也必须由同一个人承担，这个人就是该岗位正职，即营销副总→销售部经理→区域主管→业务员。管理树上的每个位置表示的都是正职。正职之下可设副职，副职与正职在同一个岗位位置上。虽然通过授权，副职可以对该部门有授权范围内的指挥权，但该部门的领导责任仍然由正职负责。

（3）逐级沟通。上级对下级可以越级检查，不能越级指挥；下级对上级可以越级申诉，不能越级报告。也就是说，营销副总可以自己或通过其他检查手段检查区域主管、业务员的工作，但他发现问题后，在正常情况下，一般不能越级更改你（或区域主管）的安排，而只能发出指示。但在有些特殊情况下，他还是可以越级指挥的。

紧急情况：若他当时没有找到你或相应的区域主管，他不能眼看着损失发生，即可越级指挥。

直接下属表示或实际上不服从指挥：当业务员（区域主管）用种种理由不贯彻执行你的指示，任何领导都有权越级指挥他。

必要的情况下，进行整体指挥：如整个营销系统或整个企业举办某项重大活动，所有相关人员都可能统一调归某领导指挥。

申诉和报告是有区别的：报告是在正常情况下，向直接上级请示工作取得指示；而申诉则是告状。

当上级有贪污、盗窃、违法乱纪、有重大出卖和危害企业及滥用职权、对申诉者有重大不公正的行为时，申诉是合法的。不过，只有情况属实，申诉才可成立；如属诬告，申诉者则必须对此负责。

小贴士

你是否是下面描述的人

- 在下属面前总是很严肃，下属感觉你随时都会批评别人
- 喜欢诱使或逼迫下属接受自己的观点和看法，对别人的意见总是加以否认
- 不真正在乎下属对某件事的感受，以自我为中心，不太关注别人的利益和情感
- 不愿意任用与自己有个性差异和不同意见的人，反感持不同意见的人
- 知错不认，而且一定要想方设法自圆其说
- 不让下属自由地发言，不喜欢身边的人表达自己的意见

二、下行沟通

1. 概念和作用

下行沟通（Downward Communication）是指资讯的流动是由组织

层次的较高处流向较低处,下行沟通的目的是为了控制、指示、激励及评估。其形式包括管理政策宣示、备忘录、任务指派、下达指示等。有效的下行沟通并不只是传送命令而已,应是能让员工了解公司之政策,计划之内容,并获得员工的信赖、支持,因而得以有效的期待,同时有助于组织决策和计划的控制,达成组织之目标。

但是当资讯自一方传至另一方时,有些资料会被忽略掉。当资讯传经许多人后,每一个传送过程都会造成更多资讯的损失,甚至遭扭曲误解。在组织中,当信息下行沟通经过许多组织层级时,许多资讯会遗失,最后接收者真正能收到的只是一小部分而已。因此精简组织,减少组织层次,能使沟通有效执行。

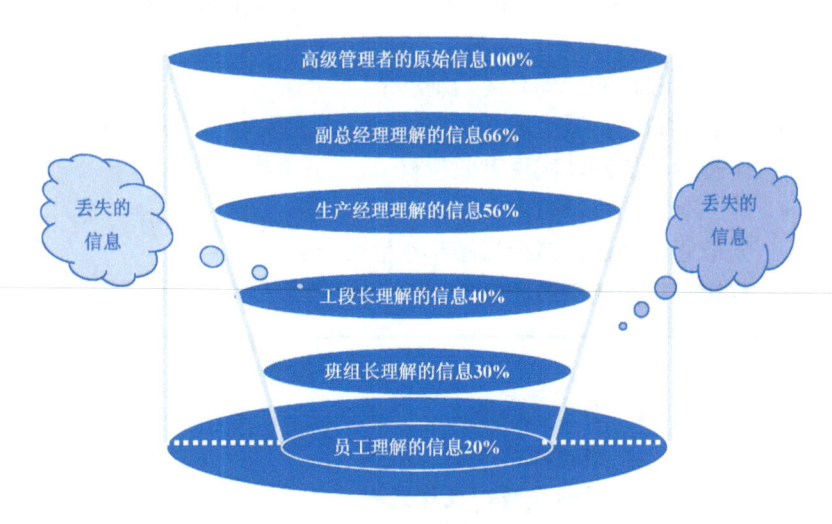

高级管理者的原始信息100%
副总经理理解的信息66%
生产经理理解的信息56%
工段长理解的信息40%
班组长理解的信息30%
员工理解的信息20%

丢失的信息

信息理解漏斗图

下行沟通的作用有:让员工知晓企业重大活动;突出企业对员工的创造力、努力和忠诚度的重视态度;探讨员工在企业里的职责、成就和地位;考察员工所享受的各种福利待遇,以及真正实力;了解有关的社会活动,政府活动和政治事件对企业的影响;了解企业对社会福利,社会文化发展和教育进步所做出的贡献;让员工的家属了解企业致力于营造凝聚力;让新来的员工看到企业发展的生动足迹;让员工了解不同部门发生的各种活动;鼓励员工利用公司出版物作为各抒己见的论坛;外界了解企业发展的窗口。

2. 三种主要形式

面谈形式,如口头指示、谈话、电话指示、广播、各种会议、评估会、通知性质会议、咨询会、批评会、小组演示乃至口头相传的小道信息等。

书面形式,如指南、声明、公司政策、公告、报告、信函、备忘录等。

管理无处不沟通
沟通的品质决定你生命的品质

电子形式，如闭路电讯系统新闻广播、电话会议、传真、电子信箱等。

3. 障碍与改进

下行沟通是企业沟通中最重要的沟通方式之一，也是企业沟通中最主要、最能有效提升工作效率，却也是最容易产生无效沟通的环节。

（1）下行沟通通常存在的障碍。公司发展带来的组织结构的复杂化；领导者对沟通的不重视；员工和管理层隔离和不信任；主管们很少检查自己的沟通技巧；管理者把信息当做权力和工具；传递中信息的遗漏和曲解。

（2）改进策略。

应从高层管理者做起，来自上层的信息必须是切实可靠的，利用多种信道、使用多种方式进行沟通，具体策略如下：

- 制订沟通计划，建立沟通制度；
- "精兵简政"，减少沟通环节；
- 坚持例外原则，实现有效授权；
- 建立有效的反馈机制；
- 采取正确方法，减少抵触和怨恨情绪；
- 利用多种沟通渠道和方式。

小贴士

下行沟通的艺术
- 聆听、给予关注、抓住沟通的要点
- 讲道理摆事实
- 语速平缓，底气充足
- 点到为止
- 戒骄戒躁有一颗宽容的心
- 善用缓兵之计
- 坚持原则底线

4. 妥善处理与下属的关系

与下级沟通要遵守"信任＋激励"的原则。领导者与被领导者，即上级与下级之间矛盾解决的成功与否，影响着整个领导目标的实现，影响着整个领导体系领导绩效的高低。所以，艺术地处理上级与下级的关系在整个领导体系中十分重要。

（1）只导不演。作为上司应该是承担导演的角色，为下属提供一个良好的工作环境及表现自己的舞台，让整个团队能得到最大限度发挥，而不是自导自演，担任主角。

他们的态度和主张

你的时间有限，所以不要为别人而活。不要被教条所限，不要活在别人观念里。不要让别人的意见左右自己内心的声音。最重要的是，勇敢地去追随自己的心灵和直觉，只有自己的心灵和直觉才知道你自己的真实想法，其他一切都是次要。

——乔布斯（苹果公司前CEO 美国）

（2）乐观积极。每个人都有失败的经历。如果你遇到失败，要第一个从阴影中摆脱出来，如果你迟迟不能自拔，而只对下属发泄，那就会完全失掉下属的向心力。要知道，他们失败后的痛苦是和你一样沉重的。

（3）实事求是。对于上司的一些不合理的决策，甚至一看都知道的错误决策，你也不愿意向上司提出并寻求合理的建议，而是一味地愚忠和盲从，损坏了大家的利益，那么你服从了上司指示的同时，却失去了下属的信任。正确的做法是，你要向上司及时提出，在维护上司尊严的同时尽量让上司收回或修改成命。

（4）合理分配工作。如果你经常向下属抱怨自己有多忙，那就错了，你应该把工作合理地分配出去。当工作进展不顺利时，不要只是责怪下属，要勇于反省和承认错误。把权力下放给下属，将责任放在自己肩上承担，这样才能让下属放开手脚，大胆工作。

（5）用人不疑。如果你怀疑下属的能力，就应该尽快撤换他。否则你事事参与、过问，甚至监督下属的工作，自己疲于奔命不算，下属也会因此放弃自己的创造性，完全按照你的"正确指示"去工作，不再运用自己的知识、经验甚至灵感。正所谓疑人不用，用人不疑。

（6）认真倾听。对任何下属的建议你都要认真倾听。在通常情况下，下属都会经过深思熟虑才会提出建议，如果你用简单的一个"不"字就把他否定了，他会从此失去创造的信心。而倾听和讨论则会使下属认清自己的不足，并有机会充实和提高。

（7）维护下属的自尊。指责下属能力太差是不明智的，如果他的能力比你强，那么坐在这个位置上的应该是他。应该对下属给予耐心和信心，指导帮助其克服工作中的困难。下属对于能够设身处地为自己着想的上司，会报以感激和忠诚。

（8）称赞下属。经常称赞下属，尤其是当着许多人的面称赞下属，会让人觉得你赏罚分明，更愿意追随你，他会觉得有成就感，会更加热爱自己的工作。如果总对外人抱怨下属则会让人觉得你无能，至少会认为你没能物色到出色的人选。

（9）关心下属。除了关心下属的工作之外还要关心下属的生活，包含人情味的关切话语能营造一个良好的工作氛围；实际为下属解决一两件生活的小难题，下属也自然会通过加倍努力工作来回报你。

（10）为下属制造机会。每个人都是为了希望而工作，如果他感到没有前途和希望时就会悲观、消沉、不再努力。所以要不断为下属制造机会，升级、加薪、调动、培训、表彰等都不失为好方法，但是一定要

管理沟通定律

手表定律：别让员工无所适从

对于任何一件事情，不能同时设置两个不同的目标，否则将使这件事情无法完成；对于一个人，也不能同时选择两种不同的价值观，否则，他的行为将陷于混乱。一个人不能由两个以上的人来同时指挥，否则将使这个人无所适从；而对于一个企业，更是不能同时采用两种不同的管理方法，否则将使这个企业无法发展。

我的态度和主张

管理无处不沟通
沟通的品质决定你生命的品质

小故事
独立地成长

一天,一只茧上裂开了一个小口,蝴蝶在艰难地将身体从那个小口中一点点地挣扎出来,几个小时过去了……接下来,蝴蝶似乎没有任何进展了。看样子它似乎已经竭尽全力,不能再前进一步了……有个人决定帮助一下蝴蝶。于是,他拿来一把剪刀,小心翼翼地将茧破开。这样蝴蝶很容易地挣脱出来。但是,他的身体很萎缩而且也很小,翅膀紧紧地贴着身体,在地上艰难地爬行,永远都没有飞起来过。

启示:不要为员工包办一切,有时候员工所需要的是独立的成长,即使有失败,也应该让员工品尝到失败的滋味。

他们的态度和主张

3%的人永远不可能相信你。不要让你的同事为你干活,而让我们的同事为我们的目标干活,共同努力,团结在一个共同的目标下面,就要比团结在你一个企业家底下容易的多。所以首先要说服大家认同共同的理想,而不是让大家来为你干活。

——马云(企业家 中国)

让所有人明白这是通过努力工作换来的。

(11)言行一致。最容易得到或最容易失去的是下属对你的信赖。信赖产生于你的言行一致上。不要轻易对下属许诺,能够说到做到当然对下属有莫大的激励,但如果你说到却没有做到,你就会失去信用,其后果比你什么也不说不知要严重多少倍。

(12)让出荣誉。作为上司拥有支配权和领导权,但是如果有过分的虚荣心和表现欲,会严重挫伤下属的积极性。因此你应该帮助下属完善,扶助其成长,一旦下属工作有了成绩,上司有义务为下属请功表彰。面对鲜花、掌声、奖金,上司需要具备退到幕后的智能和勇气。

【超级链接】

与下属沟通的主要方式及要点:

与下属沟通的方式	沟通要点
方式一:下达命令	1. 遵循5W1H原则 2. 激发意愿 3. 口吻平等,用词礼貌 4. 确认下属理解 5. 为下属提供支持 6. 相应授权 7. 让下属提出疑问 8. 问下属会怎么做
方式二:听取汇报	1. 充分运用倾听技巧 2. 约定时间 3. 当场对问题做出评价 4. 及时指出问题 5. 适时关注下属的工作过程 6. 主动听取下属汇报 7. 恰当地给予下属评价
方式三:商讨问题	1. 注意倾听 2. 多使用鼓励性言辞 3. 不要做暗示 4. 不要评价 5. 让下属来下结论 6. 事先准备

三、上行沟通

1. 目的和作用

上行沟通是指下级的意见向上级反映，即自下而上的沟通。上行沟通的目的就是要有一条让管理者听取员工意见、想法和建议的通路。同时，上行沟通又可以达到管理控制的目的。

有效的上行沟通与组织环境和工作氛围直接相关，上行沟通的主要作用有：提供员工参与管理的机会；减少员工因不能理解下达的信息造成大的失误；营造民主管理文化，提高企业创新能力；缓解工作压力等。

有效的上行沟通尽管有很多途径，如口头汇报、交谈、书面工作总结、座谈会、意见箱、小组会议、反馈表等，但这些途径真正发挥作用的关键在于营造上下级之间良好的信赖关系。

2. 障碍与改进

（1）上行沟通通常存在的障碍。沟通的延迟即信息在向上传递时过分缓慢。一些管理者在向上反映问题时犹豫不决，因为这样做可能意味着承认失败；于是，每一层的人都延迟沟通以便设法决定如何解决问题。

信息的过滤。这种信息被部分筛除的现象之所以发生是因为员工有一种自然的倾向，即在向主管报告时只报告那些他们认为主管想要听的内容。不过，信息过滤也有合理的原因。所有的信息可能是海量；或者有些信息并不确实，需要进一步查证；或者主管要求员工仅报告那些事情的要点。因此，过滤并不必然成为沟通中的问题。

为了设法防止信息的过滤，人们有时会采取短路而绕过主管，也就是说他们越过一个甚至更多个沟通层级。从积极的一面来看，这种短路可以减少信息的过滤和延滞；但其不利的一面是，由于它使那些被绕过的人很不高兴，雇主们通常不鼓励这种做法。另一个问题涉及员工得到答复的需要。由于员工发起了上行沟通，他们现在是传递者，他们通常强烈地期望得到反馈，而且反馈要迅速。如果管理者提供迅速的响应，就会鼓励进一步的上行沟通。

信息的扭曲。这是指有意改变信息以便达到某人的个人目的。有的员工为了得到更多的表扬或更多的加薪，故意夸大自己的工作成绩；有些人则会掩饰部门中的问题。任何信息的扭曲都使管理者无法准确了解情况，不能做出明智的决策。而且，扭曲事实是一种不道德的行为，会破坏双方彼此的信任。

我的态度和主张

155

管理无处不沟通
沟通的品质决定你生命的品质

小故事

对部下要宽容

越战结束后，有个士兵打完仗回到国内，从旧金山给父母打了一个电话，"爸爸，妈妈，我要回家了。但我想请你们帮我一个忙，我要带我的一位朋友回来。这个朋友在战斗中失去了一只胳膊和一条腿。他无处可去，我希望他能来我们家和我们一起生活。"但父母坚决表示反对，士兵便把电话挂掉了。然而过了几天，父母接到旧金山警察局打来的一个电话，被告知他们的儿子从高楼上坠地自杀。悲痛欲绝的父母飞往旧金山，他们发现儿子只有一只胳膊和一条腿。

启示：对部下宽容，把部下当成自己最关心的人，如果能做到这样，管理也许会简单得多。

他们的态度和主张

当我们面对挑战时，我们没有怯懦、没有退缩，更没有踟蹰不前。我们在上帝的关爱下眺望远方，我们在自由的道路上继续前进，我们的精神将永远闪耀着光芒。

——奥巴马（总统 美国）

（2）改进策略。建立良好上行沟通的开端，是制定一个普遍的政策，说明哪些上行沟通是所期望的。这可能涉及有争论的问题，要求公司政策区别对待的问题及建议公司做出的改进等。除了政策明文规定，还需要进一步采取其他的措施改善上行沟通，如咨询部门、员工投诉制度、协商管理、员工建议制度、工作满意度调查等。具体策略如下：

提问。管理者可以通过提出一些有意的问题来鼓励上行沟通。这一措施向员工表明管理层对员工的看法感兴趣，希望得到更多的信息，重视员工的意见。问题有很多种形式，但最常见的是开放式和封闭式。开放式问题引入一个广泛的主题，给人们机会以不同的方式反应。相反，封闭式问题聚焦于一个较窄的主题，请接收者提供一个较为具体的答案。无论是开放式的问题还是封闭式的问题，都能很好地推动上行沟通。

倾听。积极的倾听并不是简单的听，它不仅要用耳，而且要用心。有效的倾听有两个层次的功能——既帮助接收者理解字面意思，也理解对方的情感。好的倾听者不仅听到对方说的内容，而且了解对方的感受和情绪。有效倾听的管理者发出一个重要信号：他们关心员工。虽然许多人并不是富有技巧的倾听者，但可以通过训练提高倾听技能。

与员工会谈。在与员工小组会谈的会议上，鼓励员工发言，让他们谈论工作中的问题、自己的需要，以及管理中的促进或阻碍工作绩效的做法。这些会谈尝试深入探究员工内心的问题。由此，加上相应的跟进措施，员工的态度会得到改善，辞职率会下降。

开放政策。开放政策是指鼓励员工向他们的主管或更高管理层反映困扰他们的问题。通常，员工们被鼓励首先找自己的主管。如果他们的问题不能被主管所解决，可以诉诸更高管理层。此政策的目的是去除上行沟通的障碍。但这实施起来并不容易，因为在管理者和员工之间常常有真实的和想象的障碍。虽然管理者的门是打开的，但心理的和社会的障碍依然存在，使员工不愿意进门。对管理者来说，更有效的开放政策是走出自己的房间，与员工打成一片。这种做法以强有力的社会线索强化了开放政策。管理者可以此了解比以往坐在办公室里更多的信息。这种做法可描述为走动式管理（Management by Walking Around，MBWA），管理者以此发起与大量员工的系统接触。通过走出办公室，管理者不仅从员工中得到重要的信息，并利用这一机会建立支持性的氛围，这种做法使双方都受益。

参加社团活动。非正式的临时举办的娱乐活动可以为非计划性的上行沟通提供绝好的机会。这些自发的信息交流比绝大多数正式沟通都能更好地反映真实情况。各种活动部门的联欢会、运动会等活动中，上行沟通并不是主要目的，但却是它们产生的宝贵的"副产品"。

【超级链接】

与上级沟通的主要方式及要点：

与上级沟通的方式	沟通要点
方式一：接受指示	1. 倾听 2. 事先确认时间、时限 3. 及时澄清不明白之处 4. 首先接受，并表示执行 5. 不要讨论
方式二：汇报	1. 学会勤于报告 2. 以点带面，从抽象到具体 3. 突出中心，避免泛泛而谈 4. 把握好分寸
方式三：商讨问题	1. 事先约定商讨内容，做好准备 2. 对事不对人 3. 要用事实或数据说话 4. 不要把自己的意愿强加于别人 5. 重要决议事后要确认 6. 注意当场形成决议的严密性
方式四：表示不同意见	1. 不要发牢骚、抱怨 2. 避免辩论 3. 意见要具有建设性 4. 避免情绪化

3．正确处理与上级的关系

要了解并在适度的范围内尊重上司的习惯；要清楚地了解自己的需要、目的、长处、弱点和行为风格；应该了解上级的个性，设法保持良好关系；处理好与上司的私人感情关系和工作关系间的平衡；多说多做，并争取得到上司的认可；正确对待上级的批评；应该根据自己的问题重要与否，去选择适当的时机与上级谈话；另外，做好准备。

小贴士

上行沟通的艺术

- 沟通信息的准确
- 言简意赅
- 思考到位
- 预判准确
- 不拘谨、不放肆
- 了解领导的习惯、观察领导的心情

我的态度和主张

管理无处不沟通
沟通的品质决定你生命的品质

【思考题】

1. 下行沟通存在哪些障碍？你认为应该如何改进？
2. 如何妥善处理与下属的关系？假设你是公司部门负责人，有一项临时性的工作任务需要布置，当你把这项工作任务安排给员工小吴时，没想到小吴以各种理由拒绝接受这项工作。遇到这种情况，你会采取什么办法让小吴能够接受这项工作任务？
3. 上行沟通存在哪些障碍？你认为应该如何改进？
4. 如何正确处理与上级的关系？
5. 假设你是某公司员工，上级把一项临时性的工作任务安排给你，而你又不想干这项工作。在这种情况下，你怎样与上级进行沟通才能说服上级把这项工作安排给别人，而又不会对你产生不好的印象？
6. 小雨错了吗？

小雨是某公司企划部的文员，她聪明伶俐，干活利落，深得上司的赏识。一次，上司交给她一项重要的任务：按照既定的思路做一个详细的策划方案。上司告诉她，本次策划活动很重要，涉及新产品上市，而且要赶在"五一"期间推出。为此，上司先提出了策划思路，让她只要按照这个思路做策划就行了。

小雨接受任务后进行了认真的思索和准备。她发现，上司的思路有一个致命性的错误，如果按照那个思路做策划方案，肯定收不到预期的效果。因为时间很紧，小雨风风火火地去找上司，当时，办公室里还有其他同事，她直截了当地说："你的思路根本不对，应该这样……"上司阴沉着脸说："思路问题我们暂不讨论，这个方案你不用做了。"

上司把这个方案交给了小雨的同事小星。后来，事实证明，上司的思路的确存在致使性的错误，最终和策划方案在思路上与小雨想的也一致。结果，方案很成功，但小雨明显受到了冷落。

请思考，小雨哪里做错了？

【自主训练】

（1）你善于化解与上司的冲突吗？

每个人都有自己应付冲突的方式和风格，阅读下面的题目，选择你的符合程度，请尽快回答，不要过多考虑。

① 我不敢和上司提出会引起争议的问题。

从不如此、大多不如此、偶尔不如此、说不准、偶尔如此、大多如此、总是如此。

② 当我和上司的意见不一致时，我会把双方的意见结合起来，设法想出另一个全新的点子来解决问题。

从不如此、大多不如此、偶尔不如此、说不准、偶尔如此、大多如此、总是如此。

③ 当我不同意上司的看法时，我会把自己的意见讲出来。
从不如此、大多不如此、偶尔不如此、说不准、偶尔如此、大多如此、总是如此。
④ 为了避免争议，我会保持沉默。
从不如此、大多不如此、偶尔不如此、说不准、偶尔如此、大多如此、总是如此。
⑤ 我所提出的办法，都能融合各种不同的意见。
从不如此、大多不如此、偶尔不如此、说不准、偶尔如此、大多如此、总是如此。
⑥ 当我想让上司接受我的看法时，我会提高我的音量。
从不如此、大多不如此、偶尔不如此、说不准、偶尔如此、大多如此、总是如此。
⑦ 我会婉转地把争议的激烈程度减弱下来。
从不如此、大多不如此、偶尔不如此、说不准、偶尔如此、大多如此、总是如此。
⑧ 我和上司意见出现分歧时，我会以折衷的方式解决。
从不如此、大多不如此、偶尔不如此、说不准、偶尔如此、大多如此、总是如此。
⑨ 我会据理力争，直到上司了解我的立场。
从不如此、大多不如此、偶尔不如此、说不准、偶尔如此、大多如此、总是如此。
⑩ 我会设法使双方的分歧显得并没有那么重要。
从不如此、大多不如此、偶尔不如此、说不准、偶尔如此、大多如此、总是如此。
⑪ 我认为应该坐下来好好谈谈才能解决彼此的意见。
从不如此、大多不如此、偶尔不如此、说不准、偶尔如此、大多如此、总是如此。
⑫ 当我和上司争执时，我会坚定表明我的意见。
从不如此、大多不如此、偶尔不如此、说不准、偶尔如此、大多如此、总是如此。

在工作中免不了会和上级有一些分歧和冲突。良好的冲突应付方式可以使你的建议被采纳，化解与上级的矛盾，获得上级的理解和支持，有左右逢源的感觉。否则可能导致和上级关系紧张，产生焦虑、压抑和无助感。个体处理冲突的方式大体上有三种倾向：非抗争型、解决问题型和控制型。

非抗争型的个体会尽量避免和上级发生冲突。如果发生冲突，为了维持和上级的关系，会牺牲自己的观点以减少和上级的分歧，或者主观认为自己是对的，采取退缩或压抑的方式，对冲突漠不关心或希望逃避和上级的争论。

解决问题型的个体面对冲突时会在澄清彼此异同的基础上提出一个能使双方都满足的办法，或者使双方都做出一定的让步，让双方的利益得到部分的满足，从而使问题能够解决。

控制型的个体面对冲突时更关注自己目标的实现和获得利益，而不顾虑冲突对方的影响。

如果个体选择了不恰当的应付冲突的方式，则会觉得自己优秀的建议常常不被采纳和接受，或者不能获得上级的指导和帮助，或者不能完全实现自己的计划。如果你感觉原有的应付冲突的方式不太适合自己的个性或导致与上级关系不和，不妨尝试一下其他方式。

（2）技能检测。公司为了奖励市场部的员工，制订了一项海南旅游计划，名额限定为10人。可是13名员工都想去，部门经理需要再向上级领导申请3个名额。

部门经理向上级领导说："朱总，我们部门13个人都想去海南，可只有10个名额，

管理无处不沟通
沟通的品质决定你生命的品质

剩余的3个人会有意见，能不能再给3个名额？"

朱总说："筛选一下不就完了吗？公司能拿出10个名额就花费不少了，你们怎么不多为公司考虑？你们呀，就是得寸进尺，不让你们去旅游就好了，谁也没意见。我看这样吧，你们3个做部门经理的，姿态高一点，明年再去，这不就解决了吗？"

部门经理沟通"迷路"的原因是什么？

_____
_____
_____
_____

如果你是部门经理，你会如何与上级领导沟通呢？

_____
_____
_____
_____

（3）马上行动：看电影，学沟通。

推荐：《功夫熊猫》、《穿普拉达的女王》、《当幸福来敲门》，体会上下级沟通的艺术与魅力。

影片《功夫熊猫》揭秘沟通如何成就英雄的神话。一只又肥又笨的熊猫，真的可以实现它的英雄梦吗？该片讲述二代"领导者"乌龟真人和浣熊师父，展示超强的领导力与沟通力，与下属进行有效沟通，做到"相信你的下属、培养你的下属"，就能"成就你的组织"。影片同时讲述了很多成功的真谛："真正的秘籍就是依靠自己"、"心诚则灵，只要你相信，点石就能成金"。让我们明白良好的沟通可以培养优秀的员工，成就企业的未来。

影片《穿普拉达的女王》提示领导沟通有哪些技巧。该片讲述了一个在企业里呼风唤雨、叱咤风云的强势领导，时尚杂志女总编米兰达与非常聪明能干又努力的助手安德莉娅在工作中发生的几个故事，生动地刻画了一个对员工只有挑剔和指责的"恶魔主编"。最终领导者与员工沟通中表现出来的自我与自私，让优秀员工选择了离开。该片中员工眼里"恶魔主编"的身影，似乎有时也会出现在我们身边的企业中，引起企业经理人的深思。

影片《当幸福来敲门》告诉我们如何通过有效沟通获得事业成功。故事中既没有高学历又没有行业背景的男主人公克里斯，无论生活多么艰难，都保持坚持不懈、乐观自强的精神，他一直能够主动与人坦诚地进行沟通，赢得了上级的赞赏、客户的信任，最终获得梦寐以求的股票经纪人工作，走上了职业成功的道路。

行动记录和感受：

_____
_____

(4) 你最最希望掌握的本领：

【团队案例分析】

她为什么沟通失败

张婷婷是一个典型的北方姑娘，在她身上可以明显地感受到北方人的热情和直率，她喜欢坦诚，有什么说什么，总是愿意把自己的想法说出来和大家一起讨论，正是因为这个特点她在上学期间很受老师和同学的欢迎。今年，张婷婷从西安某大学的人力资源管理专业毕业，她认为，经过四年的学习自己不但掌握了扎实的人力资源管理专业知识而且具备了较强的人际沟通技能，因此她对自己的未来期望很高。为了实现自己的梦想，她毅然只身去广州求职。

经过将近一个月的反复投简历和面试，在权衡了多种因素的情况下，张婷婷最终选择了东莞市的一家研究生产食品添加剂的公司。他之所以选择这家公司是因为该公司规模适中、发展速度很快，最重要的是该公司的人力资源管理工作还处于尝试阶段，如果张婷婷加入她将是人力资源部的第一个人，因此她认为自己施展能力的空间很大。

但是到公司实习一个星期后，张婷婷就陷入了困境中。

原来该公司是一个典型的小型家族企业，企业中的关键职位基本上都由老板的亲属担任，其中充满了各种裙带关系。尤其是老板给张婷婷安排了他的大儿子做张婷婷的临时上级，而这个人主要负责公司研发工作，根本没有管理理念更不用说人力资源管理理念，在他的眼里，只有技术。最重要的是，公司只要能赚钱其他的一切都无所谓。但是张婷婷认为越是这样就越有自己发挥能力的空间，因此在到公司的第五天张婷婷拿着自己的建议书走向了直接上级的办公室。

"王经理，我到公司已经快一个星期了，我有一些想法想和您谈谈，您有时间吗？"

管理无处不沟通
沟通的品质决定你生命的品质

张婷婷走到经理办公桌前说。

"来来来，小张，本来早就应该和你谈谈了，只是最近一直扎在实验室里就把这件事忘了。"

"王经理，对于一个企业尤其是处于上升阶段的企业来说，要持续企业的发展必须在管理上狠下工夫。我来公司已经快一个星期了，据我目前对公司的了解，我认为公司主要的问题在于职责界定不清；雇员的自主权力太小致使员工觉得公司对他们缺乏信任；员工薪酬结构和水平的制定随意性较强，缺乏科学合理的基础，因此薪酬的公平性和激励性都较低。"张婷婷按照自己事先所列的提纲开始逐条向王经理叙述。

王经理微微皱了一下眉头说："你说的这些问题我们公司也确实存在，但是你必须承认一个事实——我们公司在赢利这就说明我们公司目前实行的体制有它的合理性。"

"可是，眼前的发展并不等于将来也可以发展，许多家族企业都是败在管理上。"

"好了，那你有具体方案吗？"

"目前还没有，这些还只是我的一点想法而已，但是如果得到了您的支持，我想方案只是时间问题。"

"那你先回去做方案，把你的材料放这儿，我先看看然后给你答复。"说完王经理的注意力又回到了研究报告上。

张婷婷此时真切地感受到了不被认可的失落，她似乎已经预测到了自己第一次提建议的结局。果然，张婷婷的建议书石沉大海，王经理好像完全不记得建议书的事。张婷婷陷入了困惑之中，她不知道自己是应该继续和上级沟通还是干脆放弃这份工作，另找一个发展空间。

请分析：

（1）张婷婷沟通失败的原因是什么？

（2）沟通双方是否忽视某些沟通原则，缺乏某些沟通技能？

（3）张婷婷和王经理应该在哪几个方面做出改进？

【团队实践活动】

（1）他的兴趣爱好是我们的大家的事。每个人都有自己的兴趣爱好，应该珍惜自己的兴趣爱好，让她们成为你生活的一部分。选一个团队成员的兴趣爱好，我们大家一起去，如跳舞、手工制作、象棋、烹调、登山、摄影、钓鱼、骑马……一起享受这时光吧！并对活动过程做好多种形式的记录，有所体会和总结。

（2）技能交换。用你会的（摄影、画画、弹琴……）换你想学的（英语、手工、瑜伽……）。请遵循以下原则：以学习为主，尽量做到交换知识的专业性，抱着其他目的的人止步，以扩展知识面为辅，成功组成交换小组的同学请及时记录活动过程，并做好交流准备。

任务3 横向沟通

知识储备

一、横向沟通的概念与作用

横向沟通是指发生在同一工作群体的成员之间、同一等级的工作群体之间，以及任何不存在直线权力关系的人员之间沟通。

管理者每天都要进行大量的横向沟通，或称水平沟通、跨部门沟通，这是跨命令链的沟通。这对于与其他部门的工作协调是必需的。而且，人们喜欢横向沟通的非正式性，而不是正式命令链中的上下行过程。横向沟通常常是管理层中的主要沟通形式。

因为是平级关系，所以相互之间威胁性就小，也没有上下级沟通那样与惩罚发生联系。由于横向沟通大多是发生在工作的求助上，所以相互推诿的情况就特别多，以至沟通困难。

横向沟通的作用是：保证公司总目标的实现；弥补纵向沟通造成的不足；实现各部门信息共享。总而言之，为了配合。

二、横向沟通的类型与形式

横向沟通的主要形式有：部门会议、协调会议、员工面谈、备忘录、主题报告、例行的培训等。

类　型	形　式
同一部门内的沟通	• 面谈 • 信函 • 备忘录
不同部门间的沟通 • 不同部门同级管理者之间的沟通 • 部门管理者和其他部门员工之间的沟通 • 不同部门员工之间的沟通	• 会议：最经常采用的沟通形式，包括决策性的会议、咨询性的会议、通知性的会议等 • 备忘录 • 报告

三、斜向沟通

斜向沟通又称越级沟通、交叉沟通，是指组织内不同层级部门间或

~ 管理沟通定律 ~

吉格勒定理：设定高目标等于达到了目标的一部分

开始时心中就怀有一个高的目标，意味着从一开始你就知道自己的目的地在哪里，以及自己现在在哪里。朝着自己的目标前进，至少可以肯定，你迈出的每一步都是方向正确的。一开始时心中就怀有最终目标会让你逐渐形成一种良好的工作方法，养成一种理性的判断法则和工作习惯。如果一开始心中就怀有最终目标，就会呈现出与众不同的眼界。

提出者：美国行为学家 J·吉格勒

我的态度和主张

管理无处不沟通
沟通的品质决定你生命的品质

个人的沟通，它时常发生在职能部门和直线部门之间。

斜向沟通是一种特殊形式的沟通，包括群体内部非同一组织层次上的单位或个人之间的信息沟通和不同群体的非同一组织层次之间的沟通。斜向沟通有利于促进上行沟通、下行沟通和平行沟通的渠道。

斜向沟通的目的是为了加快信息的传递。

四、横向沟通的优缺点

1．优点

水平沟通可以采取正式沟通的形式，也可以采取非正式沟通的形式。通常是以后一种方式居多，尤其是在正式的或事先拟定的信息沟通计划难以实现时，非正式沟通往往是一种极为有效的补救方式。

横向沟通具有很多优点：

第一，它可以使办事程序、手续简化，节省时间，提高工作效率。

第二，它可以使企业各个部门之间相互了解，有助于培养整体观念和合作精神，克服本位主义倾向。

第三，它可以增加职工之间的互谅互让，培养员工之间的友谊，满足职工的社会需要，使职工提高工作兴趣，改善工作态度。

2．缺点

水平沟通的缺点表现在：头绪过多，信息量大，易于造成混乱；此外，水平沟通尤其是个体之间的沟通也可能成为职工发牢骚、传播小道消息的一条途径，造成涣散团体士气的消极影响。

3．横向沟通和其他沟通方式

相对上行沟通和下行沟通而言，越级沟通和横向沟通信息传递环节少、质量高、成本低，具有快速、便捷和高效的优点。越级沟通和横向沟通还为企业减少管理层次，弱化中层管理人员职能，提高管理效率起到积极作用。

五、横向沟通的障碍与改进

1．障碍

部门本位主义是横向沟通最大的障碍；短视现象；认为自己的价值最大，对组织结构认识中存在贵贱或等级偏见；公司战略和组织结构所产生的主次之分也导致沟通不畅；部门之间职责交叉；员工性格差异或知识水平差异；对某些政策的认识存在猜忌、恐惧，感到威胁存在；对有限资源的争夺，员工之间、部门之间为工作资源、职位和认可的竞争与冲突；另外，空间距离也是障碍之一。

=== 小故事 ===

做合伙人

有一位农民，听说某地培育出一种新的玉米种子，收成很好，于是千方百计买来一些。第一年，他获得了大丰收。他的邻居们听说后，纷纷找到他，向他询问种子的有关情况和出售种子的地方，这位农民害怕大家都种这样的种子而失去竞争优势，便拒绝回答，邻居们没有办法，只好继续种原来的种子。谁知到第二年，农民的玉米减产了，原因是他的优种玉米接受了邻人劣等玉米的花粉。

启示：和同事要做合伙人，不要做利益对立者，很多时候都是双赢的选择。

他们的态度和主张

不管努力的目标是什么，不管他干什么，他单枪匹马总是没有力量的。合群永远是一切善良思想的人的最高需要。

——歌德（作家　德国）

164

2. 改进

在横向沟通中起重要作用的员工被称为边界人员，这类员工与本部门、其他部门及外界的人有很强的沟通联系。与其他部门的这些联系使边界人员获得大量的信息，再加以过滤或传递给他人。这使他们具有特殊的地位和潜在的权力，所以要很好地发挥他们的作用，以提高横向沟通效果。

组织内外都有关系网，关系网是指一群人建立和维持沟通对共同的兴趣非正式地进行信息交流，但一般的是围绕外部利益建立的，如娱乐团体、少数民族、专业团体等。关系网有助于扩大员工的利益，使他们更加了解新技术的发展，使他们更易被他人了解。一个机敏的网络成员可以通过相同的背景、朋友关系、互补性的组织角色或社交联系接触有影响的人和权力中心。通过从有效的网络中获得与工作相关的信息并建立起建设性的工作关系。

改善沟通的另一种方法是安排一名咨询员，设立这一职位是要征询各种质疑、投诉，对公司政策予以澄清的要求，或者那些犯了错误但对正常沟通渠道感到不适的员工的辩解，并给予相应的回答。所有的接触都是保密的，以此鼓励坦率直言。咨询员要进行深入全面的调查，必要时要采取干预措施纠正错误、调整制度，以便防止错误再犯。

具体策略如下：树立"内部顾客"的理念；倾听而不是叙述；换位思考；选择准确的沟通形式；建立沟通官员，制造直线权力压力等。

【超级链接】

部门间常见的沟通方式及特点。

部门间的沟通方式	出 发 点	行为特点
退缩方式	● 别人的需求与愿望比自己的更为重要 ● 别人享有的权利，自己却没有 ● 认为对方比自己强	● 害怕得罪人 ● 回避问题 ● 说话拖泥带水 ● 经常为自己找借口 ● 过于谦卑
侵略方式	● 自己的需要、愿望比别人的重要 ● 自己享有的权利，别人却没有 ● 自己的能力强，别人比不上自己	● 懂得维护自己的权利 ● 不怕得罪人 ● 忽视或否定别人的需要 ● 过于自信
积极方式	● 坚持原则 ● 遵守规则 ● 捍卫自身的权利 ● 尊重别人的行为 ● 注重双赢	● 说话简明扼要 ● 区别事实与意见 ● 提供不带强制性的建议 ● 提出对事不对人的建设性批评 ● 尊重他人的想法，意见和见解

六、妥善处理横向人际关系

1. 原则

树立平等共处的观念；小心对待办公室友谊，掌握好真诚的分寸；要为同事保守秘密；不要有太多的牢骚和抱怨；不要把交往圈子限定在少数几个人或一个人身上。

2. 经营横向人际关系的艺术

（1）Office 漂亮现身。对自身充满活力的人必然步履坚定、笑容亲切、姿态端正且流露出一股真正的生命活力。当你希冀获得支持时，别人也自然会支持你。进入一间办公室的正确方式及态度之一是光明磊落，抬头挺胸，别让身体前倾或弯腰驼背，用左手提着公文箱，右手留着握手用，绝不可让公文箱遮在你的前面，这会让你显得怯弱可欺，还有，别忘了微笑。

每当我们现身时，总会有人在一旁打量、观察、评析我们的外表、自信甚至于智慧，而这些都只是发生在短短数秒之内。很显然，第一步就能正确地踏出是最重要的。

（2）及时感谢。感谢是另一种建立人际网络的基石，也是做人应有的礼貌。如果你能珍惜并适当地表达谢意，一定可以从竞争激烈的就业市场中脱颖而出。合约中止也许不能再续约，但别人的支持肯定可以持续不断地扩展。企业界每年不惜投入巨资，以训练公司主管们提高生产力。礼仪礼貌更是培训时不可或缺的课程之一。如果忽视了基本礼节，把任何事都视为理所当然，周遭的人久而久之，一定会有被利用的感觉，进而失去向心力，在工作上影响生产力。

"领袖的责任之一便是说谢谢！！"肯定别人与适时表达谢意，都是培养人际关系的最佳良方，记住"请"与"谢谢"这两个神奇的字眼。

（3）借着"电话树"伸展人际圈。有这样积极乐观的态度之后，即可以伸展人际圈解决问题并开发人际资源。在讲求效率与人际网络的时下社会，电话可以轻易地帮助我们达到这些要求。若只在有求于人时才与之联络，人际资源必然会枯竭殆尽。对人表达关怀与兴趣，切勿毫不在意。唯有诚心真意地利用电话这双向交流的传播工具，语调清晰地与人保持联络并广开资源，才称得上是真正懂得使用有效利器的人。

（4）寻找良师益友。在生涯发展上，除了拥有万事通之类的朋友外，还应寻找能指引方向的良师益友。良师益友存在于我们生活之中，最佳候选人或许是你的直属上司；或在你所属专业组织中的领导人物；甚至是你的学长或室友。人际网络遍布愈多层面，愈可找到潜在的该类型朋友。一旦注定自己需要一位军师，接下来便可选择哪一种类型最适合你。良师益友可分成以下五种类型：

他们的态度和主张

事情经历多了，你会知道事态会往哪里发生的时候，你就控制住了。人越来越坚强，是因为经历越来越多，坚强是自己"要"的。

——周迅（演员　中国）

情景 ③
组织内部沟通

同志型：在平等的基础上提供资讯与指导原则，目的是为建立同盟。
通风报信型：教导你组织中各种不成文的规矩。
前辈型：有数不清的经验与资讯能和你分享。
竞争型：在其他公司担任和你类似职位的人，能不时地提供小道消息。
教父型：有能力栽培提拔你，为你前途开启大门。

3．掌握办公室里的交流技巧

不要人云亦云，要学会发出自己的声音，老板赏识那些有自己头脑和主见的职员。有话好好说，切忌把与人交谈当成辩论比赛，如果一味好辩逞强，会让同事们敬而远之。不要在办公室里当众炫耀自己，再有能耐，在职场生涯中也应该小心谨慎，强中自有强中手。办公室是工作的地方，不是互诉心事的场所，虽然这样的交谈能够很快拉近人与人之间的距离，使你们之间很快变得友善、亲切起来，但心理学家调查研究后发现，事实上只有 1% 的人能够严守秘密。

≈ 管理沟通定律 ≈

米格—25 效应：整体能力大于个体能力之和

事物的内部结构是否合理，对其整体功能的发挥关系很大。像木炭和钻石，同样的碳原子因为结构不同构成了完全不同硬度的东西。结构合理，会产生"**整体大于部分之和**"的功效；结构不合理，整体功能就会小于结构各部分功能相加之和，甚至出现负值。

小贴士 　　横向沟通的艺术
- 尊重　　　● 豁达的心
- 注意用语　● 情绪的控制

我的态度和主张

167

管理无处不沟通
沟通的品质决定你生命的品质

【思考题】

1. 横向沟通的障碍及改进策略。
2. 根据你的理解和认识，你认为怎样才能处理好与同事及同组部门之间的关系？
3. 公司每年2月份宣布优秀员工升职名单，人力资源部通常在1月份确定初步人选。人力资源部职员A与销售部职员B闲聊时，在后者一再追问并承诺不外传的前提下，被迫透露了升职人选的一些内幕，不久，公司内有关升职的传闻沸沸扬扬。职员们纷纷向部门经理抱怨，部门经理纷纷向人力资源部询问，公司正常的工作气氛受到很大影响。请问出现这种问题的原因是什么？如何采取措施消除这种不良影响？
4. 下属对上级说："他们部门说这件事要抓紧给他们办一下。不过又说，万一我们特别忙的话，可以再缓几天。"上级马上问下属："他们到底是什么意见呢？"请问在这一上下级沟通中存在什么问题？你有什么改进的措施？
5. 销售部张经理让下属小王与某个大客户洽谈下一步合作问题。过了好几天，张经理想起了这件事，不知道有没有结果，就问小王："你与客户洽谈完之后怎么不和我说一下？"请问这一沟通问题出在谁的身上？属于什么问题？你有什么改进的措施？

【自主训练】

（1）如何与不同性格的人共事。

第一类：推卸责任的人

可能的情景：

"嗨，我昨天跟你说的那份资料，你弄好了吗？"

"我现在没办法给你呀。昨天你跟我说了以后，我就开始动笔了，可是老板临时要一份报告，我只有先做给他，然后我的计算机就死机了，所以我只有回家写，不是我没写完啊，而是昨天我正在修改的时候，我的猫跑来把它叼走了，就再也找不到了。我没办法啦，急的话我把搜集到的东西给你，你自己做……"

共事策略：

_____
_____
_____
_____

第二类：过于敏感的人

可能的情景：

"对不起，你刚刚给我的那份报告里面有几个错字，可不可以改一下？"

"有错字？你的意思是说我中文程度很差吗，这对我是很大的侮辱，我只不过是一时

的疏忽，没有看到计算机打出来的是错的，这不代表我就只会写白字，你这样讲让我很难过，我毕竟是大学毕业的啊，从小到大可不是白混的，我还得过学校作文比赛第三名，你说不会写中文也太过份了点……"

共事策略：

_____
_____
_____
_____

第三类：怨天尤人的人

可能的情景：

"刚刚真是可惜，没有得到客户的青睐，不过你的报告内容还真不错呢！"

"谁说的，我可不这么觉得。唉，还不都是小王害的，他不要一直在旁边扯我后腿就好了，讲什么客户需要的是提高品质，这我知道啊，我的报告也有啊。还有你啦，没事跑过来干吗，害我投影机的插头掉了。就连打印机都跟我过不去，印一张要花三分钟，在客户面前真是糗大了，我真是倒霉啊……"

共事策略：

_____
_____
_____
_____

第四类：悲观者

可能的情景：

"John 提出来的这个意见真好，对我们的工作效率一定有帮助。"

"行不通的啦，这个办法早在两年前就有人提过了，那时候大家信誓旦旦地说要把业绩做起来，结果呢，还不是都一样，根本没什么起色。不是我要泼大家冷水，事实就摆在眼前啊，而且当时老板投入大笔资金却失败了，这次他不会再重蹈覆辙了，所以我认为一定不可行……"

共事策略：

_____
_____
_____
_____

第五类：支配狂

可能的情景：

"嘿，小王你这样做不行啊，应该要把东西这样堆才好看，来，就照着我这样做……"；"老陈，你的企划书为什么只有简单几页，你如果没办法处理好这个部分，我实在不敢跟你合作……"；"还有你，我说过多少次了，不要把纸的边裁掉，现在好了，完全不能用了……"；"讲这么多害我口渴，算了算了，先去帮我买罐咖啡……"

共事策略：

_____
_____
_____
_____

第六类：喜怒无常的人

可能的情景：

"你有上次经理发的那份讲义吗？借我一下。"

"好啊，就在我桌上，你自己去拿。"

"谢谢！"

"嘿，你干吗？我最讨厌有人乱翻我的桌子，东西动得乱七八糟的，还顺便偷看我的报告内容，你想剽窃我的创意吗？我好心借你东西，你居然这样回报我……"

共事策略：

_____
_____
_____
_____

第七类：独行侠

可能的情景：

"嘿，老张，我想跟你讨论一下星期五的说明会。"

"不用讨论啦，我那部分我会负责的，其他的就不关我的事。"

"可是我们应该要一起做演示文稿的，不是该讨论一下流程吗？"

"免啦，我不喜欢和人家合作，你讲你的，我讲我的就好了。不要再来烦我了！"说完就躲到自己的办公室里，"砰！"地一声把门关上了。

共事策略：

_____
_____

第八类：过度竞争的人

可能的情景：

"告诉你一个好消息，小江接到了一个大订单！"

"嘿，那个客户原来是我的啊，我看小江这几个月都没有 case 进来，才好心让给他的。先前我不知下了多少工夫在这个客户身上，每天嘘寒问暖，又是送礼物又是帮他额外的忙，所以这个 case 能进来，全都是我的功劳，经理应该要知道这个状况的……"

共事策略：

_____
_____
_____
_____

第九类：现实的人

可能的情景：

"我现在要先把手上的事做完，你帮我把这些会议记录整理一下分送给大家吧！"

"做这件事对我有什么好处？会列入我的考绩中吗？不然我才没兴趣，花力气做这种又不是我该做的事，太吃亏了，下次这种事别找我，要做你自己去做。想想看，上次我帮你打报告，你只不过是谢我一声而已，我什么都没捞到，还耽误了我该做的工作……"

共事策略：

_____
_____
_____
_____
_____

第十类：难开金口的人

可能的情景：

"有关阿 A 公司的那份表单，你可以在星期三下班前给我吗？我好放在企划书里一起交给经理看。"

"嗯……"

"到底是可以还是不可以？"

"……"

"你说句话啊，我能不能准时把东西送出去？"

"这个嘛……"

管理无处不沟通
沟通的品质决定你生命的品质

共事策略：

_____

_____

_____

_____

（2）火车测试。你得坐火车包厢在12个小时去另一个地方，而同时，与你同一包厢的是你一个甚至不愿意多讲话的同事，这个包厢只有你与他。你有办法让你的旅途不仅仅是读书、吃东西、上厕所和昏昏欲睡吗？

不论你喜欢不喜欢他，你能在这12小时内发展到"痛说革命家史"的程度吗？你得想办法让他说话，要了解他，找出共同话题。

你会这样做：

_____

_____

_____

_____

（3）马上行动：想过做义工吗？行动吧！

我们生活的这个世界，有太多活得不如你的人，有太多需要帮助的人。令人高兴的是，在世界各地，有无数组织和服务性团体，他们向需要帮助的人伸出了温暖的手，品尝为他人无偿付出的快乐。

你想过做义工吗？如果有这个计划，那还等什么，今天就上网去选一个，去和他们练习吧。看看这些义工团队，他们主要为什么人服务。想想，你能提供什么样的帮助？然后，你会发现，需要你帮助的地方挺多的，原来你能做很多事。

推荐：中华义工联合会 http://www.zhyg.org/。

行动记录和感受：

_____

_____

_____

_____

_____

_____

_____

失去了就无法再追回来的东西：

【团队案例分析】

索赔部经理

马腾今年34岁，在一家保险公司工作，由于工作出色，不久前，他被公司任命为索赔部经理，那是一个受到高度重视的部门。走马上任后，马腾了解到在自己谋求索赔部经理这一职位的同时，另外还有两名业务能力很强的同事（吴豪和苏丽）也曾申请过这个职位，他确信公司之所以任命他到这个位置部分原因也是为了避免在两个有同等能力的员工中做出选择。

马腾在索赔部的第一个月的业绩很不错，他因此而对部门员工的素质及能力感到十分满意。即使是吴豪和苏丽也表现得很合作。于是马腾信心百倍地决定用培训员工及安装新计算机系统的计划来推动部门快速发展。

然而当马腾提出实施这一计划时，苏丽却埋怨说他在还没有完全了解部门运作程序前就这样干，显然有些操之过急。马腾认为苏丽可能还没有完全地接受他得到她想要的职位的事实，当吴豪来找马腾的时候这一点似乎得到了证实。吴豪说，在面对所有即将到来的变革时要关注一下员工的士气，他甚至对马腾暗示说某些人正考虑要提出调任。尽管吴豪没有指名道姓，马腾确信苏丽是问题的根源。

因此，马腾一方面谨慎地推出新计划，另一方面对苏丽的言行保持一定的警觉。在日后的工作中，苏丽隐约地觉察到这位新上任的马经理正在与她疏远，这使她陷入苦恼之中。

请分析：

（1）马腾和苏丽的冲突在哪里？这是员工问题还是纯业务问题？

（2）马腾的到来是争论点吗？吴豪是如何卷进去的？

（3）作为一个索赔部门的经理，马腾需要了解些什么呢？你能帮助他做出决定吗？

管理无处不沟通
沟通的品质决定你生命的品质

【团队实践活动】

企业员工活动策划

各团队选做一个策划，做好调查，集思广益、群策群力做出策划方案，并考虑其可执行性和执行效果。上交策划稿，并要求PPT汇报。

方案1：
主要目的：增加员工交流、增强团队凝聚力和员工归宿感、塑造企业文化。
活动时间：每两周抽出半天。
活动要求：要有季节性，如适合冬季的等。
活动对象：部门全体人员。

方案2：
主要目的：让员工家属了解公司文化，增进对公司的亲切感，提高对员工工作的支持度；激发员工的感恩心与荣誉心，为家人、为团队更努力、更有价值感地投入工作。
活动时间：节日，如元旦、春节、端午节、六一节、中秋节、冬至节等。
活动要求：要有节目氛围，体现亲情，突出趣味性。
活动对象：部门全体人员及家属。

任务4　会议沟通

知识储备

在工作过程中，会议可以说是一项最经常的工作。一项调查表明，大多数商务人士有三分之一的时间用于开会，有三分之一的时间用于旅途奔波。会议沟通是一种成本较高的沟通方式，沟通的时间一般比较长，常用于解决较重大、较复杂的问题。虽然会议带来了资源、人力、物力的巨大耗费，但也不得不承认，会议是一种很有效的沟通手段，因为面对面的交流可以传递更多的信息，尤其是很多需要各部门协作的工作，就更是需要会议的纽带来协助运作。

一、会议的含义和类型

1. 含义

会议是人们为了解决某个共同的问题或出于不同的目的聚集在一起进行讨论、交流的活动，它往往伴随着一定规模的人员流动和消费。一次会议的利益主体主要有主办者、承办者和与会者（许多时候还有演讲人），其主要内容是与会者之间进行思想或信息的交流。

2. 类型

按会议的目的分：谈判型会议、通知型会议、解决问题型会议、决策型会议、信息交流型会议。

按会议参加的规模分：大型会议、中型会议、小型会议；也可分为可分为集会、讨论会和委员会三种类型。

按会议的时间规律性分：例行会议、非例行会议。

按会议的形式分：室内会议和室外会议、正式会议和非正式会议。

按会议参与者的身份分：员工会议、委员会议、董事会议。

按会议的内容分：生产或业务会议、销售会议、专业分享会议、咨询会议、座谈会和讨论会。

二、会议的功能

1. 传达公司经营理念并使公司目标协调一致

召开会议最主要是为了传达公司的经营理念，统一上下员工的步调，

≈ 管理沟通定律 ≈

蚁群效应：减掉工作流程中的多余

蚂蚁做事很讲究流程，但它们对流程的认识是直接指向于工作效率的。蚂蚁做事有分工，但它们的分工是有弹性的。蚂蚁无需太多的自上而下的控制或管理，就能自我完成工作。

"蚁群效应"无疑是现代企业在组织发展中所梦寐以求的，而从行业发展的角度来讲，其作用会更加明显。

我的态度和主张

管理无处不沟通
沟通的品质决定你生命的品质

小故事

不能伟大，但能崇高

杜鲁门当选美国总统以后，有位记者到他的家乡去采访杜鲁门的母亲。记者首先称赞道："有总统这样的儿子，您一定感到十分自豪。"杜鲁门的母亲赞同道："是，我感到十分骄傲。不过，我还有个儿子，也同样使我感到自豪。""那么，他是做什么的呢？"记者问道。"他正在地里挖土豆。"母亲骄傲地回答道。并不是所有的人都能成为伟人，只要能以自己的辛勤劳动来换取自己所需，就可以做到崇高。

启示：认真的做事情，管理人员不一定能做到伟大，但一定能做到崇高，同样是令人骄傲的事情。

他们的态度和主张

没有一种伟大思想是在会议中诞生的，但已有许多愚蠢的思想在那里死去。

——斯科特·菲茨杰拉德（"迷惘的一代"的代表作家、"爵士乐时代"的桂冠诗人 美国）

改进公司的缺失，让公司能够更好。同时通过会议，集思广益，把大家的意见统一起来使之成为公司即将遵循的一个方向，这样才能众志成城，又快又好地将目标变为现实。

2. 传达决策者的信念

决策者的信念也要通过会议来传达。比如，公司从今年开始要派发一些红利给所有的员工，而且要根据每位员工完成各项指标的多少而有所不同，这是领导者的一种激励策略，这样的信念就需要利用会议来隆重推出，充分吸引员工，激发员工的工作热情。

3. 集思广益共同解决问题与危机

集思广益、共同解决问题与危机是会议的又一个重要功能。当公司突然陷入困境，下面的人没有对策，领导一时之间也拿不出合理的方案时，就需要大家坐在一起召开会议，提出自己的想法，设法解决公司所面临的危机。所以，开会可以化危机为转机，这也就是它存在的一个重要原因。

4. 脑力激荡，寻求创意，突破经营盲点

脑力激荡、开发富有创意的经营理念是会议的另一项功能。一个拥有良好的生产线、人员配备和产品的公司，如果没有足够的创新意识，依然不能称之为是一个好公司。会议就是产生创意的一个良好场所，通过有效的会议，可以进行头脑风暴，不断激发出良好的创意。

5. 检讨、改进缺失

如果你的公司今年的业绩一路下滑，你就要马上召开会议，大家讨论一下下滑的原因，比如，是不是产品不够好，还是管销费用没有有效控制，或者人员的配备有问题。通过会议，可以将所有可能的原因列举出来，然后再编列成册，一一做出分析，通过分析结果来检讨和改进公司的有关缺失。

6. 达成告知功能

会议传达信息要比在布告栏上公布的效果好得多，而且也显得更为郑重。比如，今年你公司的业绩目标是要达到一亿的营业额，通过会议，你可以将这个目标清晰准确地传达给各个相关部门，号召大家加快生产脚步，争取按时完成任务。

> **小贴士**
>
> **会，怎么就那么长**
> - 会议目标不清晰，会前准备不充分
> - 只会不议，议而不决
> - 站在不对等的平台上
> - 各色问题一锅烩
> - 议程设计不合理，出现"跑题"

三、会议准备工作

1. 制订议程安排

充分考虑会议议程，写出条款式的议程安排；确定会议的召开时间和结束时间，并和有关部门协调；整理有关议题，并根据其重要程度排出讨论顺序；把会议安排提前交给与会者等。

2. 挑选与会者

首要原则是少而精，信息型会议应通知所有需要了解信息的人都参加；决策型会议需要邀请能对问题的解决有所贡献，对决策有影响的权威人士，以及能对执行决策做出承诺的人参加；另外，需要对那些未在会议邀请之列的关键人士做出说明。

3. 会议室布置

现场会议室一般比较方便而且费用低廉，因而是首选地点。但是如果涉及公司的对外关系或与会人数较多，则可以考虑租用酒店或展览中心。与会者的身体舒适需求不能忽略，应该注意会议室的空调温度、桌椅舒适度、灯光和通风设备等。根据沟通需要来选择适当的桌椅排列方式，信息型会议的与会者应该面向房间的前方；而决策型会议的与会者应该面向彼此，适宜采用圆桌型的现场布置。

4. 会场的器材准备

现代化的会议离不开各种辅助器材，在召开会议之前，就应该把各种辅助器材准备妥当。

（1）桌椅、名牌（现代高档会议室用桌面智能终端取代传统名牌）、茶水。桌椅是最基本的设备，可以根据会议的需要摆成圆桌型或报告型，如果参加会议的人数较多，一般应采用报告型，不需要准备座位牌，如果参加会议的人比较少，一般采用圆桌型，并且要制作座位牌，即名牌，

我的态度和主张

管理无处不沟通

沟通的品质决定你生命的品质

小故事

不要弄得人心惶惶

某人乘船在大海中航行，晚上停泊在一个海岛上，半夜听到水底下有人哭，又好像有人在说话。于是就认真地听着。只听见其中有一个人说："昨天龙王下了一道命令，水族中凡有尾巴的都要斩首。我是一只龟，很害怕被杀头所以才哭。而你是只蛤蟆，又没有尾巴，为什么也要哭个不停呢？"这时候听到另一个声音说："我现在幸亏没有尾巴，但害怕龙王追究我当蝌蚪的事情啊！"

启示：不要想找一个人的差错，总是可以找到理由的，管理人员在管理企业的过程中千万不要弄得人心惶惶。

他们的态度和主张

年轻人欠缺经验，但请不要忘记：年轻是你最大的本钱。不要怕犯错，也不要畏惧挑战，你应该坚持到底，在出人头地的过程中努力再努力。

——比尔·盖茨（微软公司董事长 美国）

让与会人员方便就座。但是为了提高会议的档次及满足现代会议的需要，一般采用能重复使用的桌面智能终端，推进无纸化的进程，真正体现绿色会议，智能会议的需要。

会议上的茶水饮料最好用矿泉水，因为每个人的口味不一样，有的人喜欢喝茶，有的人喜欢喝饮料，还有的人喜欢喝咖啡，所以如果没有特别的要求，矿泉水是最能让每个人都接受的选择。

（2）签到簿、名册、会议议程。签到簿的作用是帮助了解到会人员的多少，分别是谁，一方面使会议组织者能够查明是否有人缺席，另一方面能够使会议组织者根据签到簿安排下一步的工作，如就餐、住宿等。印刷名册可以方便会议的主席和与会人员尽快地掌握各位参加会议人员的相关资料，加深了解，彼此熟悉。

（3）黑板、白板、笔。在有的场合，与会人员需要在黑板或白板上写字或画图，从而说明问题，虽然现在视听设备发展得很快，但是传统的表达方式依然受到很多人的喜爱，而且在黑板或白板上表述具有即兴、方便的特点。此外，粉笔、万能笔、板擦等配套的工具也必不可少。

（4）各种视听器材。现代科技的发展带来了投影仪、幻灯机、录像机、镭射指示笔或指示棒等视听设备，给人们提供了极大的方便。在召开会议前，必须先检查各种设备是否能正常使用，如果要用幻灯机，则需要提前做好幻灯片。录音机和摄像机能够把会议的过程和内容完整记录下来，有时需要立即把会议的结论或建议打印出来，这时就需要准备一台小型的影印机或打印机。

（5）资料、样品。如果会议属于业务汇报或产品介绍，那么有关的资料和样品是必不可少的。比如在介绍一种新产品时，单凭口头泛泛而谈是不能给人留下深刻印象的，如果给大家展示一个具体的样品，结合样品一一介绍它的特点和优点，那么给大家留下的印象就会深刻得多。

现代会议正朝着多元化的方向发展，很多都是直接带有商业目的并能产生巨大经济效益的，如各种高峰论坛、专家培训会议等。会议的一般操作原理为：会议的主办者制订举办会议的计划并委托给承办者，承办者（可以是专业会议组织者即PCO、公司的会议与奖励旅行部等）将围绕既定的主题进行精心设计，并在市场上联系会议的买家（即目标与会者）、相关人员（如政府官员、演讲嘉宾等）及举办场所，最后自己接待会议，或将业务分包给会务公司。

小贴士

会议"六戒"
- 没有明确议题的不开
- 议题过多的不开
- 没有充分准备的不开
- 可用其他方式替代的不开
- 没有迫切需要的不开
- 会议成本过高的不开

四、合理控制会议议程

要开好会议，必须有一套驾驭会议的艺术，即要始终抓住会议的主题，要注重激发与会者的思维，要善于吸收会议的创造，要把握会议的时间等。

1. 会议开场

（1）准时开会。不准时开会只能加剧与会者的焦躁情绪，同时也令他们对会议主持者的工作效率和领导能力产生怀疑。

（2）向每个人表示欢迎。如果你面对的是一队新的成员，可以让他们向大家做自我介绍。如果彼此已经见过面，也要确保把客人和新人介绍给大家。

（3）制订或者重温会议的基本规则。你可以使用"不允许跑题"、"聆听每个人的发言"、"每个人的发言不能超过 5 分钟"等类似的规定。如果准则是与会者共同制订而不是主持人强加的，则会议的效果要好一些。你可以向与会者询问："你们同意这些规定吗？"要得到每一个人的肯定答复，而不要想当然地把沉默当成没有异议。

（4）分配记录员和记时员的职责。对于一些例行会议而言，可以由所有人轮流担当这些责任，当然也要考虑个别情况。

2. 引导会议的进程

会议依赖于与会者的相互作用。开会时出现问题是不可避免的，有时问题因为人而产生，有时因为程序或逻辑而产生。在任何情形下，主持者都有责任令讨论热烈，确保与会者都参与讨论，并保持讨论的正确方向。

一个优秀的会议领导者总是经常提出简短的意见以指引会议讨论的进程，比如说"让我们试试"，"这是一个好的思路，让我们继续下去"。事实上，如果我们仔细观察，就会发现优秀的会议主持人最常用的引导方式是提问题，针对目前所讨论的问题引导性地提问，会使与会者的思路迅速集中到一起，提高工作的效率。

我的态度和主张

管理无处不沟通
沟通的品质决定你生命的品质

常用的问题大致可以分为两类：开放式的问题和封闭式的问题。开放式的问题需要我们花费更多的时间和精力来思考回答，而封闭式的问题则只需一两句话就可以回答。比如说："小王，你对这个问题怎么看？"这就是开放式的问题；"小王，你同意这种观点吗？"这就是封闭式的问题。

【超级链接】

会议主持人善用各种提问方式

问题类型	问题特点
棱镜型问题	把别人向你提出的问题反问给所有与会者。例如，与会者："我们应该怎么做呢？"你可以说："好吧，大家都来谈谈我们应该怎么做。"
环形问题	向全体与会者提出问题，然后每人轮流回答。例如："让我们听每个人的工作计划，小王，由你开始。"
广播型问题	向全体与会者提出一个问题，然后等待一个人回答。例如："这份财务报表中有三个错误，谁能够纠正一下？"这是一种具有鼓励性而没有压力的提问方式，因为你没有指定人回答，所以大家不会有压力。
定向型问题	向全体与会者提出问题，然后指定一人回答。例如："这份财务报表存在三个错误，谁来纠正一下？小王，你说说看。"这种提问方式可以让被问及的对象有一定的准备时间。

3. 控制成员行为

（1）某些人试图支配讨论的局面。在会议中，常常会出现"一言堂"的局面。如果我们会议的目的是找出不同观点，那么广泛的参与是会议成功所必不可少的因素。有时有些人可能因为富有经验或职位较高而处于支配地位。当这种情形发生时，其他人通常就会只是坐着听。这时，主持者就应该提一些直接的问题，将与会者调动起来。

如果其他办法都不能奏效，不妨尝试在中间休息时与那个人私下谈一谈，也许会有所帮助。

（2）某些人想争论。这种人可能自称无所不知，或者掌握的信息完全是错误的，或者是个吹毛求疵的家伙，喜欢插话打断主持者。在任何情形下，主持者都要保持清醒的头脑。通过提问，主持者可以引出这些人愚蠢的或牵强的发言，然后不再理睬他们。通常，这种人会激怒全体，会有人讲出不欢迎他们的话，然后一片沉默。这时，主持者可再问其他与会者一些直接的问题，从而维持会场讨论气氛的平衡。

通常地，这个喜欢辩论的人会意识到情况，然后不再提出问题。但如果这个人不敏感，主持者就必须直截了当地向他指出，他这种吹毛求

他们的态度和主张

会是常常从早上开到晚上，没有话讲的人也要讲一顿，不讲好象对不起人。总之，不看实际情形，死守着呆板的旧形式、旧习惯，这种现象，不是也应该加以改进吗？

——毛泽东

疵的做法扰乱了会议的进程，浪费了宝贵的时间，然后主持者立即向另一个人提问，以便让讨论继续下去。

（3）某些人和身边的人开小会。当与会者人数很多时，经常会发生这种情形。开小会往往是因为某个人想讲话，但又没有机会，或者某个谨慎的与会者在向大会提出某种想法前，想先试探别人的看法。通常，会议中有人开小差是不可避免的，不过这种小会一般比较简短，只有当小会时间持续长了才会成为一个问题。

解决这种问题的一个办法是请这个人告诉大家他刚才所讲的内容；另一个办法就是沉默，然后看着那个破坏秩序的人，通常，这样就会恢复会议秩序。

（4）习惯性的跑题者。我们可以运用 FAST 法来解决这个问题。这一谈话技巧可以训练一个习惯性跑题者采取一些更富有建设性的行动：F，面对造成问题的人；A，感谢或肯定这个人及他／她的良好意图；S，建议一种新的行为方式；T，多做几次尝试，可以逐步改变或提高你的要求。

例如，假设小王总是在开会的时候讲很多的笑话，他是个很风趣的人，但是他总是会让会议跑题。为了管住他：F，注视他，说："小王，我有个建议……" A，"首先，你的笑话都棒极了……" S，"但是我仍然不清楚你那聪明的脑袋对这个问题真正是怎么看的？说真的，你是否能够告诉我们你的建议？" T，如果他还是没有改变，或者你可以更加严厉一些："别这样了，我们已经乐过了，但是现在的要点究竟是什么呢？" 如果这些公开的干预仍然不能够见效，你可以问小王是否可以在休息的时候和他单独谈一谈。私下里告诉他：你看到了他做的那些事情，你如何评价他的这些做法，你的感受和你希望他做些什么。这样的谈话可以比公开场合中的语气更为坚定和严厉。

4．圆满地结束会议

无论是什么样类型的会议，在会议结束的时候重新回顾一下目标、取得的成果和已经达成的共识，以及需要执行的行动都是很必要的。

（1）总结主要的决定和行动方案及会议的其他主要结果。

（2）回顾会议的议程，表明已经完成的事项及仍然有待完成的事项；说明下次会议的可能议程。

（3）给每一位与会者一点时间说最后一句话。

（4）就下次会议的日期、时间和地点问题达成一致意见。

（5）对会议进行评估，在一种积极的气氛中结束会议。你可以对每一位与会者的表现表示祝贺，表达你的赞赏，然后大声地说"谢谢各位"来结束会议。

≈ 管理沟通定律 ≈

奥卡姆剃刀定律：不要把事情人为地复杂化

"切勿浪费较多东西去做用较少的东西同样可以做好的事情。" 保持事物的简单化是对付复杂与烦琐的最有效方式。精兵简政，不断简化组织结构；关注组织的核心价值，始终将组织资源集中于自己的专长；简化流程，避免不必要的文书作业。

提出者：14世纪逻辑学家、圣方济各会修士奥卡姆的威廉（William of Occam）

我的态度和主张

管理无处不沟通
沟通的品质决定你生命的品质

≡小故事≡

不要权力的光环

美国总统富兰克林·罗斯福的小外孙女有一天和小伙伴玩，回来后问母亲："妈妈，他们都说我外公是总统，可您为什么从来都不告诉我呢？"妈妈说："孩子，这并不值得你骄傲，你要知道，这个世界上当总统的人很多啊！"母亲明白在权力的光环下长大的孩子很难学会独立的生活，一旦权力光环消失，最后受到伤害的只会是孩子，每一个人都应该有自己的能力和被世人认可的地方。

启示：管理人员不要在权力的光环下不能自拔，应该有自己独立的、被人认可的地方。

五、做好会后工作

在会议完毕之后，应该注意以下细节，主要包括：

整理会议纪要。会议纪要必须是会议宗旨、基本精神和所议定事项的概要纪实，不能随意增减和更改内容，任何不真实的材料都不得写进会议纪要。会议纪要必须精其髓，概其要，以极为简洁精炼的文字高度概括会议的内容和结论。既要反映与会者的一致意见，又可兼顾个别同志有价值的看法，有的会议纪要还要有一定的分析说理。会议纪要要对会议精神和议定事项分类别、分层次予以归纳、概括，使之眉目清晰、条理清楚。

会议要形成文字结果，哪怕没有文字结果，也要形成阶段性的决议，落实到纸面上，还应该有专人负责相关事物的跟进。另外，赠送公司的纪念品；组织参观，如参观公司、厂房等；如果必要可以合影留念。

【超级链接】

三星会议的三原则

原则一：周三不开会。对于许多公司而言，开会一般是不会考虑哪天不宜开会的。而在三星，则确定了周三不开会。因为这一天，无论是员工的工作状态还是业务，都是处于最高潮的时候，一定要抓住这个良好的状态服务于工作。

原则二：会议时长1小时，最多不超过1.5小时。召开会议时，三星还会将一个定量为一小时的沙漏放置在会议室中，为严格遵守时间施加了无形的压力。而三星这么做，也是有充分科学依据的，专家称：一个成年人集中精力的时间不超过两个小时。

同时，为了避免闲谈或因无关的事浪费会议时间，三星还采用了可使效率提高两倍的站立式会议形式。因为，据说人的大脑活动最活跃的时间是在站立的状态下，并且是确定好了结束时间的时候。

原则三：将会议内容整理成一张纸。有时只要一说会议结束了，至于谈了什么、结果是什么、必须实施的内容就记不清楚了。因此，三星规定：会议内容要由专人整理好，发给参会者和相关人员，同时，这份记录一定要是简洁的一张纸。

他们的态度和主张

将要直面的，与已成过往的，较之深埋于我们内心的，皆为微末。

——拉尔夫·瓦尔多.爱默生
（作家、诗人 美国）

情景 3 组织内部沟通

【思考题】

1. 一般而言，会议的主要目的有哪些？
2. 在会议召开之前，要做好哪些准备工作？
3. 影响会议成交的因素有哪些？你认为怎样才能提高会议的成效？
4. 人们对会议有很多不满和抱怨，最常见的抱怨有："我不明白开这次会议有什么用。""我去开会，无非是凑个数而已。""我所有的主张都遭到批评。""开会大家都在说自己的事。"等。你认为导致人们抱怨的原因是什么？
5. 开会一定要面对面吗？这牵扯到一个现实问题：是否有必要花钱花时间从一个城市赶到另一个城市出席会议？另一个重要的问题是：何时适用何种方式？就协商效果和集体决策效果而言，直接的面对面沟通是否更为有效？
6. 老板开会，员工为什么不说真话？

做销售的朋友都很熟悉这样一幅情景，无论是周例会、月例会、季度例会还是年终总结会，老板在主席台上激情四射慷慨陈词，下面员工目光呆滞眼中无物，或者在笔记本上狂写不止，面似认真。轮到各自发言，或者拈重就轻、顾左右而言他，或者说老板的指示非常英明、自己深受鼓舞、信心百倍，更有甚者连溜须拍马都懒得表达，说自己的看法已经被其他同事说过，表示同意以上意见。除了第一次参加例会的新员工还能讲一讲市场上真实的状况外，资格越老说话越是言之无物。表面上这样的会议意见高度统一、一团和气，是胜利的大会、团结的大会，实质上并没有解决任何问题。有时候老板本人也很迷惑，给了员工说话的机会，为什么都没人说真话啊？

【自主训练】

（1）连一连。请你根据左栏的问题，从右栏挑出相应的对策，将问题和相应的对策用直线连接起来。通过该练习学习如何更好地控制会议。

问　题	对　策
① 你想令讨论热烈。	A. 请每个与会者总结其他人的发言。
② 你想打断某项讨论。	B. 问小组一个开放式的问题。
③ 几个与会者在开小会。	C. 询问小组的反馈意见。
④ 两名与会者就一个观点争执。	D. 问小组一个具体的问题。
⑤ 与会者问了你一个难以回答的问题。	E. 把问题转回给小组。
⑥ 你想调查对一个观点的支持程度。	F. 问与会者一个具体的问题。
⑦ 你想知道自己是否是个成功的会议主持人	G. 请某个与会者总结讨论

（参考答案：①—B；②—G；③—F；④—A；⑤—E；⑥—D；⑦—C）

（2）自我检查：你在会议沟通活动中是否具有以下行为要点？

管理无处不沟通
沟通的品质决定你生命的品质

你的会议沟通表现	是 √	否 ×
1. 总是在会议开始前3天就已经安排好了会议的日程并将该议程通知到每位与会者		
2. 当与会者询问议程安排时总是回答:"还没定呢,等通知吧"		
3. 对于会议将要进行的每项议程都胸有成竹		
4. 会议开始前半小时还在为是否进行某几个议题而犹豫不决		
5. 提前将每一项会议任务安排给相关的工作人员去落实,并在会议开始前加以确认		
6. 临到会议开始前才发现还有一些会议设备没有安排好		
7. 预先拟定邀请与会的人员名单,并在开会前两天确认关键人士是否会出席会议		
8. 自己也记不清邀请了哪些人出席会议,会议开始前才发现忘了邀请主管领导参加会议		
9. 会议时间安排恰当,能够完成所有的议题		
10. 会议总是被一些跑题、多话者干扰,难以顺利进行		
11. 会议室布置恰当,令与会者感觉舒适又便于沟通		
12. 会议室拥挤不堪,令与会者感觉不快,大家都盼望着早点结束会议		

　　以上12个问题可能是你在会议沟通活动中常见的表现,你如果选择了题号是单数的行为表现,请给自己加上一分;你如果选择了题号是双数的行为表现,请给自己减去一分,最后看看自己的总分。

　　3～6分:你的会议沟通技巧是值得称道的。

　　0～3分:你的会议沟通技巧也还不错,但需要进一步改进。

　　低于0分:你的会议沟通技巧真不怎么样,赶快努力吧!

　　(3)马上行动:策划一个读书会,如何?

　　读书会可以让那些没有把书读完,或甚至完全没有看的人,在聚会后,好好把书读完。读书会可以让你在聚会的时候,说出读书心得,当每个人都说出你所不知道或所不曾感悟的东西,你会受益颇多,同时您的感悟和分享也许会给别人帮助。读书会不仅是为书,同时也是为了联系友谊而成立。读书会是大家的,请群策群力,明确你的目标,制订一个读书计划,并要求每一个人都要积极参加与发言。

　　考虑:第一次读书会活动内容就是讨论读书会的运行,您想要一个什么性质的读书会?读书会多久聚会一次?您对什么类型的书感兴趣(励志、心灵、心理、经济、管理、教育、小说、文学、历史、传记等)?推荐五本你认为值得读的书。

　　或者,策划一个情感分享会,怎么样?

　　行动记录和感受:

(4) 失去了还可以找回来的东西：

📋 【团队案例分析】

销售部的会议沟通

德克特里克仪器设备公司（Techtrex Instrument orporation）的西海岸销售部的成员正在开会，讨论科学测量仪的下一年度营销计划。

比尔，部门经理。他对本次会议很担心，因为营销计划要求提高明年的销售额。这项计划已经订了下来，纵然目前经济不景气，也没有新产品可供上市，而且他的旅行预算也被削减了。比尔觉得他必须说服他的销售人员不再执行一项不切实际的计划。

乔，最优秀的销售员。他来开会是为了告诉大家，他是如何做到连续三年名列销售榜榜首的。他不在意时世是否艰难——如果每个人都以他为榜样，他们就可以创造奇迹。

帕特里克，销售员。他不相信努力工作就能成事，生活就是享乐。他认为那项销售计划简直荒唐——用不了三个月大家就会把这事儿忘了。他来这里是为了说笑，让大家乐乐，再看看能否让乔伊丝和他上床。

乔伊丝，唯一的女销售员。她觉得必须证明自己能和男人干的一样好。因为她是新手，所以她的销售区最小，销售情况最差。她来开会是为了看看能否从帕特里克的销售区里把内华达这一块弄过来。

凯瑟琳，销售部秘书。她来该公司工作已经好几年了，看到很多销售人员进进出出。她不懂营销计划，也不想学习什么营销知识。她来开会，是为了想从乔那儿打听公司的内幕消息；听帕特里克讲笑话；吓吓乔伊丝，因为她没有严格填写报价表和支出凭证。

会议开得一塌糊涂。比尔支支吾吾讲了一通计划，而没有清楚地摆出任何事实和数据。乔啰哩啰嗦说了一大通不着边际的话，讲他是如何弄清卡特实验室账目的。帕特里克和凯瑟琳你一言我一语地嘲讽着营销计划制订者。乔伊丝却在努力解释达到销售新目标的唯一途径是重组每个人的销售区。没人真正在倾听别人说话，或提出建设性意见。没有团队精神或共同P222目标。会议草草收场，只做了一个模糊决议："尽我们最大的努力"和"看看第一季度的运作情况"。每个人都带着恼怒和不满离开了会场。

请分析：

（1）作为会议主持人，你认为比尔对于会议主持及会议进程的控制力如何？

（2）比尔及会议的各个参与者在会议举行过程中起到了怎样的作用？

（3）根据比尔会上的表现，你认为他是否需要在会前多做些准备？

【团队实践活动】

模拟会议情景

假设你是公司某部门的负责人，你在召集本部门人员开会时，总遇到下述情况，作为部门的负责人，你会采取什么措施处理？为什么？然后再与团队的成员一起讨论，找到其他更有效的措施。

（1）小张拖拖拉拉，开会总是迟到。

你会这样做：

其他的做法：

（2）小王在会上默不作声，不管正确与否，从不发表意见。

你会这样做：

其他的做法：

（3）小陈在会上十分活跃，不管会议内容如何，总爱打断主持人的讲话，对会议内容进行评价，时常导致会议主题难以正常进行。

你会这样做：

其他的做法：

（4）小李和老陆在会上争执起来。

你会这样做：

其他的做法：

（5）在讨论中，与会者缺乏参与意识。

你会这样做：

其他的做法：

（6）大家讨论得很热烈，但在会议结束时，五个议题只完成了一个。

你会这样做：

其他的做法：

任务 5　建设性沟通

知识储备

一、建设性沟通的含义和特征

1. 含义

所谓建设性沟通，是指在不损害，甚至在改善和巩固人际关系的前提下，帮助管理者进行的确切、诚实的管理沟通方式。简要地说，建设性沟通就是在解决目标问题的前提下强化积极的人际关系的一种实用管理工具。

建设性沟通的公式：建设性沟通＝解决问题＋建立良好的人际关系。

2. 三个重要特征

一是沟通目标是为了解决实际问题，而不仅仅在于讨他人喜爱，或被社会承认。

二是实现了信息的准确传递。沟通主体要围绕沟通的目标，在沟通过程中准确、高效地传递信息，避免信息与主题的偏离，也避免给受众传递错误的信息。

三是沟通有利于改善或巩固双方的人际关系，在更好地解决问题的前提下，保持了良好关系的持续性。

> **小贴士**
>
> **汉森的研究结论**
>
> 美国管理专家汉森在1986年对40家大公司今后五年内的赢利能力进行预测时，通过调研所得出的结论是：良好的管理者与下属关系的权重是市场占有率、资本紧缺性、公司规模、销售增长率这四个重要变量之和的三倍。这个结论充分说明，以人际沟通为基础的管理沟通是企业提高其赢利能力、获得可持续发展的关键问题。因此，建设性沟通不仅是"做人的技巧"，而且是管理者与组织获取竞争优势的关键要素，良好的员工间关系及管理者与员工间关系会产生最基本的竞争优势。管理者不仅要培养自身熟练的建设性沟通技巧，而且要帮助下属学习这种技巧。

情景 ③ 组织内部沟通

≈ 管理沟通定律 ≈

坠机理论：依赖"英雄"不如依赖机制

企业需要在平时的经营管理中采取适当的措施，建立一套完整制度，避免因企业的领导者发生意外，而使企业崩溃。突破个人魅力怪圈，建立常规性的领导者继任程序。记住，制度比英雄更靠得住。

我的态度和主张

管理无处不沟通
沟通的品质决定你生命的品质

=== 小故事 ===

要培养和谐的关系

有一只麻雀躲到一只树枝上,接着又有一只躲到邻近的树枝上。一只麻雀叽叽喳喳地说:"我的伴侣离开我了。"另一只麻雀大声叫道:"我的伴侣也走了,她不会回来了。"这两只麻雀开始啁啾对话和互相对骂。不久他们就打起架来,发出了刺耳的声音。就在这个时候,又有两只麻雀从天空中滑翔而下,他们悄悄地坐在这两只不安分的麻雀旁边。于是就有了安宁,有了和平。结果这四只麻雀成双成对地一起飞走了。

启示:管理人员一定要和员工培养和谐关系,这样一切才会顺利而且安宁地进行。

他们的态度和主张

我们很多人始终搞不明白文化与文明,教育与教养的区别。其实,前者和后者没有必然的关联。今天更缺的是文明,是教养。社会日见粗鄙,暴戾,卑劣。极堪忧。

——钱文忠(学者 中国)

二、建设性沟通的本质

建设性沟通的本质在于换位思考。在沟通中,运用换位思考的方式,可以使沟通更有说服力。其中,换位思考要把握以下三个问题:一是受众需要什么,即受众定位;二是我能给受众什么,即自我定位;三是如何把"受众需要的"和"我能提供的"有机结合起来,即沟通策略。达成建设性沟通的基本思路是:寻求共同价值点。

以客体为导向的沟通思维,也就是换位思考,即无论何时、何地、何种环境、采取何种方式进行沟通均必须站在沟通对象的立场上去考虑问题,以"对方需要什么"作为思考的起点,不但有助于问题的解决,而且能更好地建立并强化良好的人际关系,达到建设性沟通的目标。

三、建设性沟通的原则

在换位思考的基础上,要进一步把这样的思考方式贯彻到自己的沟通语言和沟通过程中,就应在沟通信息组织、沟通语言表达等方面加强理念和技能提升,即要遵守信息组织原则——完全性和对称性原则,也要遵守三个合理定位原则——对事不对人、责任导向、事实导向的原则。

1. 完全性原则

所谓完全性原则,指的是沟通信息的发出者应在沟通中注意:沟通中是否提供全部必要信息;是否根据听众的反馈回答了询问的全部问题;是否为了实现沟通的目的在需要时提供额外的信息。这里的必要信息的含义,就是要向沟通对象提供5W1H,即谁(Who)、什么时候(When)、什么(What)、为什么(Why)、哪里(Where)和如何做(how)六个方面的信息。信息的完全性,就是要求沟通者回答全部问题:以诚实、真诚取信于人。必要时提供额外信息,就是要根据沟通对象的要求,结合沟通的具体策略向沟通对象提供原来信息中不具有的信息或不完全信息。

2. 对称性原则

所谓对称性原则,是指提供的信息对于沟通双方来说应该是准确对称的。信息来源对于沟通双方来说都应该是准确和可靠的,这是对称性的基本要求。在沟通过程中,出现信息不准确现象的一个非常重要的原因是原始数据的可靠性不符合沟通的需要。这时,就必须使用双方都能够认可的信息源所提供的信息。例如,员工甲和员工乙之间有私人矛盾,如果管理者以员工甲提供的信息为依据对员工乙的怠工行为提出批评,就容易遭到员工乙的排斥。即使这种情况是客观的,这样的沟通也无法达到应有的效果。对称性原则的另一要求是沟通者采用沟通双方都能接受的表达方式。其一，要采用双方都能理解的媒介手段；其二，要采用恰当的语言表达方式。所谓媒介手段包括会谈、书面报告、电子公告栏等各种各样的形式。在选择媒介时不能仅凭信息发出者的意愿，而要根据沟通对象的特征、沟通的目的及各方面的环境因素等进行综合考虑。所谓语言表达方式包括恰当的词汇和恰当的语言风格两个方面。

运用信息组织原则进行沟通，既要求信息全面对称、简明清晰，又要注重礼节、具体生动和谈话连贯。

3．对事不对人的定位原则

在谈到批评的方式时，"对事不对人"是一个常见的说法。与之相应的是人们在沟通中存在两种导向：问题导向和人身导向。问题导向指的是沟通关注于问题本身，注重寻找解决问题的方法；而人身导向的沟通则更多地关注出现问题的人而不是问题本身。建设性沟通中的"对事不对人"原则就要求沟通双方应针对问题本身提出看法，充分维护他人的自尊，不要轻易对人下结论，从解决问题的目的出发进行沟通。人身导向的沟通往往会带来很多负面的影响。但是，人们在遇到问题时往往会非常直接地将问题归咎于人，甚至常常导致一定程度的人身攻击。实际上，人们可能改变他们的行为却难以改变他们固有的个性。因此，人身导向的沟通往往只是发牢骚，而不能为解决问题提出任何积极可行的措施。另外，如果你将问题归咎于人，往往会引起对方的反感和心理防卫。在这种情况下，沟通不但不能解决问题，反而会对双方的关系产生破坏性的影响。

4．责任导向的定位原则

所谓责任导向就是在沟通中引导对方承担责任的沟通模式。与责任导向相关的沟通方式有两种：自我显性的沟通与自我隐性的沟通。典型的自我显性沟通使用第一人称的表达方式；而自我隐性的沟通则采用第三人称或第一人称复数，如"有人说"、"我们都认为"等。自我隐性的沟通通过使用第三者或群体作为主体避免对信息承担责任，因而也就逃避就其自身的情况进行真正的交流。如果不能引导对方从自我隐性转向自我显性的方式，则不能实现责任导向的沟通，这样的沟通不利于实际问题的解决。如有可能，管理者可以通过连贯性的提问引导下属员工从"人们如何如何认为"的说法转变到"我如何如何认为"的说法上。这样一来，员工会自然而然地开始对自己的行为承担责任。

5. 事实导向的定位原则

遵循事实导向的定位原则能够帮助我们克服轻易对人下结论的倾向。事实导向的定位原则在沟通中表现为以描述事实为主要内容的沟通方式。在这种方式中，人们通过对事实的描述避免对人身的直接攻击，也能避免对双方的关系产生破坏性的作用。特别是在管理者向员工指出其缺点和错误时，更应该恪守这一原则。在这种情况下，管理者可以遵循以下三个步骤进行描述性的沟通。首先，管理者应描述需要修正的情况。这种描述应基于事实或某个特定的、公认的标准，如可以说"你在这个季度的销售额排名中处于部门最后一名的位置"、"这个月你受到了三次有关服务质量的投诉"等。这种描述能够在很大程度上避免员工的抗拒心理。其次，在描述事实之后，我们还应该对这种行为可能产生的后果做一定的描述，如"你的工作业绩出乎我的意料，这将对我们整个部门的销售业绩产生不良的影响"等。最后，管理者可以提出一个具体的解决方式或引导员工主动寻找可行的解决方案。

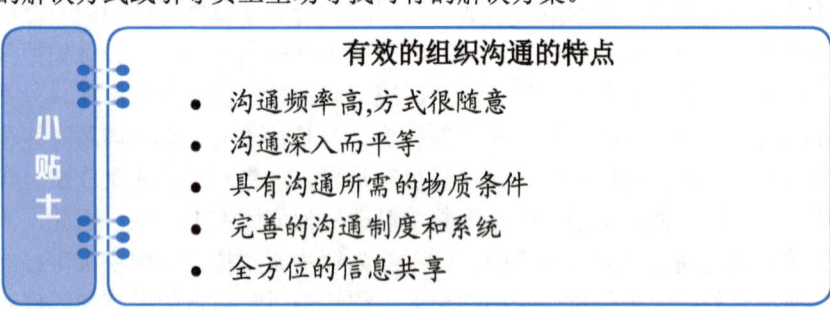

> **小贴士**
>
> **有效的组织沟通的特点**
> - 沟通频率高，方式很随意
> - 沟通深入而平等
> - 具有沟通所需的物质条件
> - 完善的沟通制度和系统
> - 全方位的信息共享

四、建设性倾听

建设性沟通要求区分指导要求和辅导要求，并强调建设性倾听。指导性沟通适用于下属能力方面存在欠缺，经理的目标是"我可以帮你提高能力"，即解决"怎么做"的问题。辅导性沟通适用于下属存在态度问题或认识问题，经理的目标是"我可以帮助你认识到问题的存在和改进的必要"，即解决"什么"的问题。建设性倾听则要求经理人员在认真聆听的同时做出恰当的反应以辅助沟通的进行，细分为四种：情感共鸣、深入探询、类比安慰和指示建议。

认真聆听，感触说话人的情感，并做出恰如其分的反应是建设性沟通之关键。建设性倾听技能有如下四种反应形式。

情感共鸣：情感共鸣的作用是准确"告知"诉说者你对他的情感表达理解。这一聆听技巧最能迅速引起对方的情感共鸣，拉近彼此之间的心理距离，有助释放对方的情绪或焦虑。这一技巧的要点在于懂得情感是交谈的一个重要方面（而不仅仅是内容本身）。无论实际情况你是事

小故事

不断地创新

风靡一时的畅销书《谁动了我的奶酪》讲了两只小老鼠和两个小人的故事。故事中随着时间的推移，奶酪不断地在变小。这个时候谁先追求创新，谁就能发现更大的奶酪，继而过上更幸福的生活。当然如果谁不肯创新，自然会守住一小块奶酪，会发现到最后一无所有，甚至连寻找新的奶酪的勇气都不存在了。整个环境在变，每一个人的心志和思路也应随之变化，否则就容易走到不安全地带。

启示：管理人员要不断地创新，不断地应用新的想法和新的思路，保证管理工作顺畅进行。

他们的态度和主张

不要去欺骗别人，因为你能骗到的人，都是相信你的人！

——史蒂夫·乔布斯（苹果公司前CEO 美国）

先如何听说的，接纳对方的情绪反应是对方的尊重，更有助于谈话深入有效地进行。

深入探询：避免因评判失误而导致情绪对抗的最为有效的方法是进一步探询事件的具体细节，这样做可以避免自己过早地做出结论。同时这种开放的谈话态度本身也在潜意识中告诉对方你在乎他/她个人本身及所持有的意见，从而进一步拉近了彼此之间的心理距离。在此，注意尽可能多问"是什么"，少问"为什么"，以免被误认为质疑。

类比安慰：将话题引向类似的情形以便宽慰对方，或帮助对方理解特殊情况，如："公司刚成立的时候情况比这还糟……"

指示建议：提供具体的建议和指示。

通常，高效管理者在建设性谈话中采用40%的情感共鸣，30%的深入探询、20%的类比安慰和10%的指示建议。

> **中国式沟通的七大要素**
>
> 中国式沟通的七大要素——目的、对象、地点、场合、技巧、态度、人际关系。每个要素都具备中国化的特色，沟通的目的是"不沟自通"；"门当户对"才有对话基础；地点代表一种态度和方法；场合是情景沟通的重要因素；而态度远比沟通的内容更重要；沟通的结果不只是达到沟通的目的，更重要的是通过沟通建立人际关系。

小贴士

我的态度和主张

管理无处不沟通
沟通的品质决定你生命的品质

【思考题】

1. 你认为建设性沟通的关键是什么？

2. "智者务实，愚者争鸣"，不理解这句古训的人，就无法理解什么是建设性沟通。或者说，只有天生存在某些性格缺陷的人，才会为了争鸣而争鸣。你如何理解这个观点？

（1）大多数的经理采取最多的反应是指示建议和关于"为什么"的探询，几乎不采用情感共鸣和类比安慰的技巧。这也许可以解释为什么高效优秀经理人是"稀缺物种"的原因。你是如何看待的？

（2）假如你是班长，请你设计一下，采取什么样的方法和形式才能使这个班的同学之间做到"无障碍沟通"。请拿出你的方案并进行班内交流。

（3）我想知道你曾经遇到的最有挑战性的沟通方面的问题。你为什么认为那次经历对你最富有挑战性，你是怎样应对的？

【自主训练】

（1）组织内部沟通能力测试。他人交流信息，建立友谊，促进合作；在工作中，它能保障各项工作的顺利执行。一个善于与别人交流的管理者，可以让自己的设想被部下理解与接受，因此能保证命令的可靠执行，也可以得到部下的充分信任，让部门中充满团结协作的气氛。高超的沟通能力，是管理者事业成功的基础和保障。

请阅读下面的题目，并根据自己的实际情况回答"是"与"否"（答"是"得1分，答"否"得0分）：

① 我尽量少下达书面指示，多与部下直接交流。

② 我会定期与每位部下谈话，讨论其工作进展情况。

③ 我每年至少召开一次总结会，表扬先进，鞭策后进，同时广泛征求群众意见，让大家畅所欲言。

④ 我经常召集部门会议，既讨论工作问题，又探讨一些大家共同感兴趣的问题。

⑤ 当单位内出现人事、政策和工作流程的重大调整时，我会及时召集部下开会，解释调整的原因及这些调整对他们今后工作的影响。

⑥ 我经常鼓励部下畅谈未来并帮助他们为自己设计。

⑦ 我经常召集"群英会"，请员工为单位经营出谋划策。

⑧ 我喜欢在总经理办公会上将本部门工作进展公布于众，以求得其他部门的合作和支持。

⑨ 我在与人谈话时喜欢掌握话题的主动权。

⑩ 我鼓励员工积极关心单位事务，踊跃提问题、出主意、想办法，集思广益。

⑪ 我喜欢做大型公共活动的组织者。

⑫ 我常在部门内组织协作小组，提倡团结协作精神。

测试结果：

8～12分：你表现得很好，善于与他人，尤其是与部下交流情况，互相了解，因此能避免各种由于沟通不足所产生的问题。在原则问题上，你既善于坚持并推销自己的主张，还能争取和团结各种力量。你自信心强，部下也信任你，整个部门中充满着团结协助的气氛。

4～7分：你比较重视将自己或上级的命令向下传达，但不太注重听取下级的意见，认为众口难调，征求意见只会使问题复杂化。因此在你的部门内，虽然各项任务都能顺利进行，但下属的意见不受重视。

0～3分：由于你对交流能力重视不够，导致你距优秀管理者尚有一段不小的距离。要知道，作为一名管理者，你有责任主动将充分的信息传达给下属，而不应让他们自己千方百计寻找信息。

（2）他的话，你真的听懂了吗。作为一名管理者，针对以下雇员所说的话，你有何感想？你将如何回答？将你的想法在小组内进行交流。

① 一名灰心丧气的部门主管汇报项目进展情况时说："楼上的那些人（其上司）为什么不预先多给我们一些有关这些项目的信息？"

_____
_____
_____
_____

② 经理对一名雇员的报告不满意，忐忑不安的雇员委屈地说："我的确想做好工作，我只是不知道我错在哪里？"

_____
_____
_____
_____

③ 经理在过去一年半的时间里进行了第三次雇员业绩测评后，有雇员评论道："我在这家公司九年了，但好处从来轮不到我。"

_____
_____
_____
_____

（3）马上行动：从现在开始，对不了解的领域做一番探索和研究。

你是否想过，要活得不一样一点？那请一定要保持一颗好奇和求知的心。对不了的领域做探索和研究，是保持青春的不二秘方。这个研究和探索的领域，它不必是什么很重要的事，或者你有必要知道的，它可以只是一个你一直很疑惑的问题，而你从来没有花点时间去研究。

管理无处不沟通
沟通的品质决定你生命的品质

也许在不知不觉中，你也可能成为某方面的专家。促使你想要扩大某方面知识的动机，还可以是一些特殊的个人情况。

行动记录和感受：
_____
_____
_____
_____
_____
_____

（4）听过别人对自己说的最糟糕的话：
_____
_____
_____
_____

【团队案例分析】

力达公司的危机

2010年，力达公司所有的部门都卷入了一场内讧，各部门负责人彼此指责对方。

产品开发部人员对营销部的人大为不满，认为他们没有提供新产品的详细计划书；他们对销售人员也不满，认为销售人员没有向他们反馈顾客对新产品的意见。

生产部的人认为销售人员只关心自己的销售额，不惜以牺牲公司的利益的做法来推销产品。

同时，他们也信不过市场营销部的人，因为他们缺乏准确预测市场趋势的能力。

另一方面，营销部则认为，生产部的人思想保守、不愿冒险，他们对生产部的不合作和无休止的诽谤非常愤怒。他们也看不惯产品开发部的人，认为他们动作迟缓，对他们的要求根本没有反应。

而销售部的人则认为营销部的人没有工作能力，有时在电话上与生产部的人大吵大闹，指责生产部的人对顾客提出的售后服务的要求置之不理。

请分析：
（1）力达公司面临什么危机？
（2）产生这场内讧的原因是什么？

（3）怎样帮助力达公司走出这场危机？

从一起事故处理看"管理沟通"

张家港储运部（又简称粮油码头）系江苏省江海粮油贸易公司的全资子公司，承担国家粮食中转、储备任务。经过十余年的建设和发展，被国家列为仓储类大型一档企业，被世行专家和原国内贸易部喻为"长江粮食走廊"的龙头。

公司发展很快，但内部管理相对滞后。公司存在国企通病，"人多事少，大锅饭"，科室、保障岗位富余人员较多，而收入和生产一线岗位相差不大，正如某些职工的口头禅"干与不干一个样，干多干少一个样，干好干坏一个样。"

2004年9月15日上午，张家港储运部储运科一大班司机孙美珍在码头2号泊位开18号吊车作业，8：00左右当吊至第三关时，吊臂突然发生倒塌事故。事故发生后，公司人事保卫科立即对该事故进行了调查。14日上午18号吊车司机朱九妹在作业过程中发现吊车滑轮不好，将该情况报告当班机械班长孙华兴，孙华兴随即电话向设备科报修，并将"18号吊车换变幅滑轮"写在三班《机械交接簿》上。设备科机修工潘卫军接报修任务后，对该吊车进行修理，当拆下吊车保险片时，又接到科室其他任务，随即中止了修理，并电话通知储运科该吊车修理尚未结束。第二天，二大班接班作业，机械班长陈敏红在不明18号吊车情况下，安排司机孙美珍作业，造成了一起人为责任事故。

根据事故调查情况，安全部门对该事故原因分析为：该起事故是由于机械班长陈敏红在不明吊车情况下，盲目派工导致的一起人为责任事故。

对事故的责任认定，安全部门分别到储运科、设备科去调查，听取他们的意见。储运科、设备科科长对该事故的责任认定有分歧：储运科科长认为，该事故因修理引起，修理过程中未按有关规定挂警示牌，设备科负主要责任；设备科科长认为，设备科已通知储运科该吊车未修好，该事故与设备科无关。

公说公有理，婆说婆有理，每个部门都为自己推卸责任。对这起事故的分析，安全部门在充分调查的基础上，按现代管理理论，从公司安全目标、业务流程等方面着手，分析各流程安全管理，寻找突破点。

一是修理流程。设备科修理工在中止修理后，未采取有效的安全措施，或加挂警示标识，留下安全隐患。

二是交班流程。机械班长孙华兴在吊车修理中止后，未发现吊车隐患，现场监管不力；在交班时，未将吊车修理未结束这一信息清晰准确地传递，交班不清。

三是接班流程。机械班长陈敏红，在不明18号吊车情况下，盲目派工，造成一起人为责任事故。

四是作业流程。吊车司机孙美珍，工前检查不仔细，未及时发现吊车隐患。

根据公司规定，"在作业过程中，由于对机械情况不明或调配不当，所发生的事故，机械班长应负直接责任。"因而对照接班流程，机械班长陈敏红对该起事故负主责；修理流程、交班流程、作业流程中，如果安全措施到位，排除隐患，该事故完全可以避免，因而修理工潘卫军、机械班长孙华兴、吊车司机孙美珍对该起事故共负次责。

管理无处不沟通
沟通的品质决定你生命的品质

根据责任认定，安全部门对照公司《安全生产规定》，对该起事故的责任人进行处理，并将安全部门的处理思路、处理结果向储运科、设备科科长口头沟通。

对安全部门的责任认定，储运科科长无异议；对处理结果，提出按公司规定条款处理，主要责任人处罚太重，建议减轻处理；而设备科科长仍固执地认为该事故和设备科无关，却说不出充足的理由。事故处理既要把握原则性，又要考虑灵活性，关键是能起到教育作用，减少事故的发生。考虑生产一线员工和后方比，"收入低，罚款重"这一实际情况，当事人又认识诚恳，安全部门对主要责任人减轻了处理。对设备科修理工的处理结果不变，安全部门认为，修理流程中设备科虽采取了安全措施，但措施未有效。

最后，按照程序安全部门将处理结果上报公司领导，公司领导做了同意安全部门处理意见的批复。

请分析：

（1）该公司的事故处理是否达到了应有的目的？

（2）本案例中，机修工潘卫军、机械班长孙华兴、吊车司机孙美珍分别在什么情况下承担主要责任？

（3）结合案例，分析该公司管理沟通缺陷及改进措施。

（4）结合案例，分析该公司安全管理存在的问题，提出改进建议。

【团队实践活动】

解决沟通障碍：彗星来访

目的：通过简单的口头信息传递游戏来了解组织沟通的主要障碍，讨论相应的对策与解决方法。

步骤或提示：

（1）选取团队成员 7 名，并各自分配角色。角色分为指导老师、少校、值班军官、上尉、中尉、上士、士兵 7 种，每位团队成员扮演一种角色，不能出现角色重叠（可以班级分组、小组推荐的形式选拔参与学生，以提高全体学生的积极性与参与感）。

（2）将除少校角色以外的学生隔离（如于教室外等候），指导教师向"少校"提供一份书面材料（或 PPT 信息），具体内容为：

要求上校在 30 秒内知晓命令，30 秒后，指导教师收回书面材料（或 PPT 信息）。

（3）让值班军官进入教室，由少校向其传达命令内容，时间控制在 30 秒；传达结束后，少校退场，上尉进入教室，由值班军官负责向上尉传达命令，时间控制在 30 秒。

（4）以此类推，各级角色向下一级角色传达命令，当上士向士兵传达完毕后，由士兵大声向全体学员表达他所接受的命令内容：

（5）指导教师将其表达的内容与实际内容进行比较，予以点评。

相关讨论：

① 游戏中的沟通障碍体现有哪些？原因是什么？

② 游戏对如何避免组织沟通障碍有何启示？

管理无处不沟通
沟通的品质决定你生命的品质

【要点回顾】

- 畅通而有效的组织沟通，有利于信息在组织内部的充分流动和共享，有利于提高组织工作效率，有利于增强民主管理，促进组织决策的科学性与合理性。

- 组织内部沟通影响因素包括：沟通行为的流程要素、组织文化类型、领导者作风及其他。改善组织沟通的方法主要有：改变沟通风格；强化内部培训、提高全员沟通技巧；建立组织沟通制度和沟通标准；鼓励优秀的沟通者等。

- 团队（Team）是由员工和管理层组成的一个共同体，它合理利用每一个成员的知识和技能协同工作，解决问题，达到共同的目标。团队的构成要素总结为5P，分别为目标、人、定位、权限、计划。团队的功能主要表现在两个方面：更好地完成组织任务、更好地满足个体人员的心理需求。团队建设的阶段包括形成期、凝聚期、激化期、收割期。

- 团队沟通即为工作小组内部发生的所有形式的沟通，是指为了更好地实现团队目标，团队成员之间所进行的信息传递与交流。团队沟通的特点有：平等的沟通、规范的沟通、沟通气氛融洽、外部沟通频繁等。团队决策的方法可以是多种多样的，甚至在决策过程中也常常会发生变化。通常采用以下几种方法：议会讨论法、冥想法、头脑风暴法、德尔菲法等。

- 垂直沟通是指群体或组织中在高低各个结构层次之间进行的沟通，它有下行沟通和上行沟通两种形式。下行沟通是指信息由群体或组织中具有较高权威的层级流向权威较低的层级的沟通过程。上行沟通是指由下属向上级进行的信息沟通。妥善处理与下属的关系、正确处理与上级的关系。

- 横向沟通是指发生在同一工作群体的成员之间、同一等级的工作群体之间，以及任何不存在直线权力关系的人员之间沟通。管理者每天都要进行大量的横向沟通，或称水平沟通、跨部门沟通，这是跨命令链的沟通。这对于与其他部门的工作协调是必需的。

- 妥善处理横向人际关系的原则：树立平等共处的观念；小心对待办公室友谊，掌握好真诚的分寸；要为同事保守秘密；不要有太多的牢骚和抱怨；不要把交往圈子限定在少数几个人或一个人身上。

- 会议是人们为了解决某个共同的问题或出于不同的目的聚集在一起进行讨论、交流的活动，它往往伴随着一定规模的人员流动和消费。一次会议的利益主体主要有主办者、承办者和与会者（许多时候还有演讲人），其主要内容是与会者之间进行思想或信息的交流。

- 会议的功能主要有：传达公司经营理念并使公司目标协调一致；传达决策者信念；集思广益共同解决问题与危机；检讨、改进缺失；达成告知功能。做好会议准备工作，合理控制会议议程，做好会后工作。

- 所谓建设性沟通，是指在不损害，甚至在改善和巩固人际关系的前提下，帮助管理者进行的确切、诚实的管理沟通方式。建设性沟通的公式：建设性沟通＝解决问题＋建立良好的人际关系。

- 建设性沟通的原则：在换位思考的基础上，要进一步把这样的思考方式贯彻到自己的沟通语言和沟通过程中，就应在沟通信息组织、沟通语言表达等方面加强理念和技能提升，即要遵守信息组织原则——完全性和对称性原则，也要遵守三个合理定位原则——对事不对人、责任导向、事实导向的原则。

情景 4

组织外部沟通

职业行动能力

（1）能了解客户真正的需要，能贯彻客户至上的理念。
（2）能分析企业与政府沟通存在的问题。
（3）能遵循一定的原则和步骤进行危机沟通。
（4）能运用有效途径与大众媒体进行沟通。

学习型任务

（1）掌握组织外部沟通的内容。
（2）掌握企业与客户沟通的含义、内容及技巧。
（3）理解企业与政府及其部门的良性互动。
（4）了解突发性事件管理与危机沟通。
（5）了解制约大众沟通效果的各种变量。

管理沟通定律

- 250 定律
- 尼伦伯格法则
- 破窗效应
- 马太效应
- 弗里施法则
- 沃尔森法则
- 海恩法则
- 布里特定理

管理无处不沟通
沟通的品质决定你生命的品质

组织外部沟通概述

组织外部沟通是指组织为了适应大环境的变化而与周围环境进行的信息传递与交流。企业管理中必须进行外部沟通是由两个基本因素决定的。第一，随时反映公众需求的要求；第二，管理过程的要求。企业外部沟通是指企业与社会公众的有效沟通，团队与外界沟通不成功会影响组织形象的树立。

一、目的和方式

组织外部沟通的目的是促进组织与外部组织的信息交流，从而增进理解和提高有效性。企业并非生存在商业真空中，而是生存在与客户、供应商、经销商、政府、竞争对手、金融机构、社会公众共同组成的社会大环境中。企业的资源必须来自外界，而企业的产出必须输出到外界，才能实现企业配置和转化资源并从中取得利润的经济目标。从更深层的意义上来讲，企业是为满足外部需要而存在的，如果企业生产的产品或服务不能满足外界市场和客户的需要，企业的生存就会产生危机。因此，最终是客户和市场决定企业的生死，而不是企业自己。因此，企业必须与外界有良好有效的沟通。

外部沟通的方式有会议、传真、电话、合同（协议）、培训、网络、布告、文件、外部反馈等方式。外部反馈是指社会、客户、供方及相关方对组织的形象、服务、产品所做的反应，如意见、建议、要求等。沟通的实际运作可通过多种途径。口头沟通可能是运用最广泛的方式。文字沟通（包括书面和屏幕形式）及音频/视频沟通（包括远程通信）在现代社会中是同等重要的沟通途径。事实上，作为企业文化的外化，企业形象系统是相当重要的。它不仅是对企业内部成员的要求，更是一种面向企业外部世界的一种营销和展现，即外部沟通。越来越多的人认识到，企业作为一种社会存在，是社会总的大系统中的一员和一个部分，部分只有与总体进行沟通，达成协调一致，才能生存、发展、提升。

二、沟通对象

1. 政府

政府是企业游戏规则的制定者和监督者，同时也是某些企业的客户。与政府部门的沟通相当重要，现代管理学发展出了一门新的学科——企业公共关系学，讲的就是企业对外沟通，其主要沟通目标对象就包括政府。只有及时了解了游戏规则，才能不违反游戏规则，戴着镣铐跳舞；

=== 小故事 ===

不喜欢不是他的错

有个人来访，说周围总有人不喜欢自己。我问他："你喜欢吃苹果吗？"他愕然，但还是回答，"不喜欢，但喜欢吃雪梨。""那有没有人喜欢吃苹果？""当然有！""那你不喜欢吃苹果是苹果的错吗？""当然不是！""那你不喜欢他是他的错吗？"

启示：去找自己的原因吧，让我们的营销团队可以更有力，让我们和客户可以更好地沟通。

他们的态度和主张

人们塑造组织，而组织成型后就换为组织塑造我们了。

——丘吉尔（政治家、演说家 英国）

同时，只有经常沟通，与政府达成了良好的理解与关系，企业才能获得政府必要的支持，才能影响规则的制定和修改。在企业与外部的联系中，与政府的沟通首当其冲。

2．商业群体

市场和客户，以及供应商、经销商、竞争对手、金融机构，构成了企业必须与之良好沟通的第二大类群体，可以把它们统为商业群体。商业群体直接左右企业的生存、发展和效益，与它们的沟通如何，直接影响到企业的当期经营现状，并连续影响企业的长远利益。现在，与客户的沟通已经构成了一门新管理学科——客户关系管理学，与供应商的沟通合作也构成了一门新管理学科——供应链管理学，与经销商和最终客户的沟通则也构成了另几门管理学科——广告学、市场营销学等，与竞争对手的沟通也构成了商业情报学科……沟通缩短了企业与商业群体之间的距离，加深了企业与市场之间的了解，加快了企业对于市场变化的反应速度，提高了企业经营管理效率与效能。

3．一般公众

企业并非只是与自己产品的客户或潜在客户打交道，互相传达信息，企业还要与社区、客户的相关群体，即一般公众进行沟通交流。这是因为一方面，其他群体的意见和态度会影响企业的客户购买企业产品；另一方面，企业在经营管理过程当中，过程与结果会影响到一般公众利益，如生产噪声、水污、气污、垃圾处理等环保问题，又如伐木场的树木资源枯竭问题等。企业如果与公众沟通不好、不足，就会危及企业的生存、发展。当今许多企业在公共关系方面愿意下大工夫，如捐赠、打公益广告，都是在进行必要的公众沟通。

组织外部沟通构成了组织有机的外部社会关系，它与组织内部沟通紧密相连。一个企业要生存、要发展，离不开与外界的沟通和联系，只有与组织外部其他相关组织如客户、股东、社区及媒体等进行相互沟通与信息交流，才能树立起良好的企业形象。

我的态度和主张

管理无处不沟通
沟通的品质决定你生命的品质

任务导入

把沟通转换成价值

请阅读以下 10 种表述，你认为这些表述是否正确？

表　　述	对 或 错	理　　由
1．客户是看价格便宜才购买的		
2．无论服务水平如何，只要产品确实好，就能卖得出去		
3．只要能得到同样数量的新客户，失去一些客户也无所谓		
4．只要客户总体而言还算满意，他们就会继续和现在的供应商合作		
5．从投诉水平就可以看出客户关心工作做得好不好		
6．如果客户要投诉，你也没什么可以采取的好办法		
7．客户还是比较宽容的，因为他们知道现在的竞争那么激烈，我们已经尽全力了		
8．只有商业企业才需要客户关怀		
9．客户最想要的还是实用的产品或服务，而不是什么甜言蜜语		
10．我一个人势单力薄，对于提高客户满意度也起不了什么作用		

他们的态度和主张

有时候你的缺点和痛苦经验放对了地方，就会变成其他人无法替代的优势。关键是你是否坚持了自己。

——李念（演员 中国）

情景 4　组织外部沟通

任务 1　与客户沟通

知识储备

一、了解你的客户

1. 什么是客户

"客户"一词是指商店或服务行业前来购买东西的人或要求服务的对象，包括组织和个人。因此，凡是已经来购买和可能来购买你的产品或服务的单位和个人都可以算是客户。所谓客户是指所有享受服务的人或机构，也指把自己的需求带给我们的人。

客户是企业最重要的外部公众，以优质的产品和优质的服务赢得客户的满意是企业生存和发展的基础，也是企业价值得以体现的根本所在。企业需通过各种渠道保持与客户沟通，了解他们的需求，如客户问卷调查、与客户直接接触、倾听客户的意见、微笑服务和人性化服务等。

【超级链接】

> **三类客户概念**
>
> 从认识客户的需要角度，结合分析企业对客户的价值定位，我们推荐如下三类客户概念。
>
> 其一，重视产品增值的客户。通过销售的努力带给用户产品之外新的价值，即企业为客户增加利益，进而实现企业因增值服务带来的利润。
>
> 其二，重视战略合作关系的客户。为少数大客户建立特别的价值，即企业为客户增加利益，实现客户关系因素带来企业持续的利润增长。
>
> 其三，重视产品本身的客户。企业尽量降低成本和简化功能，即企业降低产品成本，做到因不断降低成本而获得利润。

≈ **管理沟通定律** ≈

弗里施法则：没有员工的满意，就没有顾客的满意

想办法让员工热爱工作，在工作岗位上越做越开心，才能很好地发展下去。赋予员工使命感，是一个让员工满意的不错方式。让员工满意的另一个重要方法，就是为员工创造各种发展自己的机会，对他们实行成长管理。

提出者：德国慕尼黑企业咨询顾问弗里施

我的态度和主张

小故事

再试一次

什么东西比石头还硬，或比水还软？然而软水却穿透了硬石，坚持不懈而已。有个年轻人曾五次去微软公司应聘，第一次因为是恰巧路过，没有准备而失败了。经理给了他下一次的机会。一周后，他再次走进微软，这次他依然没有成功。但比起第一次，他的表现要好得多。就这样，这个青年先后5次踏进微软公司的大门，最终被公司录用，成为公司的重点培养对象。

启示：在与顾客交往的过程中，我们为什么不可以以勇敢者的气魄，坚定而自信地对自己说一声"再试一次！"

他们的态度和主张

真正不羁的灵魂不会真的去计较什么。因为他们的内心深处里有国王般的骄傲。

——杰克·凯鲁亚克（垮掉派作家 美国）

2. 客户的分类

（1）按接受产品的所有者情况分有内部客户和外部客户两类。

① 外部客户：指组织外部接受产品或服务的组织和个人。例如，消费者、委托人、零售商和最终使用者等，包括最终消费者、使用者、受益者或采购方。

消费客户：购买最终产品或服务的零散客户，通常是个人或家庭。

B2B 客户：购买你的产品（或服务），并在其企业内部将你的产品附加到自己的产品上，再销售给其他客户或企业以赢取利润或获得服务的客户。

渠道、分销商、代销商：不直接为你工作的个人或机构，通常无须你支付工资。此类客户购买你的产品用于销售，或作为该产品在该地区的代表、代理处。

② 内部客户：指组织内部的依次接受产品或服务的部门和人员。可以是产品生产流水线上的下道工序的操作者，也可以是产品或服务形成过程中下游过程的部门，或者是帮助客户使用产品或服务的代理人。包括股东、经营者、员工，另外，根据"接受产品的组织或个人"这一定义，在一道生产线中，接收上道工序产品的下一道工序 可理解为上一道工序的客户。

企业（或相关企业）内部的个人或机构，需要利用企业的产品或服务来达到其商业目的。这类客户往往最容易被忽略，而随着时间的流逝，他们也是最能盈利（潜在）的客户。

（2）按接受产品的顺序情况分有过去客户、目标客户和潜在客户三类。

过去客户是指已接受过组织产品的客户；目标客户是指正在接受组织产品的客户；潜在客户是指可能接受组织产品的客户。

3. 客户细分及管理

（1）联想的一种客户细分方法。联想公司在产品营销（分销）业务模式下关于客户的一种细分，主要将客户分为销售渠道客户和终端用户两种。渠道客户又分为分销商、区域分销商、代理商、经销商、专卖店；终端用户又分为商用客户和消费客户（个人或家庭客户）等。其中，商用客户又分为订单客户、商机客户、线索客户和一次性客户。订单客户再细分为直接的指名大客户、间接（渠道）的指名大客户、区域大客户。

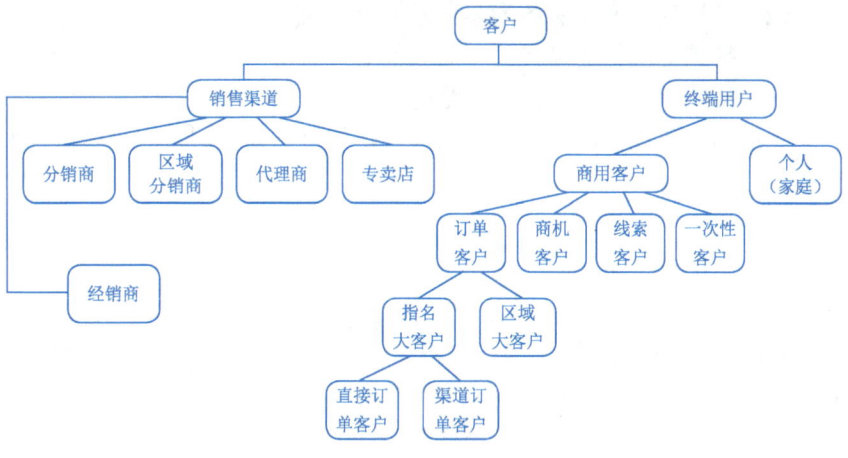

联想的一种客户细分示意图

（2）IBM的一种客户细分及管理。IBM的一种客户细分及管理如下表所示。

IBM公司	客户关系	客户价值	提供的服务
钻石级	集团副总裁 集团客户关系总监	营业额50% 利润65%	个性化咨询 IT规划 完整的方案设计
黄金级	区域总裁 集团客户关系总监	营业额25% 利润15%	咨询 个性化方案设计
白银级	大客户经理	营业额20% 利润13%	标准方案 价格优惠政策
其他		营业额5% 利润7%	标准方案或产品

（3）HP的一种客户细分及管理。HP的一种客户细分及管理如下表所示。

HP公司	客户关系	客户数量	服务方式
全球客户	全球统一进行计划管理，运行指挥	100家（全球）	专门的团队 专门的服务体系
大客户	区域掌握本地运行	70家（中国）	专门负责人 相对专门的服务体系
本地指明客户	本地定义，自行运作		有时有专门负责人和相对专门的服务体系

4．戴尔公司关于大客户管理的价值主张

（1）协助客户提升他们的IT基础；

管理无处不沟通
沟通的品质决定你生命的品质

（2）通过创新产品服务为客户增加竞争优势；

（3）持续提供行业最优的产品服务；

（4）持续保证客户的投资不贬值。

上述四点可以构成不断循环的大客户价值主张环，它的具体实现如图所示。

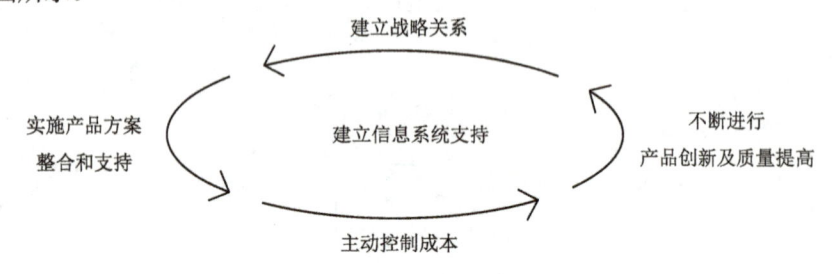

大客户管理价值主张实现环

小故事

我一定要，马上行动，决不放弃

有一位成功者，许多人问他："你这么成功，曾经遇到过困难吗？""当然"，他说。"当你遇到困难时如何处理？""马上行动"他说。"当你遇到经济上或其他方面的重大压力时呢？""马上行动"他说。"在婚姻、感情上遇到挫折或沟通不良时呢？""马上行动"他还是说。"你在人生过程中遇到困难都这么处理吗？""马上行动"！他只有一个答案。

启示：现在也请你马上行动来突破你的现状。不要再安于现状等待下去了，不然会一事无成。

小贴士

大客户管理趋势

特别要提出，现代商业竞争中大客户不断被关注、被强化，新的管理趋势显示2/3的企业正在与所选择的供应商建立战略联盟关系，1/2的企业正在更多地与供应商建立单一供应的关系，这一趋势是建立大客户牢固关系的证明。

为此涌现出四种类型的客户关系：卖主、优先考虑的供应商、合作伙伴、战略联盟，它们与企业的紧密程度是逐级递增的。

二、与客户沟通的内容

一般说来，企业与客户沟通的内容主要包括向客户提供产品和服务、与客户直接接触、给客户打电话、信函往来、客户调查、广告宣传等。

1．提供产品和服务

对于许多客户而言，企业所提供的产品和服务是企业向其传递信息最直接的工具和载体，他们对产品和服务的满意与否决定了其对企业的基本评价。因此，企业要十分重视所提供的产品和服务，它不仅是企业利润的来源，也是企业与客户之间沟通的主要方式。

首先，要基于对客户需求的调查，在调查过程中主要需要了解客户面临着哪些问题，同类产品存在哪些缺陷，通过本企业的产品能够为客户解决所面临的问题，这样的产品就是我们所说的有竞争力的产品，产品的核心竞争力就是能够为消费者提供特殊利益的利益点。

其次，为客户提供满意的产品和服务还得苦练企业内功，在产品研

他们的态度和主张

我生活的原则是：不为做了什么而后悔，而应该为没做什么而后悔。

——詹姆斯·卡梅隆（导演 加拿大）

发、生产过程中严把技术关与质量关，尽可能不让不合格的产品流向市场。

再次，光产品性能和质量过硬还不够，还得提高公司内部人员素质，这就需要加强公司内部管理制度与管理体系的建设，保证客户的问题能够得到及时、准确、礼貌、周到的解决。

总之，要想产品和服务拥有较高的客户满意度应该将产品生产、销售、售后服务等看做一个动态的战略管理过程，将价值链上的每一个环节都做到一丝不苟。

2. 与客户直接接触

由于客户数量的不断增加、产品的寿命周期变短、客户需求日趋个性化、信息干扰度不断增高、客户日趋理性成熟、个别企业的诚信缺失等原因，使客户接触面临新的考验。因此，企业要不拘泥于形式，通过各种可能渠道及各种方式与客户直接地、不断地保持沟通。这不仅是留住客户的出色方法，而且是不断改进老产品、推出新产品的源泉。

首先，客户接触全程化，接触贯穿于研发、采购、生产、销售、服务等经营全过程，满足客户与日俱增的知情权的同时，也形成了宣传效应。其次，构建有效客户接触点。应从三个方面去理解和评价接触点是否有效：一是企业所接触客户有效，是既有客户或潜在客户；二是沟通目的明确、方式有效，沟通内容体现企业需求；三是信息反馈有效，真正反应客户的真实意见或建议。再次，规范客户接触管理。接触管理又称接触点管理，是指企业决定在什么时间（When）、什么地点（Where）、如何接触（How，包括采取什么接触点、何种方式）与客户或潜在客户进行接触，并达成预期沟通目标，以及围绕客户接触过程与接触结果处理所展开的管理工作。总体来看，接触管理包括以下十二项内容：接触计划、接触目标、接触受众、接触设计、接触模式、接触渠道、接触规范、接触激励、接触档案、接触分析、接触消化、接触跟踪。

3. 给客户打电话

打电话这种平常而富有人情味的沟通方式，大大有助于巩固与客户的关系。打电话要比平时面谈时能更多倾注些感情，因为相互间不见面，声音是唯一的沟通手段。

第一，做好充分准备。一是心理准备，以认真、负责和坚持的态度对待你所拨打的每一通电话，有一种必定成功的积极心态。二是内容准备，最好是先列出几条写在你手边的纸张上，以免对方接电话后，自己由于紧张或者是兴奋而忘了自己的讲话内容。另外还要准备纸、笔、需要的资料等。

管理无处不沟通
沟通的品质决定你生命的品质

第二，把握时机。打电话时要掌握一定的时机，要避免在吃饭的时间与客户联系，如果把电话打过去了，也要礼貌地征询客户是否有时间或方便接听。如果对方有约会恰巧要外出，或刚好有客人在的时候，应该很有礼貌地与其说清再次通话的时间，然后再挂上电话。如果老板或要找的人不在，需向接电话人索要联系方法。

第三，讲话时要简洁明了。电话打通之后，要先自我介绍，告诉对方你的名字，声音要清晰。要特别注意两点：一是注意语气变化，态度真诚。二是言语要富有条理性，不可语无伦次前后反复，让对方产生反感或啰嗦。除了必要的寒暄和客套之外，一定要少说与业务无关的话题，杜绝电话长时间占线的现象存在。

第四，认真倾听。打电话给客户的目的是为了帮客户解决问题，所以必须细心注意客户的反应。客户若有反对意见时，不能武断地予以否认，甚至用"不对"、"不可能"之类的措辞。正确的做法是认真倾听，先接受客户提出的反对意见，加以分析，尽量引用第三方对比意见或报告，使客户消除顾虑。

第五，记录电话内容。在电话机旁最好摆放一些纸和笔，这样可以一边听电话一边随手将重点记录下来，电话结束后，应该对记录下来的重点妥善处理或上报，认真对待。如果客户打来电话订货时，一定会说产品名称或编号、什么时间要或取。这时不仅要记录下来，还应该向对方复述一遍，以确定无误。

第六，挂断前要礼貌。沟通结束时一定要记住向客户致谢，另外，要让客户先挂断电话，以示对客户的尊重。

小贴士

给客户打电话的十大技巧

技巧一　让自己处于微笑状态，让声音保持最佳的质感
技巧二　音量与速度要协调，与客户的特质吻合
技巧三　判别通话者的形象，增进彼此互动
技巧四　善用电话开场白，表明不会占用太多时间
技巧五　善用暂停与保留的技巧
技巧六　身体挺直、站着说话
技巧七　强调产品的功能或独特性
技巧八　给予二选一的问题及机会
技巧九　强调您自己判断、您自己做决定
技巧十　为下一次开场做准备

他们的态度和主张

生命是一种恩宠，每个人冥冥之中一直都有任重而道远的使命感，但若没有直探内心的勇气，则不能体会生命的不可思议。

——胡因梦（作家 中国台湾）

4. 信函往来

许多企业的客户覆盖面较广，客户与企业间距离较远，企业与客户的沟通往往通过信函往来进行。企业应注重客户的每一封来信，同时慎重地予以回信。这是企业与客户沟通并建立长期稳定关系的绝佳机会。企业与客户的信函主要有：理念引导函、业务函、异议处理信函、感谢函、祝贺函、日常问候函、约访函、自荐函、非业务信函等。

信函沟通的基本原则有：一是礼貌，语言要有礼且谦虚，及时地回信也是礼貌的表现；二是体谅，写信时要处处从对方的角度去考虑有什么需求，而不是从自身出发，语气上更尊重对方；三是完整，一封商业信函应概括各项必需的事项，如邀请信应说明时间、地点等，切忌寄出含糊不清的信件；四是清楚，意思表达明确，要注意避免用词错误；五是简洁，避免废话连篇，避免不必要的重复。

信函还是销售活动的引导和润滑剂，是开发准客户时的一个重要方法，也是做好售后服务，提高客户满意度的重要一环。

≈ 管理沟通定律 ≈

250定律：不怠慢任何一个顾客

每一位顾客身后，大体有250名亲朋好友。如果你赢得了一位顾客的好感，就意味着赢得了250个人的好感；反之，如果你得罪了一名顾客，也就意味着得罪了250名顾客。

提出者：美国著名推销员乔·吉拉德

> **小贴士**
>
> **如何和客户发短信**
> ● 称呼准确，不要群发
> ● 内容新颖，量身定做
> ● 落款简短，节省空间
> ● 时间恰当，事后落实

5. 客户调查

这是企业了解客户信息的最主要方式，通过客户调查，可以了解客户对产品和服务的需求和要求，可以知道客户对企业所提供的产品和服务是否满意，对企业有什么建议和意见等，提高企业的企业形象；让客户有参与感，关注客户的渴望，寻找客户的需求；直接促进服务工作质量的提高。在客户调查中，最常见的是客户满意度调查，最常用的调查方法包括问卷调查、抽样调查、典型调查、客户试用、设立专门咨询台等。

客户调查容易产生的问题有：以偏概全；过度依赖客户投诉；过度依赖于某些有表现欲、善于言辞的客户，会导致结论的不正确；分析数据所用的方法不准确等。

在进行客户调查时要注意以下要点：一是将调查的结果反馈给每一位相关的员工，如定期召开通报会议。二是将调查结果与经营绩效挂钩，从而有助于激励管理人员不断地改进服务质量，同时还应奖励那些帮助公司降低客户流失率的员工。三是在调查中应寻找到客户的服务期望，也就是说，要想办法知道客户想要得到何种服务及服务的水准；仅仅询问客户的满意度如何，而不去调查他们对企业服务的期望有多高，是远

我的态度和主张

管理无处不沟通
沟通的品质决定你生命的品质

远不够的。四是严格对调查结果进行分析处理，有效的调查结果所提供的应该是变化的动态信息，它可以反映出哪些事情正在改变，以及改变的程度和状况。五是注意增加开放性的问题，客户的开放性评论经常激励一线的管理干部；对于普通员工而言，当他们目睹客户的激烈评论，意识到客户的抱怨时，也常常会感到震动很大。

【超级链接】

客户调查的方法

美国市场营销学的教授Leonard Berry和A.Parasuraman提出了四种基本的调查方法：

	内　容	目　的	频率	局　限
具体事项调查	一次服务冲突后的客户满意度调查	获取客户反馈，迅速行动	坚持不懈	注意客户的最新体验，而非整体评价
客户投诉，评论和查询	对客户投诉进行分类和发布的系统	找出最常见的服务失败类型，以便纠正；通过与客户交流来确定改善服务，增进客户服务的时机	持续不断	不满意客户往往并不直接向企业投诉；分析投诉可以一窥全貌
全面市场调查	衡量客户对企业的服务评价	参照竞争对手的情况，评估企业服务的业绩，排出优先顺序，长期跟踪	半年或按季度	检测客户对企业的总体评价，对具体的服务冲突不予理睬
员工调查	涉及员工提供或接受的服务及他们的工作、生活质量	衡量企业的内部服务，找出员工认识到的服务改善障碍，跟踪员工士气	按季度	员工从有利于自己的角度看待服务，易受个人偏见的影响

客户沟通宝典

小贴士

- 将心比心、换位思考
- 礼貌先行、微笑服务
- 坦诚相待、诚信第一
- 善听善解、领会意图
- 理性沟通、避免情绪
- 接受观点、切忌争辩
- 提升职业化素质
- 莫直白、莫独白
- 莫冷淡、莫生硬
- 细心、热心、耐心、爱心

他们的态度和主张

人好刚，我以柔胜之；人用术，我以诚感之；人使气，我以理屈之。

——金缨（清代学者）

【思考题】

1. 有效的外部沟通将给企业带来什么利益？
2. 请你画出企业外部沟通图，并用简洁的语言说明企业与外部环境的关系。
3. 请举例说明企业与客户沟通的方式和内容。
4. 你打电话给客户推销你的产品，客户却告诉你，他现在有稳定的合作伙伴，而且暂时不会更换供应商。他把你死死地堵在了门外边，你是不是没有办法了呢？你应该怎么做？
5. 某五星级饭店曾发生过这样一件事情：人力资源部经理碰到一名员工在自助餐台上吃东西。当时经理问他知不知道这是给谁吃的，他回答说是给客人吃的，但中午员工餐厅的饭菜不合胃口，他一口也没有吃。现在三点钟了，他非常饿，所以就在餐台上拿了些东西吃。如果你是经理，你应该如何处理这件事？请进一步思考，如何将"员工第一"和"客人第一"有机地结合。
6. 一个客户来到办公室又踢又嚷，想把每个人的头发揪下来，你怎么办？

（1）你想是否该打电话给精神病院或公安局，最后，你情愿让其他人来提出解决方法。你可不想因为别的事出了岔子而引火上身。

（2）你判断出该由谁来应付这情况。如果别人都不在，你会镇静地走向那个可能精神错乱的客户。总得有人出面，不是吗？

【自主训练】

（1）客户真正要买什么。在客户与供应商互动的时候，客户的需求可以分为基本需求（交易的基本需求）和人性需求（对交易结果的感受）两部分，而人性需求又可以继续细分。

请列举客户需求，完成下表，并考虑如何将下表运用到提高客户满意度上。

客户需求			行　　动
基本需求		• 产品或服务的提供效率 • 诚实而且公平的待遇 • 殷勤有礼 • 始终全神贯注 • 感到舒服的环境 • 没有耗时等待 • 完全知道所发生的一切 • 兑现承诺	
人性需求	情感需求	• 个人的热情 • 相信你乐意与他们打交道获得成就感	

续表

人性需求	安全需求	• 得到问题的解决方案 • 镇定下来 • 相信你站在他们这边 • 用他们能够完全理解的方式解释 • 有人能够理解他们的需求 • 比通常更迅速的反应 • 对他们下一步该怎么做提出详细的建议	
	尊重需求	• 让客户感觉到他们对你很重要 • 得到重视 • 让客户知道你知道他们的名字 • 感觉你为他们做了一些特殊工作	

(2) 电梯测试。设想你是一个著名顾问公司的高级顾问，你向一个客户准备了100页的演示文稿，准备报价50万元。就在你准备给客户讲解的时候，客户方老板却接到了个重要的电话，必须马上离开，此时你只有一个机会，就是说：我送你下楼吧，顺便讲讲我的方案。

这样你只有区区约3分钟时间，你得在这3分钟内把你方案的精髓讲出来，让这个老板在上车前说你的方案不错，接受你的方案和报价，具体的细节你与他的副手谈。

这个3分种你需要最短的时间内的沟通技巧。

_____
_____
_____
_____
_____

(3) 马上行动：检验"客户气息"。一个企业是否贯彻客户至上的理念，是否重视与客户的沟通，在企业内的"客户气息"上就可以体现出来。请参考《志在成功》一书中列出的检验企业内"客户气息"的标准，如：

• 公司简报、年度报告及其他形式的印刷品刊载有关与客户联系、为客户工作的信息；
• 以各种方式表明公司器重与客户直接打交道的销售人员，包括职位晋升、资金和

庆功会等；
- 重视那些与客户接触的工作人员，包括接待人员、接听人员、货运人员等，对其进行培训，对其出色的工作给予表扬和奖励；
- 客户的重要地位在企业的每一个部门（如生产、人事、销售、服务等）都能够体现出来；提到顾客时使用尊敬、礼貌的语言；
- 各种工作总结和报告都有相当篇幅论述有关为客户增加收益的内容；
- 庆功会绝大部分是表扬帮助客户的具体先进事迹；
- ……

请找一家企业进行检验。

行动记录和感受：

_____
_____
_____
_____
_____
_____
_____
_____
_____
_____

（4）如果能编辑修改自己的过去，最想改哪一部分？

_____
_____
_____
_____
_____

【团队案例分析】

"3·15"事件

3月15日，春光明媚，天高气爽。西安市钟楼广场，彩旗飘飘，横幅高悬。

陕西省技术监督局为了维护消费者的合法权益，向广大市民推荐一批名优食品，特此举行的大型粮油产品展销会正在热烈的气氛中举行着。

西安市群众面粉厂的展台前，被人群围了个水泄不通。取货、解释、收款、包装、散

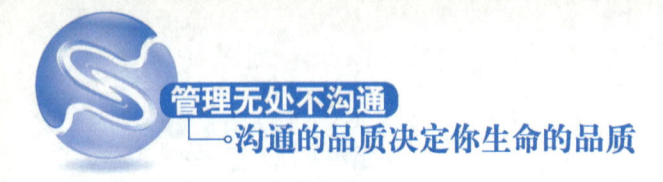

管理无处不沟通
沟通的品质决定你生命的品质

发传单……20多名身穿醒目标志服的职工忙得不亦乐乎。看着一个个消费者怀着满意的心情离去，厂长贾合义的心里油然生发出一阵阵自豪和快意。

"叮铃铃……"中午2点40分，一阵急促的手机声打断了正沉浸在遐想中的贾厂长。电话是市粮食局的一位朋友打来的，说西安群众面粉厂生产的"爱菊"牌特一粉添加剂超标，上了"黑榜"，被中央电视台《新闻30分》作为"榜首"报道。贾厂长真难以相信自己的耳朵。

一会儿，有几名消费者走过来说"你们还在这里展销呢？中央电视台把你们曝光了，说你们生产的面粉不合格……"一下子，全场大乱，人群离开了展台，买了产品的客户要求退货。在一片谴责声中，贾合义和职工很难堪。

此时，厂里也乱成一片。各科室的质问电话一个接一个响。"你们太没有人性了，为什么要欺骗消费者？我要投诉你们！""我是你们厂的长期用户，没想到你们生产的面粉里含添加剂超标，如果我身体有个三长两短，我找你们算账……"

群众面粉厂处在恶言、秽语、辱骂、质问的海洋里。这些话，像一支支利箭，真正刺痛了职工们的心。

接着，销售科告急：批发商、零售商要退货。厂门卫告急：有些消费者已来到厂门口，要讨个说法。这样，厂里的生产被近停止，销量也由过去的每天5000袋跌到300多袋。

"3·15"本来是为群众面粉厂提高知名度，树立企业形象的大好时机，没想到成了败坏声誉的节日，这是面粉厂的职工们做梦也没有想到的。

在参加"3·15"展销会前，厂里刚接到省技术监督局的合格证书和陕西省名牌产品3年审验合格的文件。然而，怎么会突然冒出个不合格呢？

此时，厂长贾合义的思想压力特别大，心里也非常沉重。他知道，如果不迅速地处理好这件事，很可能给企业造成致命的打击，这样的话，如何向厂里的1000多名职工交代？

处在四面楚歌的群众面粉厂，面对突如其来的打击，厂领导并没有一蹶不振，而是马上组织应对策略，因为他们对自己产品的质量是100个放心的。厂里在事发当天下午2点召开科级以上干部紧急会议，先从厂内查起。同时，一面派人分头到省市技术监督局、卫生防疫站查询情况，一面让厂部办公室立即和中央电视台联系。

另外，让厂里的职工对消费者的投诉电话一一耐心解释"请您放心，我们和您的心情一样，现在事故正在调查中，我们一定要给您一个满意的答复。"

下午5点，办公室终于从中央电视台得到确切事实，消息来源于卫生部卫生法制与监督司，监督司的数据来自于陕西省卫生防疫站。接着，去防疫站的人也带回结论——原来，省卫生防疫站向国家卫生部上报面粉抽检结果时，将群众面粉厂生产的"爱菊"牌特一粉检验结果中的添加剂过氧化苯甲酰的含量0.0066克/公斤，误打为0.066克/公斤，超出了国家规定的标准0.06克/公斤的含量。

查清事实后，贾厂长松了一口气，而厂里的职工们义愤填膺，要厂里和省卫生防疫站打官司，以洗清蒙受的不白之冤。

案例思考题：
（1）请对群众面粉厂此次危机的所有可能沟通对象进行分析。
（2）如果你是贾厂长，你选择打官司吗？为什么？
（3）请为群众面粉厂策划一个沟通方案，并对方案实施中应注意的问题进行分析。

【团队实践活动】

客户在想什么

1．实验目的

在营销政策的制定过程中，企业需要进一步了解消费者在想什么，到底需要什么。靠泛泛的调查是很难获取这方面的信息的，因此，很多企业常常借助于焦点小组访谈法来研究消费者的心理和行为，收集消费者的意见和建议。

实验的目的在于了解焦点小组访谈法的特点和操作程序，掌握调研报告的写作技巧。参与者在进行座谈会调查的组织过程中，可以从自由进行的小组讨论中提炼出一些意想不到的发现。

2．实验准备

（1）环境：使用或租用专用的座谈会议室。

（2）形式：集体参与，角色扮演（主持人、消费者代表、记录员、观察员）。

（3）材料：课堂资料，录音录像设备、样品资料若干、水果茶水等。

（4）时间：两小时。

3．实验内容

假设我们是一家市场调查公司，接受企业的委托来进行一次消费者座谈，首先，进行座谈会的准备工作，包括确定座谈对象、角色分配和开展培训、准备提纲、布置会场等工作。

- 座谈会开始，主持人致词欢迎，形成开放互动的座谈气氛，导入正题。
- 座谈对象在主持人引导下进行讨论，记录员负责将讨论内容详细记录下来。
- 主持人致感谢词，宣布座谈会结束。

接下来，进行集体讨论，交流座谈会收获。

最后，参与者根据交流成果、记录材料整理写成一篇产品座谈会研究报告和一篇实验总结报告。

4．实验步骤

（1）准备阶段。

① 根据学生自愿报名及择优录用的办法确定1名座谈会主持人、1位记录员和两名接待员、8～12名座谈对象。

② 对座谈会主持人、记录员、接待员进行培训。

③ 选择参与者较为熟悉的产品（如手机、方便面等）作为道具，布置会场。

④ 座谈对象均由学生扮演，要求保证准时出席，自然表演。

⑤ 不担任角色的学生作为企业代表进入监听室观察座谈会实况。

⑥ 访谈记录等供全班学生分析使用。

（2）实验过程。

① 接待员负责接待，引导座谈对象按设定路线进入会议室，其余人员就座。

② 主持人自我介绍，与会者各自介绍，进行简单沟通、调节气氛。

③ 会议开始，主持人根据提纲，导入正题，引起大家发言。

④ 座谈对象在主持人引导下进行讨论，记录员负责将讨论内容详细记录下来。

⑤ 讨论分上下场，中间可以休息。

⑥ 主持人致感谢词结束。

⑦ 会议后酌付酬金或赠送礼品，送座谈者。

⑧ 主持人向企业代表进行简要总结。

（3）实验作业。

① 每位学生应根据主持人汇报、自己的观察和座谈会记录进行分析提炼，完成一份《某产品消费者小组座谈会研究报告》，选择优秀者在全班做交流。

② 每位同学需填写实验总结报告，对自己参与实验的过程和收获进行总结。

5. 结果评价

（1）焦点小组座谈会是市场调研中非常实用和有效的定性调研方法。它从所要研究的目标市场中慎重选择8～12人组成一个焦点小组，由一名经验丰富、训练有素的主持人以一种无结构的自然的形式与小组中被调查者进行交谈，从而获取被调查者对产品、服务、广告、品牌的感知及其看法。这种方法的价值在于常常可以从自由进行的小组讨论中得到一些意想不到的发现。

（2）焦点小组座谈会是帮助企业深入了解消费者内心想法的最有效的工具，在这方面是一般的问卷调查等方法所无法比拟的。如今，小组座谈会在产品概念、产品测试、产品包装测试、广告概念、客户满意度、用户购买行为等研究中得到了广泛应用。

（3）小组座谈会调查效果在很大程度上取决于主持人的水平和能力。因此，焦点小组座谈会对主持人的选择要求非常高，作为一名专业的焦点小组座谈会主持人应具有极强的专业性。

要做好小组座谈会，主要在以下三个方面把关：

① 做好座谈会的组织实施工作；

② 一名专业主持人；

③ 要掌握定性研究分析方法，能及时写出一份高质量的定性研究报告。

（4）焦点访谈是技术性要求较高的调研方法，要选择合适的被调查者，还要使被调查者都讲真心话，这不是件容易事。一个好的座谈会的秘密是双方的顺畅交流，清楚地规划你想要了解什么，用有趣的、技巧的方式让问题得到回复。因此，焦点访谈的有效组织是非常重要的。

① 主持人在焦点小组座谈中要明确工作职责，把握会场气氛。焦点访谈的目的决定了所需要的信息，从而也决定了需要的被访者和主持人。参与者可以相互启发，因而得出有一定的研讨性质的观点。但由于受遵从心理支配，一些人可能不愿发表与别人相反的观点，没有表达自己的真实想法。让被调查者轮流发言的程序安排是保证座谈会质量的有效手段。仅仅安排自由发言很容易引起冷场或秩序混乱、跑题等局面。

② 参与者应根据主持人汇报、自己的观察和座谈会记录进行分析提炼，完成一份《产品消费者小组座谈会研究报告》。调查报告应该简洁明了，具有很强的针对性，重点突出信息的分析结果，完整的报告格式由标题、目录与摘要、报告正文和附件四大部分组成。

③ 参与者需填写实验总结报告。实验报告应包括实验项目、实验目的、实验本人承担任务及完成情况、实验过程、实验心得。

任务2 与政府沟通

知识储备

企业作为行为主体，利用各种信息传播途径和手段与政府进行双向的信息交流，以取得政府的信任、支持和合作，从而为企业建立良好的外部政治环境，促进企业的生存和发展。即便在最自由的市场中，政府依然扮演着决定性的角色。而在中国，如何处理与政府的关系、如何应对政策转变是企业最艰巨的任务之一。

一、企业与政府沟通时存在的问题

现在的企业越来越认识到与政府建立良好沟通关系的重要性，有意识去建立良好的政府关系，但是仍然存在以下问题。

1．把对政府公关看成诡秘行为

人们对政府关系的定义不再仅仅是给官员送红包、搞腐败，但在商场上仍然有一些人在谈对政府进行公关的时候往往面露诡秘，似乎有什么不可见人的秘密。

2．企业采用了不健康的沟通方式

一些人认为在国内做政府关系要靠走后门，靠个人的关系。企业有和政府沟通的需要，而这种沟通也是政府日常工作的重要组成部分，随着整个中国政府体制的不断完善、改进，整个政府工作的透明化、规范化，企业更需要的是通过正常渠道和政府沟通。

3．过于注重和政府人员中某位官员的交往

有一些企业的公共关系人员认为只要在政府有一个"友谊"甚好的朋友，那么企业的一切事情都好办，这是对政府公共关系中一个严重的误区。企业要想在社会上发展，这一点政府关系是远远不够的，而应该关注一个企业整体的政治形象。

4．过于注重维护企业的利益

企业追求最大的利润无可非议，但利己不能害人，利己也要利人，这是我们社会所认同的基本处事准则。然而现在有些企业将企业利益凌驾于公众利益之上，以漠视甚至牺牲公众利益来换取高额利润（如环境污染、隐性收费），在这种利益的不对等中容易造成各类事故，最终也

他们的态度和主张

成功没有捷径，良好关系至关重要，并需要做喜欢做的事。要想改变世界，不能依靠一时的灵感或智慧，而是需要多年的练习和努力。一切真正了不起的事物都需要许多努力。

——马克·扎克伯格（Facebook CEO 美国）

使企业受到重创。

二、政府的角色

1. 政府是法律、政策的制定者和执行者

虽然政府应该是为企业服务的，但服务的对象是整个企业群体，作为具体的企业个体，应该采取主动、积极的态度与政府部门进行沟通。首先，预计政府将制定的政策和采取的行动，尽早寻找对策，采取相应的行动；其次，影响政府立法和政策；第三，全面合理利用政策。

2. 政府是采购者

政府采购具有采购量大、付款有保证、企业竞争激烈、依靠好的关系和沟通等。政府采购的具体内容有：日常办公方面、办公自动化方面、电子政务方面、社区服务方面、基础设施方面、国防方面等。企业应采取策略获得政府的订单，首先，通过灵敏的信息系统得知政府采购的信息；其次，进行相应的准备；第三，运用各种方式争取政府有关部门和人员的信任和支持；第四，要保持与政府有关部门和人员的日常联系。

≈ 管理沟通定律 ≈

尼伦伯格法则：成功的谈判，双方都是胜利者

谈判要达成一个明智的协议，谈判的方式必须有效率，谈判应该可以改进或至少不会伤害谈判各方的关系。把"双胜"政治思想隐含于谈判理论之中。

提出者：美国杰出的谈判家尼伦伯格／中国学者牟传珩（苦阳子）

小贴士

企业处理与政府关系的六条原则

- 态度积极但把握分寸
- 换位思考，互利互惠
- 坦诚沟通，相互信任
- 长期规划，持久行动
- 局部服从整体
- 全面出击、重点培育

三、与政府建立良好沟通关系的方法

1. 加强与政府部门的信息沟通

政府作为国家权力的执行机构，代表国家利益和社会公众利益。企业要正确处理与政府的关系，首先要加强与政府部门的信息沟通，了解各级政府的职能、权力及工作程序，与政府部门建立正常的联系方式。因此，企业公共关系部门就要密切关注新闻媒介的动态，随时搜集政府部门下达的各种命令和文件，并尽可能根据政策法令的变化来调整企业的政策及活动。当然，企业与政府的关系也不是简单的绝对服从关系，如果企业在执行政策法令的过程中，发现政府行为与实际出现偏差，则

我的态度和主张

管理无处不沟通
沟通的品质决定你生命的品质

有责任向政府有关部门提出修正意见。

2. 为政府决策提供支持和帮助

一方面，尽量参政议政，影响政府的决策，使之向有利于自己的方向发展。随着国家、社会对民营经济的认可和重视，越来越多的企业家登上了政治的舞台，拥有公共权力。如此，更便于和政府人员沟通，更便于及时了解政府对企业的政策和动向，也就更便于建立良好的政府关系，从而能得到政府更多的保护。

另一方面，树立支持政府工作为己任的观念。政府作为非营利性社会组织，一般财政支出较紧，但政府重大决策研究又需要资金支持。因此，企业应为政府的决策研究提供力所能及的资助。国外一些大公司的公共关系部门在这方面都做出过积极和富有成效的努力。当他们了解到政府需要进行重大决策，并需要调查研究的资助时，便主动向政府提供有力的资助，进而赢得政府的理解与支持。

3. 与政府人员建立良好、健康的亲密合作关系

企业要赢得政府的理解与支持，还要主动与政府人员建立密切的联系。如举办企业的周年庆等活动，邀请部分政府官员前来做客，一方面可以让政府官员更加了解企业的产品和企业的动态，对其分析、制定各种行业政策有所帮助；另一方面使得政府人员对企业的产品产生认同感，有利于在他及政府面前建立良好的企业形象。同时企业领导可以利用这个机会和政府官员成为好朋友。

4. 熟悉政府职能部门的办事程序和方法

了解和熟悉政府公众的组织机构、职权职能、办事程序等状况是企业协调与政府公众关系的前提条件之一。因为各级政府组织一般来说是一个庞大的体系，企业并不需要与政府中所有的部门打交道。如果企业的公共关系人员对经常交往的政府公众的机构设置及职权分工管理的状况比较熟悉，企业的每一次具体事务需要与哪一级哪一个政府职能部门联系心中有底，那么就能有效地减少企业的申请和报告遭遇诸如"公文旅行"、甚至被"踢皮球"的现象，特别是当企业有紧急事务需要与政府相关部门沟通时，更能提高工作效率，有利于企业多次活动和工作的正常开展。

5. 由专人负责与政府公众联系

一般情况下，企业的政府关系是由企业的领导人负责的。如果领导人与这些政府人员除了工作关系外还能建立朋友关系，那么，双方之间的沟通就比较随和、顺利，交谈往往能直接切入主题，有利于提高沟通

小故事

目光不能过于短浅和局限

曾经有个大臣给国君讲了这样一个笑话：蜗牛的角上有两个国家，左角上的叫触国，右角上的叫蛮国，这两个国家经常为争夺地盘而发生战争。结果每次战争后，总是要追赶败军，要10多天才能回来。国君不相信，大臣笑笑说："别说您不相信，就算我这个讲笑话的人也不相信。可是我们经常进攻周围国家，弄得国力衰败，民不聊生，不就像这两个国家一样吗？殊不知在我们的远方还有更加庞大的王国。"

启示：管理人员不要斤斤计较小节，要有长远眼光，培养战略思维。

他们的态度和主张

歧视与嫉妒，是人类的两大恶习，分别代表了俯瞰和仰视时的两种心情。

——刘行原色（专栏作家 中国）

与协调的质量。当双方关系相当融洽时,在与政府人员沟通的过程中,还能了解到一些关系到企业生存、竞争、发展的国内与国际的方针、政策和法规的走向,这种走向的变化和发展趋势的信息如能提前获悉,往往可以使企业在瞬息万变的市场化环境中"领先一步"。

小贴士

现代企业外部沟通应重视的四个方面
◆ 企业在发展中应密切联系社会,关注民生
◆ 企业应加大与政府部门的公关力度
◆ 企业应不断重视与媒体部门的交流
◆ 有能力的企业要重视展馆建设

≈ **管理沟通定律** ≈

沃尔森法则:把信息和情报放在第一位

你能得到多少,往往取决于你能知道多少。要在变幻莫测的市场竞争中立于不败之地,你就必须准确快速地获悉各种情报:市场有什么新动向,竞争对手有什么新举措……在获得了这些情报后,果敢迅速地采取行动,这样你不成功都难。

提出者:美国企业家 S·M·沃尔森

我的态度和主张

管理无处不沟通
沟通的品质决定你生命的品质

【思考题】

1. 政府采购具有哪些特点？企业应采取哪些有效策略获得政府的订单？
2. 企业与政府沟通时存在哪些问题？
3. 企业与政府建立良好沟通关系的方法有哪些？
4. 企业应如何为政府决策提供支持和帮助？
5. 如何与政府打交道，具体点就是如何与官员打交道，成了所有中国企业的必答题，更是中国企业老板们的主要职责之一，即使是联想柳传志也曾经说过："我把70%的时间用在了企业的外部环境上。"对此，也许是人人感同身受，但却都是心中皆有而口中皆无，唯独清末民初一名实业家以六字箴言一语道破个中奥秘，那就是："离不开，靠不住。"你是如何理解这六个字的？你认为企业怎么样才能和政府搞好关系？

【自主训练】

（1）与政府及其部门良性互动。

《胡雪岩》一书的畅销，也使得"白银铺路"的潜规则在商界通行。时至今日，很多商人仍然信奉"钱能通神"、"有钱能使鬼推磨"。其实，这在当下的中国社会并不是全部都行得通。国内企业与政府之间、官与商之间具备了良性互动的坚实基石和广阔空间。

① 如何与同一个政府部门的不同官员打交道？
解决方案：

② 企业战略与城市战略的一致。
解决方案：

③ 官商安全：双方交往的最高需求。
解决方案：

④ 商人如何成为政府官员的私人好朋友？
解决方案：

⑤ 如何寻找工作之外的好话题？
解决方案：

⑥ 如何把握政府的资源和机会？
解决方案：

⑦ 如何面对政府官员的换届？
解决方案：

⑧ ……

（2）抵制政府官员的不良行为。
不良行为之一：变相寻租。
解决方案：
① 按照社会潜规则走，但要保护自己和企业的安全。
② 决不行贿，宁可企业难以甚至无法实现目的。
你认为：

不良行为之二：滥用红头文件。
解决方案：
① 让官员自己说明"红头文件"的"来头"。
② 搞清楚"红头文件"的合法性。
你认为：

不良行为之三：索要物品或产品
解决方案：
巧妙地避免这类事情的发生。
你认为：

不良行为之四：安排人员。
解决方案：
① 尽量接收、创造条件收。
②"转"——推荐到该人员比较适合，而自己又熟悉、能说得上话的企业。
③"拖"——找各种理由把这种事情往后拖。
④"拒"——借用公司的招聘程序或其他比较经得起推敲的理由，将该人员拒之门外。
你认为：

管理无处不沟通
沟通的品质决定你生命的品质

（3）马上行动：不一样的政府工作报告。

通过网站看两个政府工作报告的视频，做出比较，有哪些是你感兴趣的内容？有哪些与企业密切相关？

行动记录和感受：

_____
_____
_____
_____
_____
_____
_____
_____

（4）如果给你25小时，多下来的一小时去干什么？

_____
_____
_____
_____

【团队案例分析】

安利（中国）正面政府公关的策略

公关是以情感人，以德服人的。安利的中国之路再次见证了其用真诚和优质的品质，与中国实行双赢的策略，得到中国政府的充分认可，由此安利中国之路也一路凯歌。正视中国国情，尊重中国国情，遵守中国规则，这一切的结果让安利赢得了中国的市场。安利的成功有三条政府公关经验：

1. 强化意识，影响政策

安利（中国）董事长郑李锦芬说过一句让中国民营企业家汗颜的话："永远不要想当然地以为中国政府会了解你的做法"。这句话反映出了企业强化政府公关的意义。在2010年3月22日的"中国发展高层论坛"上，安利公司总裁德·狄维士表示，安利会坚定支持、理解中国在全球经济中领导作用的立场，赢得多方的认同，体现了安利强烈的政府公关意识，是对中国国情的尊重和理解的表达。2004年中国制定直销法，安利积极参与其中，与政府进行沟通。安利在中国十几年的成功发展，推动着中国直销法规的出台，2005年，中国政府颁布了《直销管理条例》和《禁止传销条例》，让安利的整个行业逐渐步入了平稳

发展期。这些事实让人看到的是,外资直销巨头积几十年之功形成的成熟直销模式的魅力;政府看到的是,外资直销企业进入中国的强大的投资诱惑。

2. 热衷公益,传递爱心

企业公关工作的信条是:凡是有利于公众的事业,最终必将有利于企业和组织。安利(中国)是确确实实的遵循着这一信条的。安利一直秉承着公司"恪尽企业社会责任"的传统,为中国公益事业提供资助,把回馈社会奉为公司的企业理念。15年来安利(中国)高擎企业社会责任旗帜,通过以志愿者为主体、儿童和环保为两大公益主题的"一体两翼"公益公关模式,成为活跃在中国公益舞台的先锋力量。从安利(中国)开业起,志愿者的身影就频频出现在该公司的各项公益活动中。迄今安利已在中国31个省、区、市建立了180支"安利志愿者服务队",注册志愿者达5.5万余人,累计向社会奉献净志愿服务时间百万小时,安利已在华参与实施公益项目4200多项。2008年的南方雪灾期间,31个城市2800多名安利志愿者为灾区民众提供服务;5·12四川地震,35000余名安利志愿者"为难之处显身手",救死扶伤、运送物资、参与重建。安利总裁德·狄维士曾经说过:"企业首先要行事端正,然后环顾四周,看看可以为邻居和社区做些什么。"安利无疑是"企业社会责任"的典范。

3. 创新求变,逆势飞扬

1998年4月,《新闻联播》播发了传销禁令,宣告所有以直销、传销形式销售的公司一律关闭。中国政府的一纸禁令,安利在停业三个月后,在有关部门指导下,以"店铺销售加雇佣推销员"的方式转型经营,有媒体曾评价这是"惊险一跃"。这种新的营销模式是安利近40年历史上从未有过的"妥协",这一看似有悖安利原则的制度安排,让原本在公众眼中有些神秘的安利变得清晰可见。安利(中国)也由此拉开了创新经营的大幕。

2006年安利(中国)拿到直销牌照,公司用了将近一年的时间,按照中国直销法规要求进行服务网点的铺设,对营运模式进行调整,于2007年9月正式推出"直销+店铺+经销"的多元化营销模式,多渠道为消费者提供产品和服务。这一模式充分发挥了直销灵活、个性化服务的长处,也利用店铺的传统渠道在形象、品牌建设方面的优势,走出了一条有中国特色的直销之路。十多年的时间里,从获批以多层次直销经营,到采用"店铺+雇佣推销员"方式的转型经营,再到启动多元化营销模式,安利(中国)5次对营销方式做出重大调整,5次暂停人员加入,走过了一条积极应对、全力适应的创新之路,展现出拥抱改变的勇气和紧跟中国的决心。

20世纪末,亚洲金融风暴爆发时,有大量的人员选择从事直销事业,安利抓住这次机会存蓄能量,为公司发展饱续动能。面对2008年以来的金融危机,安利的发展战略是稳健前行,以平常心看待金融危机。公司大手笔推出空前豪华的代言人阵容,并宣布继续在中国增资,扩建空气清新机生产线,这无疑是对中国经济信心的最有力表达。而德·狄维士总裁2009年和2010年3月应邀出席"中国发展高层论坛"时,都在演讲中明确表达了对中国经济的强烈信心,德·狄维士同时还表示:安利会坚定支持、理解中国在全球经济中领导作用的立场。促使安利整个直销行业能够适应中国的国情,也使中方这些官员能够更加

管理无处不沟通
沟通的品质决定你生命的品质

了解直销这个行业，相信"美好的路就在前方"。在2010年的论坛上，德·狄维士总裁还受到温家宝总理的热情接见，由此巩固了安利在中国的形象，同时也间接地得到了中国政府的认可，进一步完善其中国政府的公关工作。

随着世界各国政府体制的不断完善、改进，整个政府工作的透明化、规范化，企业更需要的是通过正常渠道和政府沟通，企业应该与政府建立一种健康、良性的互动关系。

请分析：

企业要进行良好的正面政府公关应掌握哪些策略？还可以采用哪些间接的政府公关策略？安利公司政府公关的案例有哪些借鉴作用？

【团队实践活动】

政府公关策划

（1）意义和目的：

从美国《财富》杂志在上海为世界500强做的"政治公关"可以看出，跨国企业正在加紧其在中国占据"人和"优势的步伐。其攻势之迅猛，动作之明显堪属最近两年来世界公关界的亮点。

健康的、光明磊落的政治公关方略，是一个正当的、科学的政府和企业关系。

作为中国的企业家，如果在新一轮的政治公关中失去了优势，那么我们不仅面临的是来自资本和市场两方面的冲击，甚至有可能在没有进入市场之前就在"政治公关"中失去了先机。

（2）要求：

策划一：企业的政治形象策划。

目标：将企业塑造成一个具有社会责任感，关注区域发展的企业。

缘由：首先企业是社会的企业，参与社会活动事实上就是在参与政治活动；其次，企业生活在一个特定的区域政治环境中，如果你不能够将这个环境的氛围营造好，你肯定会在这个政治环境中被人遗忘、被人抛弃或被人鄙视；再次，一个企业要取得更快、更大的发展，政治的因素有时候起到的是催化剂的作用。所以成功的企业在企业形象之外，很大程度上也有自己的政治形象。

策划二：企业家形象策划。

目标：塑造良好的企业家形象。

缘由：政治公关和其他的公关活动不同，企业内部的多数公关活动大多是由公关部门的人员唱主角，而政治公关最终是由企业老总唱主角；很多公关活动是一个组织和另外一个组织的沟通，而政治公关却最终定格在政治家和企业老总的个人沟通上。政治公关的特殊性决定了政治公关的关键是企业家的素质。只有一个企业家在他的个人形象上成功的时候才可以引起政治家的注意。

预期成果形式：以文字为主，辅以图片等。

情景 4
组织外部沟通

任务 3　危机沟通

知识储备

任何企业都期望能在安全的环境下正常运营，向着设定的目标顺利发展。然而，现实情况却是：资金运转不灵、产品质量缺陷、投资决策失误、广告宣传不当、市场环境多变等，都使企业危机无处不在。危机沟通既是一门科学也是一门艺术，它可以取得危机内涵中的机会部分，降低危机中的危险成分。

一、对象和作用

危机沟通是指以沟通为手段、解决危机为目的所进行的一连串化解危机与避免危机的行为和过程。根据迈克尔·布兰德给出的理论，企业沟通的对象大概涵盖四大方面：被危机所影响的群众和组织、影响公司运营的单位、被卷入在危机里的群众或组织、必须被告知的群众和组织。概括来说，企业组织危机沟通的覆盖范围主要有：企业内部管理层和员工、直接消费者及客户、产业链上下游利益相关者、政府权威部门和行业组织、新闻媒体和社会公众五类群体。企业如果不能够与它们进行很好的沟通，必然会产生不同类型的危机。

> **小贴士**
>
> **在任何一场危机中，沟通者需要尽快知道三件事（3W）**
> - 知道了什么（What did we know）
> - 什么时候知道的（When did we know about it）
> - 对此做了什么（What did we do about it）
>
> 寻求这些问题的答案和一个组织做出反应之间的时间，将决定这个反应是成功还是失败。

危机沟通可以降低企业危机的冲击，并存在化危机为转机甚至商机的可能。如果不进行危机沟通，则小危机可能变成大危机，对组织造成重创，甚至使组织就此消亡。危机沟通可以帮助公众理解影响他们的生命、感觉和价值观的事实，让他们更好地理解危机，并做出理智的决定。危机沟通不是只告诉人们你想要他们做的事，更重要的告诉他们你理解他们的感受。

～ 管理沟通定律 ～

破窗效应：及时矫正和补救正在发生的问题

任何一种不良现象的存在都在传递着一种信息，这种信息会导致不良现象的无限扩展，同时必须高度警觉那些看起来是偶然的、个别的、轻微的"过错"，如果对这种行为不闻不问、熟视无睹、反应迟钝或纠正不力，就会纵容更多的人"去打烂更多的窗户玻璃"，就极有可能演变成"千里之堤，溃于蚁穴"的恶果。

提出者：美国斯坦福大学心理学家菲利普·辛巴杜（Philip Zimbardo）

我的态度和主张

二、原则和步骤

1．"两要两不要"原则

要诚实：建立信任是与公众进行危机沟通的最重要的基础。信任是来自很多方面的，最重要的是诚实。诚实和公开有助于建立信任，使危机沟通更有效。

要尊重公众的感受：公众的恐惧是真实的，公众的怀疑是有理由的，公众的愤怒是来自内心的，这是事实。我们永远不要形容公众太不理智，永远不要忽略和漠视公众的真实感受。否则，不仅不会使他们平静下来，还会丧失他们对你的信任。

不要过度反应：过犹不及。在危机发生后，要告诉自己：镇定，镇定，再镇定！让自己在对事实做出了解后，做出适当的反应。在与公众或媒体沟通的过程中，一定要确定自己的"反应度"，而不要过度反应，否则可能会人为的把事情闹大。

不要过度承诺：由于危机的突发性和不可预期性，决策者必须在得到专家意见后尽快与公众和员工沟通。但是往往很多信息是有局限性的和不准确的，因此作为决策者，你要面对这种后果。你必须及时告诉公众，告诉员工，事情并没有像预期那么顺利。你需要对公众公开，但同时你需要谨慎。小心你说的话，不然会使你显得不够专业精神，使你的承诺失去可信度。

小故事

富翁的遗嘱

有一个富翁得了重病，已经无药可救，而唯一的儿子此刻又远在异乡。当他知道自己死期将近时，害怕贪婪的仆人侵占财产，便立下了一份令人不解的遗嘱："我的儿子仅可从财产中优先选择一项，其余的皆送给我的仆人。"富翁的儿子看完了遗嘱，想了一想，就对仆人说："我决定选择一样，就是你。"这聪明儿子立刻得到了父亲所有的财产。

启示：对于我们来说："射人先射马，擒贼先擒王"，把握住得胜的关键则会收到事半功倍的效果，处理危机的关键在于破解病因。

他们的态度和主张

管理好的企业，总是单调无味，没有任何激动人心的事情，那是因为凡是可能发生的危机早已经被预见，并已将它们转化为例行作业了。

——彼得·德鲁克（管理学家 美国）

小贴士

危机沟通时应该遵循的 8F 原则

事实（Factual）：向公众沟通事实的真相

第一（First）：率先对问题做出反应，最好是第一时间

迅速（Fast）：处理危机要果断迅速

坦率（Frank）：沟通情况时不要躲躲闪闪，体现出真诚

感觉（Feeling）：与公众分享你的感受

论坛（Forum）：公司内部要建立一个最可靠的准确信息来源，获取尽可能全面的信息，以便分析判断

灵活性（Flexibility）：对外沟通的内容不是一成不变的，应关注事态的变化，并酌情应变

反馈（Feedback）：对外界有关危机的信息做出及时反馈

2. 步骤

第一步，成立小组。公司应该选派高层管理者，组成危机沟通小组。最理想的组合是，由公司的首席执行官领队，并由公关经理和法律顾问作为助手。如果公司内部的公关经理不具备足够的危机沟通方面的专业知识，他可以找一个代理者或独立的顾问。小组其他成员应该是公司主要部门的负责人，涵盖财务、人力资源和运营部门。

第二步，选定发言人。在危机沟通小组里，应该有专门在危机时期代表公司发言的人。首席执行官可以是发言人之一，但不一定是最主要的。一些首席执行官是很出色的生意人，但并不健谈。形象沟通常常和事实沟通一样强有力。因此，沟通技巧是选择发言人的首要标准之一。

第三步，培训发言人。自以为知道如何对媒体讲话的经理人大有人在，而且大部分经理人并不知道如何将最重要的信息"传达给采访者"。并且，分析家、机构投资者、个人持股者和其他重要投资者群体作为听众，与媒体一样会对来自你公司的信息产生误会或曲解。所以，尽可能避免误解的发生是第一要务。因此，对发言人的培训，能让你的公司和职员学会如何妥善应对媒体，最大可能地使公众的说法或分析家的评论如你所愿。

第四步，建立信息沟通规则。公司任何职员都可能最先获取与危机相关的信息。最先发现问题的也许是看门人、销售人员，也可能是出差在外的经理人。这就需要建立突发事件通信"树状结构图"，并分发给每一个职员，该图可以准确说明面对可能发生或已经发生的危机每个人应该做什么，与谁联络。除了有合适的主管人员之外，危机沟通小组中至少要有一名成员和一名候补成员应该在突发事件联络表中留下其办公室及家庭电话。

第五步，确认听众。哪些听众与你的公司相关呢？大多数公司都会关心媒体、顾客和潜在消费者，个人投资者也可能包括在内。上市公司必须遵守股票交易信息规则，并要接受地方或国家法制机构的质询。你要有他们完整的联系方式，如邮寄地址、传真和电话号码簿，以便在危机时期与之迅速地联络。此外，你还要知晓每个人希望寻求何种信息。

第六步，预先演练。如果你想抢先行动、未雨绸缪，那么就要把危机沟通小组集中起来，预先讨论如何应对所有潜在危机。这种做法有两个直接的好处。首先，你可能会意识到，完全可以通过对运营方式加以改动，来避免一些危机的发生。第二，你能够思考应对措施，最好和最坏的打算等。有备而战总比被动应付要好得多。

当然，在一些情况下，你已经知道危机即将发生，因为你正在引发危机，比如，公司裁员或进行大规模收购。如果是这样，你甚至可以在危机发生前就进行以下第七～第十步。

管理无处不沟通
沟通的品质决定你生命的品质

> **小贴士**
>
> **组织在危机中的态度定位（4R）**
> - 遗憾（Regret）
> - 改革（Reform）
> - 赔偿（Restitution）
> - 恢复（Recovery）
>
> 换句话说，与危机打交道，一个组织要表达遗憾、保证解决措施到位、防止未来相同事件发生并且提供赔偿，直到安全摆脱这场危机，需要把4R当做一个过程来执行

第七步，危机评估。应该避免没有充分认识情况就仓促做出回应，但如果你已经首先完成了以上六个步骤，你的危机沟通小组就会很容易成为信息的接收端，进而就可以决定做出何种应对措施。因此，你无法预先完成本步骤。如果事先没有准备，你的公司将推迟做出应对的时间，要等到公司员工或匆忙招募来的顾问人员一一完成以上六步。

第八步，确定关键信息。你已经明了你的听众正在寻求何种信息。你希望他们对此危机情况有何认识呢？要做到简单明了，给每个听众的主要信息不超过三条，也许还需要为具有专业素养的听众提供相应的信息。

第九步，采用不同的沟通方式。进行危机沟通的方式有很多，对于公司的职员、客户、潜在的主顾和投资者，你可以亲自向他们简要介绍情况，也可以将信息以邮件、通信或传真的方式发送给他们。对于媒体，要向其提供新闻稿和解释信，或者让其参加公司举行的一对一的情况介绍会或新闻发布会。选择的方式不同，产生的效果也不同。

第十步，安全渡过难关。无论危机的性质如何，无论消息是好还是坏，也无论你准备得如何认真、做出的应对如何谨慎，总有一些听众的反应与你的愿望背道而驰。这该怎么办呢？很简单：客观看待这些听众的反应。判断再一次沟通是否能改善他们对公司的印象，判断再一次沟通是否会恶化他们对公司的印象，判断进行再一次沟通是否有意义。

> **小贴士**
>
> **组织在危机沟通中的两种形象**
>
> V1，即"勇于承担责任者（Victim）"的形象。公众会认为你很负责任、会想尽办法解决问题并且让他们满意。相应地，他们会对你从轻处罚或抱怨，甚至还可以原谅你。
>
> V2，即"小丑和恶棍（Villain）"的形象。公众将认为你的行为和言辞避重就轻、不上心和不负责任。这反过来最终会导致雇员意志消沉、股东抗议、顾客投诉、管理层动荡等不良后果。

他们的态度和主张

天赋其实是你想要把一件事情做到最好的那种渴望。

——Stefan Sangmeister（艺术家 美国）

三、企业危机管理

1. 概念和内涵

危机管理是指应对危机的有关机制，具体是指企业为避免或减轻危机所带来的严重损害和威胁，从而有组织、有计划地学习、制定和实施一系列管理措施和应对策略，包括危机的规避、危机的控制、危机的解决与危机解决后的复兴等不断学习和适应的动态过程。

在某种意义上，任何防止危机发生的措施、任何消除危机产生的风险的努力，都是危机管理。但我们更强调危机管理的组织性、学习性、适应性和连续性。

危机管理就是要在偶然性中发现必然性，在危机中发现有利因素，把握危机发生的规律性，掌握处理危机的方法与艺术，尽量避免危机所造成的危害和损失，并且能够缓解矛盾，变害为利，推动企业的健康发展。

2. 类型及处理方法

不同类型的危机，处理的方法存在着很大的差异。

误会型危机管理：澄清事实。借助权威指出谣言的来源、用意及对公众的危害，真正弄清误会的原因，对症下药。

事故型危机管理：补偿公众损失，表示道歉。寻找事故原因，避免事态过头；公开承认错误，并负全责；调动媒体跟踪处理过程。

意外型危机管理：公开损害情况。正确处理与公众的纠纷；告知事情的来龙去脉；抢购一空防患措施。

受害型危机管理（假冒伪劣）：诉诸型法律。表明自己受害无辜，寻求公正评判制裁；借助媒体，制造舆论压力；强化产品差异化，形成规模效益。

> **小贴士**
>
> **企业组织面临的八种危机**
> - 信誉危机
> - 经营管理危机
> - 财务危机
> - 人才危机
> - 决策危机
> - 灾难危机
> - 法律危机
> - 媒介危机

3. 系统运行原则（System）

在逃避一种危险时，不要忽视另一种危险。在进行危机管理时必须系统运作，绝不可顾此失彼。只有这样才能透过表面现象看本质，创造性地解决问题，化害为利。

≈ 管理沟通定律 ≈

海恩法则：任何不安全事故都是可以预防的

每一起严重事故的背后，必然有29次轻微事故和300起未遂先兆及1000起事故隐患。法则强调两点：一是事故的发生是量积累的结果；二是再好的技术，再完美的规章，在实际操作层面，也无法取代人自身的素质和责任心。

提出者：德国飞机涡轮机的发明者帕布斯·海恩

我的态度和主张

管理无处不沟通
沟通的品质决定你生命的品质

=== 小故事 ===

化敌为友的思路

林肯在当美国总统的时候对政敌十分友好，这种态度引起了一位官员的不满。他批评林肯说：您不应该试图跟那些人做朋友，而应该消灭他们。林肯笑笑说："当他们变成我的朋友时，难道我不是在消灭我的敌人吗？"官员此时恍然大悟。

启示：管理人员要有博大的胸襟，要有化敌为友的行动。当敌人成了朋友时，同样也是消灭了敌人。

他们的态度和主张

美德有如名香，经燃烧或压榨而其香愈烈，盖幸运最能显露恶德，而厄运最能显露美德也。

——培根《论困厄》

危机的系统运作主要是做好以下几点：

（1）以冷对热、以静制动：危机会使人处于焦躁或恐惧之中，所以企业高层应以"冷"对"热"、以"静"制"动"，镇定自若，以减轻企业员工的心理压力。

（2）统一观点，稳住阵脚：在企业内部迅速统一观点，对危机有清醒认识，从而稳住阵脚，万众一心，同仇敌忾。

（3）组建班子，专项负责：一般情况下，危机公关小组由企业的公关部成员和企业涉及危机的高层领导直接组成。这样，一方面是高效率的保证；另一方面是对外口径一致的保证，使公众对企业处理危机的诚意感到可以信赖。

（4）果断决策，迅速实施：由于危机瞬息万变，在危机决策时效性要求和信息匮乏条件下，任何模糊的决策都会产生严重的后果。所以必须最大限度地集中决策使用资源，迅速做出决策，系统部署，付诸实施。

（5）合纵连横，借助外力：当危机来临，应和政府部分、行业协会、同行企业及新闻媒体充分配合，联手对付危机，在众人拾柴火焰高的同时，增强公信力、影响力。

（6）循序渐进，标本兼治：要真正彻底地消除危机，需要在控制事态后，及时准确地找到危机的症结，对症下药，谋求治"本"。如果仅仅停留在治标阶段，就会前功尽弃，甚至引发新的危机。

4．危机的善后工作

危机的善后工作主要是消除危机处理后遗留问题和影响。危机发生后，企业形象受到了影响，公众对企业会非常敏感，要靠一系列危机善后管理工作来挽回影响。

（1）进行危机总结、评估。对危机管理工作进行全面的评价，包括对预警系统的组织和工作程序、危机处理计划、危机决策等各方面的评价，要详尽地列出危机管理工作中存在的各种问题。

（2）对问题进行整顿。多数危机的爆发与企业管理不善有关，通过总结评估提出改正措施，责成有关部门逐项落实，完善危机管理内容。

（3）寻找商机。危机给企业制造了另外一种环境，企业管理者要善于利用危机探索经营的新路子，进行重大改革。这样，危机可能会给企业带来商机。

【思考题】

1. 危机预测预警的三个重要问题，如何开展风险评估？如何正确发布警报？如何采取响应行动？

2. 在突发性事件扩散时波涛汹涌，尤其舆论的制造被媒体掌控时，事件的主角企业有时会变得茫然无措，甚至被媒体绑架和绞杀，如何在被媒体围剿时从容解脱？如何引导舆论？如何利用媒体、逢凶化吉？

3. 如何组建突发事件危机公关小组？

4. 在市场竞争日趋激烈的今天，诸多因素导致的危机无时无刻不在威胁着企业的生存和发展。近年来，人们常常获悉，一些名声赫赫的世界品牌、知名企业，突然间被一连串纠缠不清的危机包围，接二连三地掉进了不能自拔的泥潭。更有一些新兴企业，在遭遇一两个似乎不大的危机后，因处理不当，而便导致千辛万苦培植起来的品牌功亏一篑，多年心血付诸东流。请思考企业的危机有哪些形态？有没有一种切实可行，能将危机化解于无形的应对策略呢？

【自主训练】

（1）解读重大危机事件。

① 归真堂活熊取胆遭质疑。2012年2月4日，云南卫视《自然密码》制片人余继春一则反对归真堂上市的微博在网络上热传，之后舆论一致质疑归真堂"活熊取胆"的方式，在外部压力之下，归真堂的上市计划被搁浅。

之后归真堂欲再冲IPO，而其"活熊取胆"模式再一次引起公众的激烈争论，一边是中药协等主管部门支持，一边是动物保护组织反对及72名人致信证监会反对其IPO，双方的口水战使得上述话题再次成为舆论焦点。

你的解读与分析：

② 阿里巴巴重拳严打腐败。2012年5月4日，阿里巴巴集团对外公布了一封名为《坚持透明诚信 捍卫大家的淘宝》的信件，呼吁所有诚信合法经营网商，与阿里巴巴集团一起共同创造和维护公正透明的淘宝。

阿里巴巴集团称，部分网商和个别淘宝小二私相授受，破坏了市场规则。淘宝已经主动公布了这几起事件，决不能容忍几百万网商辛苦经营的家园被腐蚀。涉案的几名淘宝小二和网商，目前已被警方刑拘或采取强制措施，淘宝将继续严厉打击此类行为。

在公布信件的同时，阿里巴巴也公布了首批被关店和进入司法程序的网商名单，包括五喜旗舰店和柠檬家居专营店等近10家店铺被关闭。

你的解读与分析：

管理无处不沟通
沟通的品质决定你生命的品质

③ "王老吉"商标争夺战。广药与鸿道集团之间的王老吉"红绿之争"由来已久。

2012年5月9日，随着中国国际经济贸易仲裁委员会的一纸裁决，最终宣判了"红绿之争"的结局：鸿道集团停止使用王老吉商标。至此，加多宝失去了用15年打造的一个千亿品牌。而广药集团费尽心思夺回王老吉，却接手了一个烫手山芋，舆论质疑广药后期对王老吉凉茶的经营运作能力。

虽然商标归属最终有了定论，但在销售渠道、终端装潢等多个相关方面，涉案双方再次频频交火，使得"红绿之争"未能真正平息。

你的解读与分析：

（2）2012年上半年全国消协组织受理投诉情况分析。

根据全国消协组织受理投诉情况不完全统计，2012年上半年共受理消费者投诉256713件，解决234371件，投诉解决率91.7%，为消费者挽回经济损失26335万元。其中，因经营者有欺诈行为得到加倍赔偿的投诉3320件，加倍赔偿金额555万元。上半年，各级消协组织支持消费者起诉524件，接待消费者来访和咨询105万人次。

① 投诉性质。根据投诉性质划分：质量问题占52.2%、售后服务问题占11.1%、营销合同问题占10.9%、价格问题占6.4%、虚假宣传占2.2%、安全问题占2.0%、假冒问题占1.4%、计量问题占1.4%、人格尊严占0.3%。

你的解读与分析：

② 商品和服务类别。商品大类投诉中，家用电子电器类、服装鞋帽类、日用商品类投诉量居前。商品类投诉占投诉总量的比重继续保持下降趋势，由2011年同期的67.1%下降到61.0%。然而，与消费者衣（服装鞋帽类）、食（食品类）、住（房屋建材类）相关商品的投诉比重同比均有所上升。服务类投诉占投诉总量的比重继续呈上升趋势，由2011年同期的32.9%上升到34.5%。其中，互联网服务、销售服务、教育培训服务投诉量及占投诉总量的比重同比增加明显。

你的解读与分析：

③ 投诉热点。投诉热点主要有：电器维修行业售后服务成为重灾区、电信服务价格问题多、合同变卦让消费者很受伤、媒体购物投诉量大解决难、培训承诺和培训效果差别大、银行卡收费多服务少、小家电产品质量问题突出、婴幼儿奶粉质量问题仍然不少等。

你的解读与分析：

（3）马上行动：别妒忌成功，别怜悯失败。

因为我们不知道在灵魂的权衡中，什么算成功，什么算失败。遇事别称其为灾难或欢乐，除非我们已确定或见证它的用途。永远走自己的路，同时允许别人走他们的路就可以了。

行动记录和感受：

_____
_____
_____
_____
_____
_____

（4）印象最深的广告词／台词：

_____
_____
_____
_____
_____
_____

【团队案例分析】

1."携程们"的危机

如今的在线旅游市场，热度绝对不逊于电子商务的任何一个领域。继2012年6月艺龙、芒果网、酷讯网和途牛网等在线旅游网站陆续推出"返利促销"优惠活动之后，在线旅游行业老大携程也加入了这场混战。7月6日，携程宣布投入5亿美元（约合32亿元人民币）开展低价促销，促销活动从7月起持续一年时间，涉及酒店、机票和旅游门票等，并宣称此次促销将"拉开国内在线旅游业以价格战为前奏的洗牌大幕"。

无论携程的口气如何强硬，一个不得不承认的事实是，OTA（在线旅游服务商）巨头依靠机票和酒店预订就"一招鲜吃遍天"的好日子正在成为过去。

携程最近公布的2012年Q1财报已经充分说明了这一趋势。数据显示，继上一季度业绩大幅滑坡之后，携程2012一季度净利润再次下降28%，至1.69亿元。其中，宾馆预订营业收入环比下降8%，机票预订营业收入环比下降5%。这两项业务在携程总营收中的占比分别为38%和37%。两年前，这两个数字均超过45%。

管理无处不沟通
沟通的品质决定你生命的品质

然而，在携程感叹"生意越来越不好做"的同时，另一拨后进入者却显得爆发力十足。这其中的典型包括去哪儿、途牛、同城、芒果网等。

它们的模式，大都与携程路径存在较大区别，并且，更懂得发掘和满足当前的消费者需求——随着人们对互联网运用层次不断加深，尤其是对电子商务的使用和依赖程度变得更高，线上旅游服务早已不仅仅只限于订机票和酒店。也正因为如此，在市场蛋糕越来越大、市场进入者越来越多的当下，对客户资源的争夺已经进入白热化阶段。

以去哪儿为例，这家成立于2006年、定位旅游垂直搜索平台的企业，已经成为携程最大的威胁者。尽管从商业模式来看，两者并没有冲突（携程是OTA网站，重视预订；而去哪儿是流量入口），但由于去哪儿网会给其他中小OTA带来流量，加上自身的一些直销渠道，业务上已经给携程带来了很大影响。

OTA路径已经举步维艰，这是许多走着"类携程"路子的在线旅游服务商（包括艺龙）已经察觉，而又不愿意面对的一个事实。雪上加霜的是，除了直接竞争者，外围形势也在急剧恶化。百度、腾讯等互联网巨头，以及淘宝、京东（一度还有网易）等几大电商，已相继直接或间接闯入这个市场，再加上航空公司和酒店的直销渠道，传统的OTA市场份额还在不断地受到侵蚀。

意识到机票和酒店业务困境之后，"携程们"也开始探索突围路径。从今年开始，携程加大了旅游度假业务的推进力度，并在一季度实现了同比增长33%、环比增长28%的业绩；与此同时，艺龙也开始集中精力主攻其擅长的在线酒店预订市场。无论能否转型成功，未来结局如何，对于OTA来说，这都是一场没有其他选择的战争，因为，不战就意味着死亡。

请分析：携程的竞争环境怎样？携程的经营陷入困境的原因是什么？如何采取更有效的措施，在价格战和电商战中保持并增长自己的市场份额和利润？进一步思考"携程们"应如何进行危机管理？

2. 郭美美微博炫富事件

2011年6月21日，新浪微博用户"郭美美Baby"备受网友关注，这个自爆"住大别墅，开玛莎拉蒂"的20岁女孩，而认证身份却是"中国红十字会商业总经理"。网友对其真实身份也猜测万分，更有网友认为她是中国红十字会副会长郭长江的女儿，由此引发网友对中国红十字会的热议。

6月21日早上，新浪微博上出现了一个名为"郭长江RC-"的未认证微博与"郭美美"互相关注。其发布了三条微博，发布不到两个小时就引来了诸多网友的口水，不少网友认为这是中国红十字会副会长郭长江的微博。有些网友还在讽刺道，"唾沫淹死人啊，您闺女太高调了。"

6月22日中国红十字会称"郭美美"与红十字会无关，新浪也对实名认证有误一事而致歉。

6月29日，天涯、猫扑相继删除原始爆料郭美美炫富事件的帖子。而北京警方也对郭

美美事件正式立案，通报结果为郭美美及其母亲与中国红十字总会无直接关联，其认证的"中国红十字会商业总经理"身份属自行杜撰。

警方最终通报似乎将郭美美事件与中国红十字会彻底撇清关系，然而舆论浪潮早已一发不可收拾，红十字会深陷信誉危机，使最应具有爱心的红十字会，变成了挥霍奢侈的邪恶代表。

请分析：造成此次中国红十字会信誉危机最根本的原因是什么？本次事件最核心的媒介是什么？在高度透明的社会化媒体时代，企业或行业组织应当如何塑造自身的网络形象？进一步思考如何杜绝类似问题的再度发生，从根本上杜绝危机源？

【团队实践活动】

突发性事件管理与媒体沟通

危急时刻考验着企业，危机很重要的一个类型即突发性事件，因为其快速和猝不及防，往往成为企业的生死劫。所以，对突发性事件的小觑，往往会带来灾难性的后果。小到一次质量事故，大到一个国家主权，突发性事件管理正在成为越来越多企业管理者关注的新领域。

在突发性事件扩散时波涛汹涌，尤其舆论的制造被媒体掌控时，事件的主角企业有时会变得茫然无措，甚至被媒体绑架和绞杀，如何在被媒体围剿时从容解脱，如何引导舆论，如何利用媒体、逢凶化吉，这便是作为管理者需要提高的公关素养。

因此，突发性事件的层出不穷，需要企业付出足够的关注和养成教育。

其一，认识突发性事件的诱因，站在企业发展制高点看应急管理；

其二，解析常见的突发性事件管控策略；

其三，了解媒体的真面目，提高与媒体沟通的方法和技能；

其四，提升管理者危机公关素养，学会科学有效地化解冲突和平息舆论。

请寻找最近发生的企业突发事件，以及企业的媒体沟通情况，并做出分析，深入讨论如何应对互联网媒体舆论压力？如何借力媒体转"危"为"安"，转"危"为"机"？

管理无处不沟通
沟通的品质决定你生命的品质

小故事

争取最大的胜利和最少的损失

一位老和尚，他身边聚拢着一帮虔诚的弟子。这一天，他嘱咐弟子每人去南山打一担柴回来。弟子们匆匆行至离山不远的河边，只见洪水从山上奔泻而下，无论如何也休想渡河打柴。只好无功而返，弟子们都有些垂头丧气。唯独有一个小和尚能和师傅坦然相对，因为他回来之前，在河边顺手摘了一个苹果。后来这个小和尚成了师傅的衣钵传人。其实这个世界上有走不完的路，也有过不了的河。过不了的河掉头而回，但不要忘记在河边摘一个苹果。

启示：在胜利注定的时候要争取最大的胜利，在失败注定的时候要争取最少的损失。

他们的态度和主张

"东方红日出，西方白浪翻。就东难舍西，我心欲狂乱。"
——Gerald Gould（作家、记者、评论家 英国）

任务4 大众沟通

知识储备

一、概念和功能

1. 概念

通过大众媒介交流信息的过程，是沟通的一种主要形式。M·杰诺维茨1968年对大众沟通做过表述："大众沟通由一些机构和技术构成，专业化的社会群体凭借这些机构和技术通过技术手段（如报刊、广播、电影、电视等）向为数众多、各不相同而又分布广泛的受众传播符号的内容。"这一表述揭示了大众沟通的一些基本问题和成分。在大众沟通中受信者是分布广泛的群众，企业不清楚受信者都是什么人。大众沟通中，信息的传递是借助于技术手段而实现的，不同的大众沟通形式利用不同的沟通手段，拥有不同的特点。讲座和讲演是大众沟通的特殊形式。

企业形象是公众评价，而不是客观事实，如果企业不明白这一点，就根本不了解什么是企业形象。同时，需要企业关注的更为重要的事实，那就是今天的公众无论是评价的能力还是评价的手段，都有着明显的进步，企业如果不能够理解这一点，就会陷入困境当中，因此公众沟通是驱动要素之一。

> **小贴士**
>
> **大众沟通研究的两个方向**
>
> 一是信息源方向，研究大众媒介如何最有效地来影响人，如怎样设计电视节目以吸引更多的观众；
>
> 二是受众方向，主要探讨接受信息的后果，如电视暴力是否能增加观众的反社会行为。

2. 功能

大众沟通的本质功能就是传播企业信息，促进企业形象和产品形象的建立，促进销售。

报道信息：大众沟通可报道本企业面向公众公开的各种信息，如产品的类型、价格等。

舆论导向：大众沟通可以操纵舆论信息流，获得舆论导向，达到既定经营计划目标。

教育大众：大众沟通有利于普及思想观念和科技文化，促进社会发展，塑造企业形象。

提供娱乐：大众沟通在传递企业信息的同时，可以达到"寓商于乐"、"寓教于乐"的目的，好的商务信息和传播技巧为群众喜闻乐见，可以整合表达多种社会功能。

二、有效途径

1. CI 系统

CI 是英文 Corporate Identity 的缩写，有些文献中也称 CIS（Corporate Identity System），即企业形象识别系统，是指企业有意识、有计划地将自己企业的各种特征向社会公众主动地展示与传播，使公众在市场环境中对某一个特定的企业有一个标准化、差别化的印象和认识，以便更好地识别并留下良好的印象。

CI 一般分为三个方面，即企业的理念识别——Mind Identity（MI）、行为识别——Behavior Identity（BI）和视觉识别——Visual Identity（VI）。企业理念是指企业在长期生产经营过程中所形成的企业共同认可和遵守的价值准则和文化观念，以及由企业价值准则和文化观念决定的企业经营方向、经营思想和经营战略目标。企业行为识别是企业理念的行为表现，包括在理念指导下的企业员工对内和对外的各种行为，以及企业的各种生产经营行为。企业视觉识别是企业理念的视觉化，通过企业形象广告、标识、商标、品牌、产品包装、企业内部环境布局和厂容厂貌等媒体及方式向大众表现、传达企业理念。企业需要确定核心的经营理念、市场定位及长期发展战略，MI 是企业发展的主导思想，也是 BI 和 VI 展开的根本依据。MI 也并不是空穴来风，要经过对市场的周密分析及对竞争环境的细致观察，结合企业当前的状况来制定实施。

CIS 具有简洁明了，便于识别和记忆等特点，是塑造企业文化的有力工具，目前已被各类组织普遍接受并广泛应用。成功的 CIS 能令社会公众产生认同感，转而承认和支持企业的存在，改善企业生存的外部环境。

小贴士

成功实施 CI 的原则
- 坚持战略性的原则
- 坚持民族性的原则
- 坚持个性化的原则
- 坚持整体性的原则

≈ 管理沟通定律 ≈

马太效应：只有第一，没有第二

是指好的愈好，坏的愈坏，多的愈多，少的愈少的一种现象。此术语后为经济学界所借用，反映贫者愈贫，富者愈富，赢家通吃的经济学中收入分配不公的现象。

来自于：圣经《新约·马太福音》中的一则寓言

我的态度和主张

2. 广告

广告是为了某种特定的需要，通过一定形式的媒体，公开而广泛地向公众传递信息的宣传手段。广告有广义和狭义之分，广义广告包括非经济广告和经济广告。非经济广告指不以盈利为目的的广告，又称效应广告，如政府行政部门、社会事业单位乃至个人的各种公告、启事、声明等，主要目的是推广。狭义广告仅指经济广告，又称商业广告，是指以盈利为目的的广告，通常是商品生产者、经营者和消费者之间沟通信息的重要手段，或企业占领市场、推销产品、提供劳务的重要形式，主要目的是扩大经济效益。

广告不同于一般大众传播和宣传活动，主要表现在：广告是一种传播工具，是将某一项商品的信息，由这项商品的生产或经营机构（广告主）传送给一群用户和消费者；做广告需要付费；广告进行的传播活动是带有说服性的；广告是有目的、有计划、连续的；广告不仅对广告主有利，而且对目标对象也有好处，它可使用户和消费者得到有用的信息。

【超级链接】

广告创意的金字塔原理

对发展广告表现的创意面议，金字塔原理（Pyramid Principle）是特别有效而极具实用性的工具。从金字塔原理可洞察广告设计者的思考过程，究竟用什么逻辑把创意发展到极致。创意的金字塔原理共分三个层次，第一层是资讯（information），它涉及的范围相当广泛，包括企业内部资料，竞争企业情报及经济环境资讯等。这些包罗万象的资讯只是个别的统计数据，仅供参考，不可照本宣科笼统应用，必须经过第二个层次审慎的分析（analysis）。次一层次涉及的范畴犹为广泛，必须运用统计学、心理学、经济学及社会学等，经过分析评估之后，才有第三层次广告创意的出现。唯有通过这些层次所延伸出来的创意才是发挥广告效果的动力，才是弹无虚发的广告招数。

他们的态度和主张

人与人之间是讲磁场的，磁场对了才能往下聊。真正的默契很多时候都不需要有太多的商量。

——章子怡（演员 中国）

由于分类的标准不同，看待问题的角度各异，导致广告的种类很多。以传播媒介为标准分为：报纸广告、杂志广告、电视广告、电影广告、网络广告、包装广告、广播广告、招贴广告、POP广告、交通广告、直邮广告、车体广告、门票广告、餐盒广告等，随着新媒介的不断增加，依媒介划分的广告种类也会越来越多。以内容为标准可分为：产品广告、品牌广告、观念广告、公益广告等。以目的为标准可分为：告知广告、促销广告、形象广告、建议广告、公益广告、推广广告等。以广告策略为标准可分为：单篇广告、系列广告、集中型广告、反复广告、营销广告、比较广告、说服广告等。以广告传播范围为标准可分为：国际性广告、全国性广告、地方性广告、区域性广告等。

≈ 管理沟通定律 ≈

布里特定理：充分运用广告的促销作用

商品不做广告，就像姑娘在暗处向小伙子递送秋波，脉脉含情只有她自己知道。

提出者：英国广告学专家 S·布里特

小贴士

广告的任务
- 准确表达广告信息
- 树立品牌形象
- 引导消费
- 满足消费者的审美要求

3. 企业博客

企业博客，英文称为 Corporate Blog，狭义地讲，企业博客直接可以解释为以企业名义开设的对外宣传的博客，作为其公关的窗口；广义地讲，企业博客就是让博客这个工具帮助进行变革的全部。大体上可以分成三个方面，第一个是通过博客促进企业内部交流，就是对内的博客，和 HRD（人力资源开发）相关，通过博客手段促进学习、绩效、变革；第二个方面是企业博客对外的部分，譬如狭义上的企业博客，再加上员工博客；第三个方面是非企业人员开始的和企业相关的博客，譬如刊登企业广告的普通博客，这些将成为企业开拓互联网渠道的一个新方向。

企业博客的作用有：发布并更新企业、公司或个人的相关概况；密切关注并及时回复平台上客户对于企业或个人的相关疑问及咨询；帮助企业或公司零成本获得搜索引擎的较前排位，以达到宣传目的的营销手段。所以说博客平台是公司、企业或个人均可利用的信息传播方式。

企业博客在小型组织及个人那里已经得到广泛运用，如今越来越受到企业的青睐。想象电子杂志、病毒营销手段、你与客户的沟通渠道以及你的新闻站点，这些都被整合到一起，形成一个低成本、易用、持续更新的站点，这就是高效的企业博客。与通常的商业博客相比，企业博客的目标并不是马上赚钱。它是一个大众沟通和市场营销渠道，并且是双向的。你可能无法精确预见企业博客的效果，但通常其好处要远远大于坏处。更关键的是，这个渠道把企业放到全球的话题讨论区——博客世界中。

我的态度和主张

管理无处不沟通
沟通的品质决定你生命的品质

小故事

成功的道路是由目标铺成的

美国前总统罗斯福的夫人年轻时从本宁顿学院毕业后，想在电讯业找一份工作，她的父亲就介绍她去拜访当时美国无线电公司的董事长萨尔洛夫将军。萨尔洛夫将军非常热情地接待了她，随后问道："你想在这里干哪份工作呢？""随便"她答道。"我们这里没有叫'随便'的工作，"将军非常严肃地说道，"成功的道路是由目标铺成的！"

启示：没有奋斗的方向，就活得混混沌沌；准确地把握好自己的喜好和追求，是走向成功的第一步！

> **小贴士**
>
> **企业博客的建立步骤**
>
> 第一步：了解博客；
> 第二步：找到符合自己公司的企业博客之道；
> 第三步：以可定义、明确的区域开始；
> 第四步：设定尝试的目标且影响（教育）相关人员；
> 第五步：确定你的博客策略；
> 第六步：为同事设置一个提出问题的区域。

4. 企业微博

企业微博是个新的概念，是基于微博出现有一商业化的网络工具，它是一个基于客户关系的信息分享、传播以及获取平台，企业可以通过WEB、WAP以及各种客户端组件个人社区，以140字左右的文字更新和企业信息，并实现即时商业分享。

微博之所以被称为"微"，与传统博客相比最大的特点就在于篇幅短小。在Twitter中，所有的信息都被限制在140个字符以内。这样一来，企业通过微博发布的信息往往短小精悍、言简意赅。用户看起来既方便快捷，也不会因长篇累牍而觉得反感，甚至回避。现代社会人们的生活工作节奏加快，信息呈爆炸性增长，微博提供的浓缩式信息非常符合人们对于信息获取及人际交往的快捷化需求。同时，微博超快的信息更新速度，让信息传播效率大增。

通过微博，企业可以发起各种话题，吸引公众参与讨论，也可以开展丰富多样的活动（如线上直播、有奖竞猜、在线投票、捐赠等），实现与用户们的互动。很明显，微博是企业与客户"面对面"沟通的最佳阵地。通过与客户的有效沟通，企业微博潜移默化地传输了自己的企业文化和品牌理念，也可以通过产品和促销信息刺激销量。同时，企业还能在第一时间了解客户的意见和想法，甚至可以在线开展"客户满意度"调查，为企业战略的制定提供最原始的参考数据。

他们的态度和主张

我存在，乃是所谓生命的一个永久的奇迹。

——泰戈尔

> **小贴士**
>
> **企业微博的作用**
>
> - 可以传播企业品牌和及时发布产品最新信息；
> - 能够增加与消费者进行更多的直接沟通的机会；
> - 企业官方微博开通，更贴近消费者的生活方式，让信息传播更到位；
> - 可以开发新客户，同时增强旧客服的忠诚度，促进销售；
> - 可以让信息传播更自由，把握信息的主动性和时效性。

【思考题】

1. CI系统有哪些基本要素和应用要素？企业应如何合理设计、规划CI？你认为应该如何评价CI的作用？
2. 企业刊物作为大众沟通的方式有什么特征？企业刊物沟通有哪些价值？
3. 媒体是企业与一般公众进行沟通的最广泛、最有效的沟通渠道之一。如何运用有效方法与大众媒体进行沟通？
4. 广告的本质和特点是什么？应该如何正确选择广告媒体？
5. 博客在全球范围内的用户越来越多，受到了广泛的关注和研究，博客的影响早已突破了虚拟的网络世界，深入到人们的现实生活中来，使得博客所蕴含的商业价值突显出来，作为一种特点鲜明的新兴媒体，博客已经成为企业营销沟通竞争的新阵地。请思考：提高企业博客知名度和沟通效果的方法有哪些？

【自主训练】

（1）深入了解一家企业的CI系统，分析其构成、基本要素、应用要素，并对该CI系统的设计规划进行评价。

_____
_____
_____
_____

（2）浏览中国企业内刊网 http://www.neikan.net/ 和中国内刊联盟网 http://nklm.banzhu.com/。

简介：

中国企业内刊网——企业媒体门户站点创建于2004年8月，是以企业媒体内容为主的综合信息网站，为我国较早创办的企业内刊专业门户，是内刊人进行网络交流的重要站点。经过多年的努力和发展，中国企业内刊网有注册会员2万多名，目前已成为国内影响力最大、人气指数最高、用户数量最多的企业传媒门户网站，是我国最大的企业传媒社区。中国企业内刊网通过强大的自助建站和信息发布功能，致力于为广大企业构建一个快捷的媒体发布平台。

中国内刊联盟网是内刊网中的一匹黑马，创建时间不长，来势却异常猛烈。最大的特色是入驻内刊客户多，网站可读性、功能性、互动性强。因为技术力量强大，它的自助建站、电子阅读、商务建站、在线服务等功能是其他任何内刊网无法企及的，且网页漂亮、大气，内容丰富，创建不到一个月，就闯入世界中文网站排名前60万名。该网站的弱势是，目前在行业内的号召力还不够。

要求：选择一份企业刊物，分析企业刊物的大众沟通作用及对企业文化发展的影响。

_____

管理无处不沟通
○沟通的品质决定你生命的品质

（3）马上行动：公益事业中发挥企业作用。

搜集案例，企业如何利用新闻媒体来树立自己的形象？在公益事业中如何发挥企业的作用？

行动记录和感受：

（4）结束不是我要的结果，你最大的收获是什么？

【团队案例分析】

食品企业的困境

某律师在消费当地一家颇有影响的食品企业所生产的食品时，发现产品存在严重的质量问题。于是，他与企业进行了交涉。企业接待人员同意研究后给其一个答复，但此后便没了下文。无奈，律师将有质量问题的食品拿到当地一家颇有影响力的报社，将情况反映给记者。该报社遂派记者到企业进行现场采访。记者们在企业拍摄到了很多违反国家食品生产规定的现场画面。企业领导发现后强行索要记者所拍资料，不成后，将记者扣留。在当地公安人员的解救下，记者们在被困1个多小时后得以安全返回。事后，该报以系列

情景 ④ 组织外部沟通

报道的形式将消费者反映的有关该企业的问题，以及记者在企业中所拍摄的材料、经历公诸于众，企业经营一时陷入困境。

你认为该企业经营陷入困境的原因是什么？如果你是该企业的负责人，你如何处理此事？进一步思考从大众沟通的角度如何杜绝类似问题的再度发生？

近年来，食品投诉呈快速增长趋势。在食品投诉中，消费者反映的问题主要是质量安全和价格问题，民以食为天，食以安为先，食品安全是最大的民生。一些经营者擅自更改生产日期、使用劣质原料加工食品、生产销售过期变质食品、超量使用食品添加剂、违法添加化工原料、滥用生长素和抗生素等问题让广大消费者对食品安全表现出了前所未有的忧虑。

2011年我国的食品安全事件频出，瘦肉精、染色馒头、红血旺、地沟油、亚硝酸盐浸泡的血液、金黄色葡萄球菌等，还有台湾地区的塑化剂，涉及的知名品牌双汇、雨润、全聚德、三全、思念、湾仔码头、蒙牛等，一次一次刺痛中国神经，更拷问我国食品安全监管制度。2011年5月1实行的刑法修正案第八条，将生产销售不符合卫生标准的食品罪更名为生产销售不符合安全标准的食品罪，两种犯罪的法定刑期最高可达到无期徒刑和死刑，进一步加大了打击力度。2011年5月13日卫生部又公布了食品添加剂使用标准等四项目食品安全国家标准，规定食品添加剂必须在标签上加以标注，对食品添加剂的安全性和工艺必要性进行严格审查。老百姓拷问食品企业，我们还能吃什么？

请分析：食品企业应如何承担社会责任、注重大众沟通，重塑企业形象？

【团队实践活动】

1. 团队成员互评

班级：　　　　　团队名称：　　　　　评价时间：

分　数	成员姓名	备　注
5		不超过2人
4		不限人数
3		不少于1人
其他		

组长签字：＿＿＿＿＿＿＿

2．团队间互评

班级：　　　　　团队名称：　　　　　汇报人：

序号	评分项目	评分
1	内容素材 （鲜明切题、专业知识运用、阐释充分、内容丰富）	5　4　3　2　1
2	PPT制作 （结构清晰、版面新颖、色彩恰当、没有干扰）	5　4　3　2　1
3	语言表达 （语速适中、语调正常、吐词清晰、表达流畅）	5　4　3　2　1
4	仪表仪态 （着装大方、仪态自然、表情亲切、目光交流）	5　4　3　2　1
	总　分	

3．课程总结交流汇报

_____
_____
_____
_____
_____
_____
_____
_____
_____
_____

【要点回顾】

- 组织外部沟通是指组织为了适应大环境的变化而与周围环境进行的信息传递与交流。企业管理中必须进行外部沟通是由两个基本因素决定的。第一，随时反映公众需求的要求；第二，管理过程的要求。沟通对象主要有政府、商业群体（市场和客户以及供应商、经销商、竞争对手、金融机构）、一般公众等。

- 客户是企业最重要的外部公众，以优质的产品和优质的服务赢得客户的满意是企业生存发展的基础，也是企业价值得以体现的根本所在。企业与客户沟通的内容主要包括向客户提供产品和服务、与客户直接接触、给客户打电话、信函往来、客户调查等。

- 现在的企业也越来越认识到与政府建立良好沟通关系的重要性，有意识去建立良好的政府关系。政府是法律、政策的制定者和执行者，同时政府是采购者。企业与政府建立良好沟通关系的方法主要有：加强与政府部门的信息沟通、为政府决策提供支持和帮助、与政府人员建立良好健康的亲密合作关系、熟悉政府的职能部门的办事程序和方法、由专人负责与政府公众的联系。

- 危机沟通是指以沟通为手段、解决危机为目的所进行的一连串化解危机与避免危机的行为和过程。危机沟通的"两要两不要"原则指的是：要诚实、要尊重公众的感受、不要过度反应、不要过度承诺。此外还应掌握危机沟通的步骤。

- 危机管理是指应对危机的有关机制。具体是指企业为避免或减轻危机所带来的严重损害和威胁，从而有组织、有计划地学习、制定和实施的一系列管理措施和应对策略，包括危机的规避、危机的控制、危机的解决与危机解决后的复兴等不断学习和适应的动态过程。

- 通过大众媒介交流信息的过程，是沟通的一种主要形式。大众沟通的本质功能就是传播企业信息，促进企业形象和产品形象的建立，促进销售。大众沟通的有效途径主要有：CI系统、企业刊物、广告、企业博客等。

参 考 文 献

[1] 魏江，严进．管理沟通－成功管理的基石（第2版）．北京：机械工业出版社，2010．
[2] 康青．管理沟通（第二版）．北京：中国人民大学出版社，2009．
[3] 徐显国．心的解码——沟通中的情绪与冲突管理．北京：北京大学出版社，2012．
[4] 孙科炎，程丽平．沟通心理学．北京：中国电力出版社，2012．
[5] 谢红霞．沟通技巧．北京：中国人民大学出版社，2011．
[6] 王建民．管理沟通实务．北京：中国人民大学出版社，2010．
[7] 易书波．好中层会沟通．北京：北京大学出版社，2010．
[8] 吕书梅．管理沟通技能．大连：东北财经大学出版社，2010．
[9] 崔佳颖．看电影学沟通．北京：机械工业出版社，2010．
[10] 吕国荣，高志坚．沟通的魅力——让管理成为艺术．北京：中国电力出版社，2010．
[11] 余世维．有效沟通（Ⅱ）．北京：北京大学出版社，2009．
[12] 郭台鸿．高效沟通24法则．北京：清华大学出版社，2009．
[13] 肖晓春．人性化管理沟通．北京：中国经济出版社，2008．
[14] 牧之．管理要读心理学．北京：新世界出版社，2007．
[15] 赵慧军．管理沟通——理论、技能、实务．北京：首都经济贸易大学出版社，2005
[16] [美] 马修·麦肯 玛莎·戴维斯 派瑞克·范宁．720°全景沟通．北京：京华出版社，2010
[17] [美] 刘墉．说话的魅力：刘墉沟通秘笈．广西：接力出版社，2009
[18] [美] 戴尔·卡内基．卡内基沟通与人际关系．北京：中信出版社，2008
[19] [美] 戴尔·卡内基．成功有效的团体沟通．北京：中信出版社，2008
[20] [英] 肖恩·梅斯特尔．沟通高手．上海：上海交通大学出版社，2006
[21] [美] 安妮特·威池．管理沟通策略：案例教材．北京：中国人民大学出版社，2003．